8/50
44,-

Soziologische Studien
Band 3

Zum Einfluß der Kulturindustrie auf das Bewußtsein Jugendlicher

Klaus Hermansen

Centaurus-Verlagsgesellschaft
Pfaffenweiler 1990

Umschlagabbildung:
Begeisterte Fans versuchen bei einem Auftritt Udo Lindenbergs
die Bühne zu erklettern.
© Keystone Pressedienst

CIP-Titelaufnahme der Deutschen Bibliothek

Hermansen, Klaus:
Zum Einfluss der Kulturindustrie auf das Bewusstsein
Jugendlicher / Klaus Hermansen. – Pfaffenweiler : Centaurus-
Verl.-Ges., 1990
  (Soziologische Studien ; Bd. 3)
  Zugl.: Münster, Univ., Diss., 1990
  ISBN 3-89085-464-8
NE: GT

ISSN 0937-664X

Alle Rechte, insbesondere das Recht der Vervielfältigung und Verbreitung sowie der Übersetzung, vorbehalten. Kein Teil des Werkes darf in irgendeiner Form (durch Fotokopie, Mikrofilm oder ein anderes Verfahren) ohne schriftliche Genehmigung des Verlages reproduziert oder unter Verwendung elektronischer Systeme verarbeitet, vervielfältigt oder verbreitet werden.

© *CENTAURUS-Verlagsgesellschaft mit beschränkter Haftung, Pfaffenweiler 1990*

Satz: Vorlage des Autors
Druck: difo-druck schmacht, Bamberg

Inhalt

Vorwort 1
1. Einleitung 2
2. Annäherung I: Bewußtsein 4

2.1.	Zur Methode	4
2.2.	Arbeit und Bewußtsein	6
2.2.1.	Die Besonderheit Mensch	6
2.2.2.	Die Teilung der Arbeit	7
2.2.3.	Werkzeuggebrauch bzw. -herstellung	10
2.3.	Bewußtsein und Gesellschaft	13
2.3.1.	Das gespaltene Bewußtsein im Kapitalismus	14
2.3.1.1.	Konkrete Arbeit: Gebrauchswertproduktion	16
2.3.1.2.	Abstrakte Arbeit: Wertproduktion	17
2.3.2.	Die Entstehung widersprüchlicher Normen	18
2.3.2.1.	Das "produktive Normensystem"	20
2.3.2.2.	Das "strukturelle" Normensystem	21
2.3.2.3.	Normentransfer und Werte	22
2.3.2.4.	Problematik des gewählten Ansatzes	24
2.3.3.	Die Widersprüchlichkeit im Einzelnen	27
2.3.3.1.	Kooperation versus Konkurrenz	27
2.3.3.2.	Erkenntnis versus Fetischismus	29
2.3.3.3.	Das Verhältnis von Arbeit und Freizeit	33
2.3.3.4.	Organistion versus Abgrenzung und Individualität	38
2.3.3.5.	Solidarität versus "Liebe" und Familie	41
2.4.	Die Überbau-Problematik	44
2.5.	Exkurs: Ideologie, Religion und Alltagsverstand der Menschen im Spätkapitalismus	50

3. Annäherung II: Sozialisation 60

3.1.	Zur Methodik	60
3.2.1.	Jugend aus funktionalistischer Sicht bei *Eisenstadt*	62
3.2.2.	Jugend als Reproduktionsphase von Arbeitskraft	64
3.2.3.	Jugend: Phase der Identitätsbildung	67
3.3.	Der Ansatz an der Generationsspezifik	72
3.3.1.	Der generationsspezifische Zugang zu gesellschaftlicher Wirklichkeit	72
3.3.2	Gesellschaftliche Wirklichkeit: Realsituation Jugendlicher in der BRD der 80er Jahre	72
3.3.2.1.	Kein Recht auf Arbeit und Ausbildung	73
3.3.2.2.	Die Bedrohung der natürlichen Lebensgrundlagen	80
3.3.3.	Aufgreifen gesellschaftlicher Wirklichkeit durch Jugendliche .	81
3.3.3.1.	"Jugendkultur"	82
3.3.3.2.	"Subkultur"	88
3.3.3.3.	Protestbewegungen und Jugendliche	93

3.4.	Der Ansatz an der Lebensgeschichte	96
3.4.1.	Psychoanalyse als kritische Interaktionstheorie	96
3.4.2.	Reproduktion durch Interaktion	98
3.4.3.	Aktuelle Sozialisationsbedingungen: Der narzißtische Sozialisationstyp	101
3.5.	Zusammenfassung: Sozialisation im Spätkapitalismus	113
3.6.	Exkurs: Liebe im Vakuum	118

4. Annäherung III: Kulturindustrie 125

4.1.	Zur Methode	125
4.2.	Der Begriff "Kulturindustrie"	126
4.2.1.	"Kulturindustrie" bei *Horkheimer* und *Adorno*	126
4.2.2.	"Öffentlichkeit" und "Kultur"	131
4.2.3.	Sub- und Gegenkulturen Jugendlicher und "Jugendkultur"	137
4.2.4.	Zusammenfassung	142
4.3.	Rockmusik	144
4.3.1.	Zum Begriff "Rockmusik"	144
4.3.2.	Rockmusik als Produkt der Kulturindustrie	146
4.3.3.	Rockmusik als Ware im Kontext jugendlicher Kulturen	148
4.4.	Kulturindustrie und Jugendliche: die industrielle Induzierung von Bewußtsein	157
4.5.	Exkurs: Zeit, Arbeitszeit, Freizeit	176

5. Zusammenfassung: Auswirkungen der Kulturindustrie auf das Bewußtsein Jugendlicher 183

Anmerkungen 188

Literatur 193

Vorwort

Diese Arbeit entstand in den Jahren 1982 bis 1989, während dieser Zeit war ich als Sozialarbeiter in einem Jugendzentrum und als Jugendbildungsreferent in einem Jugendverband tätig. Der lange Zeitraum mag sich negativ auf die Untersuchung ausgewirkt haben, die notwendige Konzentration für die Arbeit war nur phasenweise vorhanden, neue Ideen und gesellschaftliche wie politische Veränderungen brachten neue Ansätze, sodaß der "rote Faden" vielleicht schwer zu finden sein mag. Andererseits ist diese Untersuchung, so theoretisch ihr Aufbau und Anliegen auch ist, nicht im wissenschaftlichen "Elfenbeinturm" entstanden, mit "realen Jugendlichen" hatte ich in diesen fünf Jahren viel Spaß und viel Kummer, diese mit mir hoffentlich auch. Ihnen gilt mein Dank, weil sie mit vielen Ideen in dieser Arbeit "irgendwo, irgendwie" stecken. Bedanken möchte ich mich auch bei meiner Tochter, bei Freundinnen und Freunden, die meine Brummigkeit und körperliche wie geistige Abwesenheit während der langen Zeit nicht so übel nahmen, daß sie mich vergaßen. Schließlich gilt mein besonderer Dank Prof. Dr. Reichwein, der diese Arbeit anregte und betreute.

Die vorliegende Untersuchung ist als Dissertation bei der Philosophischen Fakultät der Universität Münster vorgelegt und angenommen worden; dieser Textabdruck ist bis auf die Korrektur von Tippfehlern mit der Dissertation identisch.

Hamm, im März 1990

1. Einleitung

"Jugend" - nach wie vor stellt sie ein Objekt dar von Untersuchungen; sie begründet(e) Hoffnungen und Ängste: Jugend als "revolutionäres Potential", Jugend total angepaßt als Symptom fehlender gesellschaftlicher Entwicklungsmöglichkeiten, "postmoderne" Jugendkulturen als Zeichen für das Ende der Aufklärung.

Bei der Untersuchung und Einschätzung "der Jugend" standen schon immer deren Freizeitgewohnheiten, neben der Erforschung ihrer Meinungen, im Mittelpunkt, was auch verständlich ist, als dies die einzige Sphäre ist, über die Jugendliche in - wenn auch eingeschränkter - Autonomie verfügen können; im Bereich der Freizeitgestaltung werden Unterschiede zu vorangegangenen Generationen sichtbar, erregen Unverständnis, Mitleid, Empörung, Neid, zumindest jedoch in jedem Fall Interesse. Die Frage, was mit der Jugend los sei, scheint immer auch in einem gewissen Maße durch die Analyse ihres Freizeitverhaltens zu beantworten zu sein. Das Freizeitverhalten nun wiederum wird beeinflußt von verschiedenen Faktoren, wesentlich von den "Medien". Läßt sich die Frage, wie die Jugend zu verstehen ist, mit dem Verweis auf die Massenmedien beantworten? Schließlich spricht *Dieter Baacke* von der *Beat-Generation*, die *Punker* hören den Punk, die "Computer-Kids" folgen der "Fernseh-Generation", diese wurde bei Sendeschluß zur "Disco-Generation", und was wären die Halbstarken ohne *Elvis* oder *James Dean* gewesen? Man sieht, der Zusammenhang scheint zu bestehen, aber worin er genau besteht, ist eine Frage, die der Untersuchung wert wäre. Steuern die Medien die Jugendlichen und erzeugen so immer wieder neue Generationen, um ständig neue Produkte vermarkten zu können? Oder bieten sie, getreu dem Marktmodell, nur das, wonach die Nachfrage besteht?

Ich habe mich bei dieser Untersuchung bemüht, entsprechend einem dialektisch-materialistischen Gesellschaftsverständnis die zentralen Begriffe auf ihre Historizität, auf ihren materiellen Kern hin zu untersuchen und eine abstrakt-idealistische Begriffsbestimmung zu vermeiden. Insofern war die materialistische Bestimmung dreier Begriffe notwendig: *Bewußtsein*, *Jugend* und *Kulturindustrie* werden in drei "Annäherungen" untersucht und schließlich miteinander in Beziehung gesetzt.

Die Annäherung I dient der Bestimmung von Bewußtsein: In seiner Genese wird deutlich, daß es als Voraussetzung und Resultat der menschlichen Aneignung der Natur durch Arbeit aufzufassen ist. Es ist als historisches Produkt gekennzeichnet durch historisch unterschiedliche Erkenntnismöglichkeiten und -blockaden. Für die kapitalistische Gesellschaft bestimmt der Widerspruch zwischen den Produktivkräften, der vergesellschafteten Arbeit und den Pro-

Einleitung 3

duktionsverhältnissen, der privat angeeigneten Arbeit das Bewußtsein der Individuen; das Bewußtsein im Kapitalismus wird aufgefaßt als ein notwendig gespaltenes, das Erkennen und Verkennen enthält.

In der Annäherung II wird Jugend als eine Altersphase aufgefaßt, die sich auszeichnet durch ihre Stellung zum gesellschaftlichen Produktions- und Reproduktionsprozeß (Vorbereitung auf Integration in die Produktion; Entwicklung eines Gesellschaftsverständnisses) sowie durch endogene Entwicklungsaufgaben (Entwicklung eines sexuellen Selbstverständnisses, von "Identität"). Insofern wird für die Analyse von Jugend im Spätkapitalismus sowohl ein generationsspezifischer Zugang als auch der Ansatz an der Lebensgeschichte verfolgt.

Schließlich wird mit der Analyse der Kulturindustrie in der Annäherung III ein Konzept der Kritik von "Massenmedien", "Massenkultur", "Bewußtseinsindustrie" aufgegriffen, das auf einen Ansatz von *Horkheimer/Adorno* zurückgeht und auf das sich die Begriff der "Kulturindustrie" bezieht. Mit der exemplarischen Untersuchung der *Rockmusik* soll in diesem Abschnitt der Untersuchung eine Annäherung an Jugendliche und deren kulturelle Praxis erfolgen.

Eine knappe Zusammenfassung am Ende wird das Ergebnis der Untersuchung abschließend formulieren. Von einem prägenden Einfluß der Kulturindustrie auf das Bewußtsein Jugendlicher ist nicht auszugehen. Der Leser oder die Leserin werden, sollten sie sich bis zum Ende vorgek mpft haben, u. U. enttäuscht fragen: "Für ein solches Ergebnis braucht der soviel Papier? Das hätte man auch einfacher haben können." Ich kann dem schlecht widersprechen, möchte jedoch in dieser Einleitung versuchen, die raumgreifende Argumentation zu rechtfertigen: *Bewußtsein, Jugend und Kulturindustrie* verlangen, um Begriffe zu werden, begriffene, theoretisch durchdrungene Ableitungen. Sie sind nur verständlich, wenn erkannt ist, inwiefern sich die materiellen Lebensbedingungen der Menschen in ihnen niederschlagen und inwiefern sie auf die Lebensbedingungen zurückwirken.

Der Anspruch dieser Arbeit ist damit eher bescheiden: Es geht mir nicht darum, ein Modell zu liefern, wie die Kulturindustrie auf das Bewußtsein Jugendlicher wirkt - ein solches Modell würde
ich auch für fragwürdig halten, da es der Prozeßhaftigkeit der fraglichen Beziehungen kaum entsprechen könnte, der Gefahr eines mechanistischen Verständnisses gesellschaftlicher Verhältnisse ausgesetzt wäre und sich schließlich die Frage gefallen lassen müßte, zu *wessen Nutzen* es verwandt wird. Es geht mir vielmehr darum, die *Möglichkeit* und die *inhaltliche Zielrichtung* einer Beeinflussung jugendlichen Bewußtseins abzugrenzen.

2. Annäherung I: Bewußtsein

2.1. Zur Methode

> Der Weg der Wahrheit ist der Umweg (Karel *Kosik*)

Mit der Klärung des Begriffs *Bewußtsein* wird diese Arbeit nicht zufällig begonnen. Das Bewußtsein ist Mittler zwischen der Welt, der Realität, zwischen Natur und Kultur auf der einen, den Individuen, den Einzelnen, der Masse, der Gesellschaft auf der anderen Seite.

Bewußtsein - das ist ein zentraler Begriff sowohl für die Erkenntnis (etwa der Natur) als auch für Handeln (etwa Nutzbarmachung der Natur). Demnach ist Bewußtsein nicht aufzufassen als etwas Statisches und Über-Historisches, sondern als etwas Abhängiges, als Funktion eines wiederum variablen Tatbestandes - des gesellschaftlichen Seins. Allerdings kann hier nicht mechanistisch ein reines Abhängigkeitsverhältnis zwischen Sein und Bewußtsein angenommen werden, wird doch das Sein, in letzter Konsequenz zumindest, wesentlich bestimmt durch das Handeln, das, wie zu zeigen sein wird, bei den Menschen durch das Bewußtsein beeinflußt wird.

Um einen idealistischen und metaphysischen Bewußtseinsbegriff zu vermeiden, wird es aufgefaßt als Mittler zwischen dem Sein und dem Handeln der Menschen. Es hat seine materielle Basis in den vorgefundenen natürlichen und kulturellen Lebensbedingungen, ebenso wie es sich im Handeln der Menschen, und zwar primär in der Reproduktion des Gattungswesens Mensch, schließlich in Sprache, Religion und Kunst "materialisiert". Mit dieser Grundannahme ist die Wahl der materialistischen Methode begründet: Es wird im folgenden versucht, verschiedene materialistische Ansätze zu referieren, die eine Bestimmung von Bewußtsein abstrakt als Funktion menschlicher Aneignung der Natur bis zu konkreten Bewußtseinsformationen der Menschen in der spätkapitalistischen Gesellschaft erm glichen.

Erkenntnistheoretisch gehen die materialistischen Ansätze davon aus, daß aus dem Sein das Bewußtsein hervorgehe, wobei Wesen und Funktion von Bewußtsein durch seine Genese erfaßbar ist:

> Der Hauptmangel aller nichtdialektischen Philosophie besteht im Nichtbegreifen der grundlegenden Einsicht, daß das Aufzeigen der Möglichkeit der Identität von Sein und Bewußtsein bereits voraussetzt die Einsicht in die Wirklichkeit dieser Identität, die gegeben ist im stufenweisen Prozeß der Herausbildung des Bewußtseins aus dem Vorbewußten (...) Wie im allgemeinen die Aufdeckung der Genesis einer Erscheinung zusammenfällt mit der Aufdeckung ihres Wesens, so stellt spe-

ziell in der Erkenntnistheorie die Analyse der Genesis des Bewußtseins den Weg dar zum Begreifen des Wesens und der Funktion des Bewußtseins. (*Kofler* 1973, S. 29f)

Bewußtsein wird im folgenden aufgefaßt als eine Funktion in der Reproduktion der Gattung Mensch. Es erhält seine Qualität aus der Besonderheit menschlicher Reproduktion: der Arbeit, also der produktiven Auseinandersetzung mit der Natur.

Die Bedeutung und Geschichtlichkeit der Arbeit, besonders ihre gesellschaftliche Organisation im Kapitalismus, ist explizit ausgeführt in der Kritik der Politischen Ökonomie von *Marx* und *Engels*. Die Bestimmungen des Bewußtseins durch die Arbeit im Kapitalismus sollen am Ende dieses Kapitels erarbeitet werden, womit Funktion und Wesen des Bewußtseins für eine bestimmte Gesellschaftsformation konkretisiert werden können, sodaß eine Basis für die weiteren Überlegungen gegeben ist.

"Der Weg der Wahrheit ist Umweg." (*Kosik* 1967, S. 31) Umwege sind hier notwendig, um Bewußtsein als historischen Tatbestand zu betrachten, um idealistische Bilder "des" <1> Menschen zu vermeiden, um die Totalität zu erschließen, was allein die Erkenntnis des Wesens im Einzelnen ermöglicht. Der Umweg über die Analyse menschlicher Reproduktion und der sich verändernden gesellschaftlichen Organisation der Arbeit erscheint mir sinnvoll, um Bewußtsein im Kapitalismus zu verstehen als ein gespaltenes, das sowohl Erkenntnis als auch Täuschung, Durchdringungen und Begrenzungen, Fortschritt und Beharren beinhaltet.

Unter dem Standpunkt der Totalität versteht man die Dialektik der Gesetzmäßigkeit und der Zufälligkeit, des inneren Wesens und der Erscheinungsformen der Wirklichkeit, der Teile und des Ganzen, der Produkte und des Produzierens usw. (*Kosik* 1967, S. 34; vgl. auch *Kofler* 1973, S. 65ff)

2.2. Arbeit und Bewußtsein

> Die Bildung der 5 Sinne ist eine Arbeit der ganzen bisherigen Weltgeschichte. (Karl *Marx*)

2.2.1. Die Besonderheit Mensch

In den Arbeiten von *Holzkamp* (1976) und *Schurig* (1976) wird eine Beschreibung der Genese von Bewußtsein vorgelegt, die das Bewußtsein als qualitativ andere Stufe sinnlicher Wahrnehmung auffaßt.

Die Entwicklung der sinnlichen Wahrnehmung von Lebewesen wird nach *Schurig* vorangetrieben von den Selektionsvorteilen, die eine verbesserte Umweltwahrnehmung und somit verbesserte Überlebenschancen mit sich bringen. Qualitative morphologische Strukturänderungen, hervorgerufen durch Mutationen, finden phylogenetisch vor der eigentlichen Bewußtseinsbildung statt, bilden dafür eine unabdingbare Voraussetzung (*Schurig* 1976, S. 136), die im Tier-Mensch-Übergangsfeld gegeben sind.

Die Qualität der sinnlichen Wahrnehmunmg korrespondiert mit der Qualität der Auseinandersetzung mit der Natur: während die Tiere sich in der Natur zurechtfinden, eignet sich der Mensch die Natur bewußtseinsmäßig an, indem er die "gegenständliche Wirklichkeit von ihren augenblicklichen Beziehungen zum Subjekt" trennt. (*Leontjew* 1973, S. 197) Der Mensch verändert Natur im Unterschied zum Tier in einem bewußt geplanten Prozeß durch Arbeit.

> Die Arbeit ist zunächst ein Prozeß zwischen Mensch und Natur, ein Prozeß, worin der Mensch seinen Stoffwechsel mit der Natur durch seine eigene Tat vermittelt, regelt und kontrolliert. Er tritt dem Naturstoff selbst als eine Naturmacht gegenüber (...) Wir unterstellen die Arbeit in einer Form, worin sie dem Menschen ausschlielich gehört. Eine Spinne verrichtet Operationen, die denen des Webers ähneln, und eine Biene beschämt durch den Bau mancher Wachszellen manchen menschlichen Baumeister. Was aber von vornherein den schlechtesten Baumeister von der besten Biene auszeichnet, ist, daß er die Zelle in seinem Kopf gebaut hat, bevor er sie in Wachs baut. Am Ende des Arbeitsprozesses kommt ein Resultat heraus, das beim Beginn desselben schon in der Vorstellung des Arbeiters, also schon ideell vorhanden war. (*Marx* 1962, S. 192f)

Voraussetzung für diese bewußte Arbeitsweise sind nach *Schurig* (a.a.O., S. 36) zumindest die drei Komponenten:
- Manipulation und Werkzeugverhalten
- hochdifferenzierte Sozialsysteme
- entwickelte innerartliche Kommunikationsstrukturen.

Wenn die bewußte Arbeit eine qualitative Besonderheit der Menschen gegenüber den Tieren begründet, so hat dies weitgehende Folgen für alle Wissenschaften vom Menschen und relativiert insofern etwa die vergleichende

Verhaltensforschung: Mit der bewußten Arbeit findet ein Übergang statt von der primären Bedeutung der Ökologie zur angeeigneten, veränderten, genutzten Welt. Der Begriff der *Natur an sich* wird zum Abstrakten, das dem Menschen tatsächlich nicht mehr gegenübertritt. <2> Ein Begriff wie *Natur des Menschen* wird, im wörtlichen Sinne, undenkbar, zum mythologischen, idealistischen Begriff, weil es eben die vorrangige "Natur" des Menschen ist, seine Natürlichkeit überwunden zu haben. Was übrig bleibt an Natürlichkeit liegt im rein Organischen als Ergebnis einer langen Evolutionsreihe,
andererseits wird der gesellschaftlich-historische Prozeß vorangetrieben durch unaufhörliche Negation der bloßen 'Natürlichkeit' des Menschen. Im gesellschaftlich-historischen Fortschritt kann der Mensch die Begrenzungen seiner naturhaft organismischen Eigenart immer mehr ausweiten und ist dennoch stets auf die Unmöglichkeit rückverwiesen, diese Begrenzungen jemals endgültig hinter sich zu lassen.
(*Holzkamp* 1976, S. 160f)
Die grundlegende Bedeutung der Arbeit als typisch menschliche Naturaneignung für die Entstehung und Weiterentwicklung des Bewußtseins ist, so hoffe ich, bis hierhin deutlich geworden. Hieran schließt sich an, und zwar auf noch abstraktem Niveau, die Arbeit genauer zu untersuchen hinsichtlich ihrer Konsequenzen für das Bewußtsein. In diesem Zusammenhang kann auf die Bedeutung des Sozialsystems und der Kommunikation näher eingegangen werden, die sich funktional verhalten zur Arbeit. Aus Gründen der Übersichtlichkeit werden hierbei die zwei bedeutendsten Momente in der Darstellung getrennt, obwohl sie eng miteinander in Beziehung stehen und sich gegenseitig beeinflussen. Es sind dies die Teilung der Arbeit und der Werkzeuggebrauch bzw. die Werkzeugherstellung. (Vgl. hierzu auch *Leontjew* 1973, S. 210f)

2.2.2. Die Teilung der Arbeit

Wenn wir die Teilung der Arbeit untersuchen, haben wir auszugehen von der Trennung der Arbeit von der Erreichung ihres Ziels als einfachster Form der Arbeitsteilung <3>, aus der sich, unterstützt auch durch Werkzeugherstellung, eine dauernde Arbeitsteilung, eine Spezialisierung der Arbeitenden ergeben kann. *Leontjew* beschreibt den Prozeß, bei dem Ziel und Motiv einer Handlung nicht zusammenfallen, am Beispiel von Treiber und Jäger (1973, S. 2304f). Die Voraussetzung einer deratigen Arbeitsteilung ist, daß der Sinn der Handlung bewußt erfaßt wird. Hinzu kommen muß die zeitliche Vorstellung des Handlungsablaufs. Es entsteht ein "verallgemeinertes Bewußtsein der Zweckmäßigkeit" einer Unterordnung bei Aktivitäten der Gruppe, das letztendlich, teilweise erst nach Monaten, wie beim Ackerbau, belohnt wird. (siehe auch *Schurig* 1976, S. 213f) Wichtig für den Bereich des Tier-Mensch-

Übergangsfeldes ist nicht so sehr die Zweistufigkeit des Handelns; dies kann auch beim Affen beobachtet werden. (siehe *Leontjew*, a.a.O., S. 204) Wichtig ist, daß die Trennung zwischen Motivation und Verhaltensablauf bewußtseinsmäßig erfolgt, sich aus der bewußten Widerspiegelung der Umwelt ergibt. Nur dies gewährleistet nämlich eine hohe Flexibilität, etwa bei veränderten Umweltbedinungen, und eine Weiterentwicklung der Arbeitsteilung, da sich bei instinktgesteuerter, also biologisch festgeleger Arbeitsteilung keine oder kaum Veränderungsmöglichkeiten ergeben. Eine bewußte Organisation der Jagd macht den Hominiden gegenüber Raubtieren überlegen, obwohl diese biologisch besser auf die Jagd eingestellt sind. Die Kooperation bei der Arbeit führt zu der Notwendigkeit, die Verständigung zwischen den Arbeitenden zu verbessern. Hierbei verliert die Gestik zunehmend an Bedeutung, da sie zumindest eine Hand beansprucht, sodaß der Arbeitsprozeß wenigstens teilweise unterbrochen werden muß. Die Lautsprache nimmt in dem Maße zu, wie die gesellschaftlich-sozialen Informationen wichtig werden. Die Verfeinerung des Gehörs, die in der Folge eintritt, ist weniger begründet durch die physikalischen Veränderungen der Informationsaufnahme als durch die Verbesserung der psychischen Informationsverarbeitung. (*Schurig*, a.a.O., S. 117)

Da die Arbeitsteilung beim Menschen nicht biologisch festgelegt, sondern bewußt geplant ist, entwickelt sie sich weiter und ermöglicht eine ständig feinere Gliederung des Arbeitsprozesses in immer kleinere Teilschritte auf der einen, in immer mehr "Spezialberufe" auf der anderen Seite. Arbeit wird demnach in zunehmendem Maße weniger Angelegenheit des Individuums als gesellschaftliche Aufgabe; sie gliedert die Menschen auf eine andere Weise, als dies biologisch (Rotte, Herde, Stamm) geschieht; sie bedingt eine, die biologische Gliederung überlagernde, zweite Ordnung der Gesellschaft, eine historische, sich verändernde Ordnung. Für das Bewußtsein bringt dies eine Entwicklung der "sozialen Kognition" mit sich (vgl. *ter Horst* 1980, S. 171): Gesellschaft wird nicht nur als solche wahrgenommen, sie verändert sich nach rationellen Gesichtspunkten, wird produziert, indem sie sich reproduziert. Das gesellschaftliche Bewußtsein erzeugt über die Arbeit zunehmend gesellschaftliche Struktur, macht Gesellschaft zu seinem Produkt und erfaßt sie gleichzeitig zunehmend, faßt Gesellschaft als sein Objekt: Bewußtsein der Gesellschaft von der Gesellschaft.

An dieser Stelle muß die Argumentation für einen erläuternden Hinweis unterbrochen werden: Bislang ist in abstrakter Darstellung die Genese des Bewußtseins im Zusammenhang mit der Differenzierung von Arbeit untersucht worden, und zwar aus dem erkenntnistheoretischen Interesse, mit der Genese von Bewußtsein dessen Wesen und Funktion zu erfassen. Hiermit ist nicht die

Analyse des Bewußtseins der Menschen in einer spezifischen historischen Gesellschaftsformation möglich, da Arbeit nur abstrahierend und verkürzend als Produktivkraft gefaßt wird, nicht jedoch in ihrer tatsächlichen Bestimmtheit durch die Dialektik von entwickelter Produktivkraft und herrschenden Produktionsverhältnissen. Bewußtsein erscheint insofern als ungebrochen "progressive Wahrnehmung". Tatsächlich wird das jeweils herrschende gesellschaftliche Bewußtsein jedoch bestimmt auch durch die herrschenden Produktionsverhältnisse, wie dies weiter unten bei der Analyse des Bewußtseins im Kapitalismus ausgeführt werden wird. An dieser Stelle sei die Problematik bereits angesprochen, um Mißverständnisse zu vermeiden. Mit der Teilung der Arbeit ergibt sich die Notwendigkeit zu erweiterter gesellschaftlicher Kooperation, die abstrakt und quasi überhistorisch, also unter Abstraktion von herrschenden Produktionsverhältnissen, nicht verstanden werden kann, wie sich in der Kritik der Erkenntnistheorie *Holzkamps* nachweisen läßt:

Engelhardt (1979, S. 29ff) weist hin auf eine verfälschende Unklarheit bei Holzkamp in dessen Begriff von "Kooperationsstrukturen, (...) die Grundformen eben jener Produktionsverhältnisse (sind), durch die die arbeitenden Menschen in ihrer Bezogenheit auf die Natur untereinander in Beziehung stehen." (*Holzkamp* 1976, S. 137) Der Fehler Holzkamps sei, eine überhistorisch, von den Produktionsverhältnissen unabhängige Produktivkraft "Kooperation" anzunehmen. Richtig sei, daß die kapitalistische Form der Kooperation als Eigentümlichkeit des kapitalistischen Produktionsprozesses zu sehen sei. Die Kooperationsstrukturen könnten nicht als Konkretisierung urgesellschaftlicher Kooperation verstanden werden. (*Engelhardt*, a.a.O., S. 57, vgl. auch *Marx* 1962,

S. 354) Festzuhalten ist, und in diesem Punkt ist der Kritik an *Holzkamp* beizupflichten, daß der Gebrauch des Terminus Kooperation für eine allen Gesellschaften zugrundeliegende Produktionsweise ungenau und problematisch ist.

Was auf den ersten Blick wie eine nichtige Kleinigkeit der Wortwahl aussieht, entpuppt sich bei genauerer Analyse als ein schwieriges und grundsätzliches Problem, weshalb ich hier ausführlich darauf eingehe: Die Entwicklung der menschlichen Arbeit läßt sich kaum beschreiben bei Abstraktion von den Produktionsverhältnissen. Die Verhältnisse der Menschen untereinander prägen die Form der Zusammenarbeit der Individuen und umgekehrt. So unterscheidet sich die urgesellschaftliche Zusammenarbeit der Produzenten wesentlich etwa von der feudalen, diese wiederum von der kapitalistischen. Die Dialektik von Produktivkräften und Produktionsverhältnissen zu denken

fällt schwer, ist jedoch notwendig; insofern ist es problematisch, wie bei *Holzkamp*, Einzelaspekte darzustellen
und den Gesamtzusammenhang "auszublenden". Unmöglich wird es, auf einem allgemeinen, für alle Gesellschaftsformationen geltenden Niveau die Art und Weise der gesellschaftlichen Arbeit zu bestimmen.
In der Untersuchung der Wahrnehmung führt *Holzkamps* Arbeit zu dem Ergebnis, daß er zwar der menschlichen Wahrnehmungsfähigkeit Erkenntispotential zuspricht, es gleichzeitig aber widerrufen muß. (Siehe *Holzkamps* Konzept der "orientierenden" und "begreifenden" Erkenntnis, a.a.O. S. 173ff)
Anstatt "falsches" oder "beschränktes" Bewußtsein aus der konkreten Lebenstätigkeit der Menschen in der bürgerlichen Gesellschaft zu erklären, werden M ngel in den natürlichen Organisationsprinzipien menschlicher Wahrnehmung angenommen. (vgl. hierzu *ter Horst* 1980, S. 154ff; *Busch* 1979, S. 95ff)
An diesem Punkt unserer Darstellung läßt sich nur sagen, da menschliche, d. h. bewußtseinsmäßige Arbeit immer auch gesellschaftliche Arbeit ist, daß bestmögliche Ausnutzung der Arbeitskraft die Tendenz zu weiterer Arbeitsteilung und damit weitere Vergesellschaftung der Arbeit mit sich bringt, was sich auf das Bewußtsein niederschlägt. Konkrete Aussagen lassen sich hier noch nicht machen, denn die tatsächliche, in einer konkreten Zeit, in einem konkreten geografischen Raum wirklich herrschende Form der Arbeitsteilung in ihrer Konsequenz für das Bewußtsein läßt sich nur entwickeln, wenn sowohl das dialektische Verhältnis von Produktivkräften und Produktionsverhältnissen als auch die Geschichtlichkeit menschlicher Gesellschaft zugrunde gelegt wird.

2.2.3. Werkzeuggebrauch bzw. -herstellung

Eng verknüpft - hier nur aus darstellungstechnischen Gründen getrennt beschrieben - mit der Entstehung der Arbeitsteilung ist die Geschichte des Werkzeuggebrauchs und der Werkzeugherstellung.
Wenn wir ausgehen vom Tier-Mensch-Übergangsfeld, so ist zu beachten, daß der Werkzeuggebrauch eine lange phylogenetische Vorgeschichte besitzt im Manipulationsverhalten der Tiere. Das erstmalige Herstellen eines Werkzeuges ist demnach keineswegs der Umschlag von Naturgeschichte zu menschlicher Geschichte.(*Schurig* 1976, S. 254) In der Zweckrichtung des menschlichen Werkzeuggebrauchs im Arbeitsprozeß ist der qualitative Unterschied zu tierischem Werkzeuggebrauch zu suchen: Während das Tier nach optimaler

Unterwerfung und Anpassung an Naturkräfte "strebt", zielt menschliche Zweckmäßigkeit auf die aktive Umgestaltung und Ausnutzung von Naturwirkungen, setzt sie eine richtige Einschätzung von Zweck und Mittel der Handlung voraus. (ebd., S. 265)

Die Flexibilität menschlicher Werkzeugherstellung, ihre Entwicklungsmöglichkeit, liegt eben darin begründet, daß die Zweckmäßigkeit bewußt erfaßt wird. Der "noch-tierische" Werkzeuggebrauch wird vom Menschen, und hier ist der qualitative Sprung zu sehen, bewußtseinsmäßig erfaßt als Ziel-Mittel-Relation. Dies ermöglicht das Setzen von Zielen und bewußte Anwendung der Mittel - die naturhaften Grenzen wie Zufälligkeit und Vererbung sind gesprengt. Werkzeuggebrauch und -herstellung wird Bestandteil von Arbeit, also bewußter Aneignung der Natur.

> Die Natur baut keine Maschinen, keine Lokomotiven, Eisenbahnen, electric telegraphs, selfacting mules etc. Sie sind Produkte der menschlichen Industrie; natürliches Material, verwandelt in Organe des menschlichen Willens über die Natur oder seiner Betätigung in der Natur. Sie sind von der menschlichen Hand geschaffene Organe des menschlichen Hirns; vergegenständlichte Wissenskraft. (*Marx* 1953, S. 594)

Für den Menschen ist damit, im Unterschied zum Tier, das Werkzeug ein Gegenstand, in dem "ein gesellschaftlich erarbeitetes Verfahren fixiert ist", es wird zum "Träger der ersten, echten, bewußten und vernünftigen Abstraktion". (*Leontjew* 1973, S. 209)

Mit der bewußten Herstellung von Werkzeugen, der Vergegenständlichung menschlichen Wissens, ist eine neue Möglichkeit der Informationsspeicherung gegeben. Neben die genetische Weitergabe von Informationen und die Traditionsbildung bei äffischen Primaten tritt mit den Werkzeugen ein "Sekundärspeicher" von Informationen.

> Der Mensch ist nun in der Lage, seine vergegenständlichte Umwelt wesentlich öfter zu verändern als die biologische, genetisch fixierte Umgebung. Die Informationsspeicherung in materiellen Vergegenständlichungen schafft zu seinem genetischen Pol einen Sekundärspeicher, der eine von der biologischen Organisation unabhängige Entwicklung als gesellschaftlich-ökonomische Organisation ermöglicht. (*Schurig* 1976, S. 315)

Mit dieser Art von Informationsspeicherung ist eine andere Dynamik in der Entwicklung der Gattung Mensch gegeben: Neben die Evolution durch Mutation und Selektion, die sich niederschlägt in der genetischen Information der überlebenden Gattungen, tritt die Evolution menschlicher Gesellschaften, ihrer Kenntnisse und Fertigkeiten als Entwicklung der Arbeit, als modifizierte Naturaneignung. Die Speicherung der Informationen in der "Geräte-Umwelt" ermöglicht eine Entwicklung des Menschen, bedingt durch gesellschaftlich-ökonomische Gesetze, die die biologischen Entwicklungsgesetze allmählich überlagern. (ebd.)

Die Sicherung von Informationen durch Vergegenständlichung stellt im Prozeß der Evolution menschlicher Gesellschaften die eine Seite dar, die Aneignung der Informationen als Reproduktion der historisch gebildeten Fähigkeiten und Funktionen, etwa durch nachfolgende Generationen, ist die andere Seite. (vgl. *Leontjew* 1973, S. 283f) Das Wechselspiel von Vergegenständlichung und Aneignung erklärt übrigens die spezifische Bedeutung von Sozialisation für den Menschen. Ebenso hat der Begriff der Generation für die menschliche Gesellschaft eine wesentlich größere Bedeutung als für tierische Sozietäten.

Auch hier muß die Geschichtlichkeit menschlicher Gesellschaften wie die Dialektik von Produktivkräften und Produktionsverhältnisse in die Analyse mit einbezogen werden, will man die Bedeutung der Vergegenständlichung und Aneignung für eine konkrete Gesellschaftsformation erfassen. Holzkamp weist darauf hin, daß neben der Aneignung der Gegenstände und Gegenstandsbedeutungen auch Symbolbedeutungen, in zunehmendem Maße bei fortgeschrittener Entwicklung, angeeignet werden, bis hin zu den religiösen Vorstellungen einer Gesellschaftsformation. Aneignung ist insofern immer auch Aneignung von Symbolbedeutungen und hierüber vermittelt Wissen um bzw. Einübung in gesellschaftliche Herrschaftsverhältnisse. Hierauf werde ich weiter unten für die kapitalistische Gesellschaft weiter eingehen; auch in der Annäherung II wird das Problem noch thematisiert werden müssen.

2.3. Bewußtsein und Gesellschaft

> Die Menschen sind die Produzenten ihrer Vorstellungen, Ideen pp., aber die wirklichen, wirkenden Menschen, wie sie bedingt sind durch eine bestimmte Entwicklung ihrer Produktivkräfte und des denselben entsprechenden Verkehrs bis zu seinen weitesten Formationen hinauf. Das Bewußtsein kann nie etwas Andres sein als das bewußte Sein, und das Sein der Menschen ist ihr wirklicher Lebensprozeß. (*Marx/ Engels*)

Wir können, wie oben dargestellt, von einem bestimmenden Wechselverhältnis zwischen Arbeit und Bewußtsein ausgehen. Beide bedingen sich, beeinflussen sich, setzten sogar einander voraus. Arbeit läßt sich als Funktion von Bewußtsein beschreiben, ebenso wie das Bewußtsein als Funktion der Arbeit darstellbar ist. Aufbauend auf tierischen Wurzeln entwickelt sich Bewußtsein als neue Qualität sinnlicher Wahrnehmung, entwickelt sich Arbeit als spezifische Form des Stoffwechsels zwischen Menschen und Natur.

Die Analyse der Entstehung von Werkzeuggebrauch und Arbeitsteilung ergab Konsequenzen für menschliche Gesellschaften; es existiert auch ein Wechselverhältnis zwischen den Produktionsweisen und Gesellschaftssystemen. Es soll nun untersucht werden, inwieweit die bisherigen Überlegungen nutzbar sind für die Untersuchung bestimmter Bewußtseins- und Verhaltensweisen. Die gesellschaftlichen Verhältnisse sollen nunmehr in die Betrachtung mit einbezogen werden. Die Untersuchung zielt damit auf den Zusammenhang zwischen der je geltenden Gesellschaftsformation und dem Bewußtsein der Menschen dieser Gesellschaft.

Lucien *Seve* (1973) bemüht sich um die Grundlagen einer materialistischen Theorie der Persönlichkeit und damit des Bewußtseins und Handelns der Menschen. Er legt dar, daß die gesellschaftlichen Verhältnisse nicht nur "äußere Wachstumsfaktoren" des Individuums, wie in unterschiedlichen Formen bei den verschiedensten psychologischen Theorien angenommen, sondern das "Wesen der Persönlichkeit" (S. 159) sind. Grundlegend für jede materialistische Theorie der Persönlichkeit ist für *Seve* die *Marx*sche Bestimmung des menschlichen Wesens in der sechsten *Feuerbach*-These:

> Aber das menschliche Wesen ist kein dem einzelnen Individuum innewohnendes Abstraktum. In seiner Wirklichkeit ist es das ensemble der gesellschaftlichen Verhältnisse. (*Marx/Engels* 1958, S. 6)

Eine materialistische Psychologie muß daher die "Verhältnisse, die aber stets an Verhaltensweisen gebunden sind und als Verhaltensweisen erscheinen" (*Seve* 1973, S. 183) behandeln, also das gesellschaftliche Verhältnis der Tätigkeit und nicht die Verhaltensweisen an sich. (a.a.O., S. 190)

2.3.1. Das gespaltene Bewußtsein im Kapitalismus

Die Arbeiten von *Schurian/ter Horst* (1976) und *ter Horst* (1980) stellen einen Versuch dar, Bedingungen menschlichen Handelns und daraus resultierende Orientierungen aus der Produktionsweise einer Gesellschaft abzuleiten. Hierbei haben sie eine Theorie der normativen Orientierung entworfen, die für die weitere Untersuchung wesentlich ist.

Im Gegensatz zu soziologischen Ansätzen etwa von *Parsons, Shils* und *Bales,* die eine Hierarchie von Normen und Werten annehmen, an deren Spitze Werte oder allgemeine Ziele stehen, aus denen Normen resultieren, die verbindliche Regeln zur Erreichung dieser Ziele darstellen, welche schließlich individuelle Energien mobilisieren, um über normativ geregelte Wege die definierten Ziele zu erreichen (vgl. *ter Horst* 1980, S. 34f), wird behauptet, die Normen seien Resultat gesellschaftlichen Handelns:

> Was sich uns heute als Wert darstellt, ist weder Ursprung der materiellen gesellschaftlichen Formation noch historische Zielorientierung des Handelns der in ihr lebenden Individuen, sondern deren Resultat. Vor dem Wert steht die Norm als Ausdruck generalisierter Handlungen in gesellschaftlichen Systemen, die sich auf der Basis widersprüchlicher Produktionsweisen historisch entwickeln und fortentfalten. (a.a.O., S. 35)

Das menschliche Handeln vollzieht sich nicht willkürlich, sondern ist quantitativ (zeitlich) als auch qualitativ, hinsichtlich der Reproduktion der Lebensvoraussetzungen, durch die Arbeit bestimmt, welche im gesellschaftlichen Verbund, also mit Arbeitsteilung und der Notwendigkeit des Zusammenfindens der Teilprodukte (und -produzenten) organisiert ist. (*Schurian/ter Horst* 1976, S. 70) Mit dieser Vorannahme soll nicht abstrakt eine normative Verhaltenssteuerung oder -manipulation geleugnet werden, die sich etwa durch Erziehung, "gesellschaftlichen Überbau" oder Tradition, durch die Beeinflussung gesellschaftlicher Werte durch Interessensgruppen ergibt. Vielmehr wird behauptet, daß die normativen Beziehungen "eine unselbständige Sphäre der Vermittlung" darstellen, durch die sich der "stumme Zwang" der herrschenden materiellen Verhältnisse durchsetzt. (*Ottomeyer* 1973, S. 79)

Die Vielzahl von Handlungen, die der Reproduktion menschlichen Lebens dienen, die historisch je verschiedene Gesellschaftsformationen begründen, bildet die Basis, aus der sich Normen als "kristallisierte" Handlungsweisen bilden. Diese "Kristallisation" oder Generalisierung wird ermöglicht durch die Wiederholung und Regelhaftigkeit des Arbeitsprozesses, die lerntheoretisch betrachtet die Voraussetzung zur "internalisierenden Verarbeitung solcher äußerer Gegebenheiten im Subjekt selbst" sind. (ihurian/ ter Horst 1976, S. 71)

Zwar entstehen Normen in der Handlungspraxis, doch sind sie nicht in ihr fest eingebunden, eine Loslösung und Übertragung in andere Systeme, etwa in die Erziehung oder in den Überbaubereich ist möglich (*ter Horst* 1980, S. 86ff), sie erscheint bei zunehmender Komplexität und Kompliziertheit der Produktion und ihrer Bedingungen sogar unabdingbar (Qualifizierung, Einübung der Ein- und Unterordnung in Weisungsstrukturen usw.) Dementsprechend scheinen normative Strukturen ungebunden oder "freischwebend zu sein, und es ist möglich, sie als Voraussetzung gesellschaftlichen Zusammenlebens statt als dessen Resultat zu verkennen.

Werte schließlich ergeben sich aus der dauernden Bewertung durchgängiger Normensysteme durch unterschiedliche Interessengruppen. Ihre Existenz ist an sich nur verständlich, wenn man sich bewußt macht, daß Produktion und Reproduktion nicht widerspruchsfrei verlaufen müssen, daß das Normensystem demnach diese Widersprüche und Gegensätze enthält. Eine genauere Betrachtung der Werte-Problematik soll daher konkret erfolgen bei der Diskussion der Produktionsweise und der daraus resultierenden normativen Orientierung in bürgerlichen Gesellschaften.

Wenn hier von gespaltenem gesellschaftlichen Bewußtsein und von Widersprüchen in der Produktionsweise gesprochen wird, so findet man Dichotomien: Arbeit produziert Gebrauchs- und Tauschwert, die Produktionsweise wird bestimmt von Produktivkräften und Produktionsverhältnissen, es existieren zwei "Pole", die zueinander in dialektischem Verhältnis stehen, die zwei Eigenschaften eines Dings sind. Tatsächlich sind die Dichotomien Abstraktionen, die sich zwar im Konkreten wiederfinden, die das Konkrete verständlich machen, die jedoch nicht geeignet sind, das Einzelne, oder auch den einzelnen Menschen, ganz zu erfassen. Darstellungstechnisch ergibt sich das Problem, das miteinander Verwobene, sich gegenseitig Beeinflussende, getrennt darstellen zu müssen, um die nötige Klarheit zu erzielen. Selbstverständlich wird diese Darstellung der Realität nicht gerecht: Die Realität ist die Überschneidung, der gemeinsame Anteil, das Wechselspiel, auch der Zufall.

Wurde auf den vorangegangenen Seiten versucht, die Bedeutung der Arbeit für die Entstehung des Bewußtseins darzulegen und damit den spezifischen materialistischen Zugang zu einer Theorie des Bewußtseins zu begründen, so soll im folgenden Abschnitt konkret für die bürgerliche Gesellschaft untersucht werden, wie das "Sein" das Bewußtsein bestimmt und welche Rückwirkungen angenommen werden dürfen. Wurde bislang die Arbeit analysiert in ihrer abstrakten Grundform als zweckmäßige und bewußte Aneignung der Natur durch die Menschen, so wird sie nun für den Kapitalismus konkret betrachtet als

Einheit zweier widersprüchlicher Elemente: als Quelle sowohl von Gebrauchswert als auch von Wert:

> Alle Arbeit ist einerseits Verausgabung menschlicher Arbeitskraft im physiologischen Sinn, und in dieser Eigenschaft gleicher menschlicher oder abstrakt menschlicher Arbeit bildet sie den Warenwert. Alle Arbeit ist andrerseits Verausgabung menschlicher Arbeitskraft in besondrer zweckbestimmter Form, und in dieser Eigenschaft konkreter nützlicher Arbeit produziert sie Gebrauchswerte. (*Marx* 1962, S. 61)

2.3.1.1. Konkrete Arbeit: Gebrauchswertproduktion

Wenn wir im folgenden die "eine Seite" von Arbeit in warenproduzierenden Gesellschaften, die konkrete Arbeit, analysieren, so werden insbesondere vier Funktionen dieser Qualität der Arbeit dargestellt: zunächst sei auf den Zusammenhang zwischen konkreter Arbeit und der Produktivität der Arbeit hingewiesen, schließlich auf die Auswirkungen der konkreten Arbeit auf die progressive Aneignung der Natur durch den Menschen und auf die fortschreitende Bedürfnisentwicklung. Zuletzt wird die konkrete Arbeit als Quelle von mehr Wert, als sie selbst darstellt, beschrieben. (vgl. ter Horst 1980,S. 255ff)
Produktivität der Arbeit, die eine sich verändernde historische Größe ist. Die Entwicklung der Produktivität der Arbeit durch Werkzeuggebrauch und Arbeitsteilung ist eine fortlaufende Steigerung des Gebrauchswertes der Arbeit, sie ist jedoch in gleichem Maße eine Funktion eben dieses Gebrauchwertes von Arbeit. Die Erhöhung des Gebrauchswertes der Arbeit führt zu einer Veränderung der Bedürfnisse der Menschen. Bereits in der Deutschen Ideologie beschreiben *Marx* und *Engels* (1958, S. 28) die Befriedigung der "Grundbedürfnisse" (Essen, Trinken, Wohnung, Kleidung) und die daraus resultierenden neuen Bedürfnisse als erste geschichtliche Tat. Konkrete Arbeit ist aber nicht nur Bedingung für die Befriedigung von Grundbedürfnissen, sondern auch für daraus entstehende weitere Bedürfnisse, und diese beziehen sich nicht nur auf das Produkt der Arbeit, sondern auch auf das Arbeitsverfahren selbst. Ermöglicht also etwa eine neue Form der Zusammenarbeit eine bessere (oder schnellere) Befriedigung der Bedürfnisse, etwa nach Nahrung, so wird eben diese Form der Zusammenarbeit zu einem weiteren, neuen Bedürfnis und ist nicht mehr Rest einer tierischen Gesellungsform. Entsprechendes gilt etwa für den Familienverband. (vgl. ebd. S. 29) <4>
Aus dem oben gesagten ergibt sich, daß mit der Entwicklung des Gebrauchswertes der Arbeit auch eine Vermehrung und Verbesserung der Produkte gegeben ist, die die Arbeit produziert. Was als Reichtum, Überfluß, als das Mehr gegenüber dem unbedingt Notwendigen, als "Kultur" im engen Sinne erscheint,

ist Produkt der konkreten Arbeit. In dem Maße, in dem mehr erzeugt wird, als zur Unterhaltung der Arbeitskraft wieder gebraucht wird, steigt dieses Mehrprodukt an, mit der Entwicklung der vergesellschafteten Produktivkräfte, etwa mit der großen Maschinerie, beschleunigt sich die Entwicklung derartig, daß sie als Sprung, als neue Qualität erscheint.

Die oben beschriebenen Eigenschaften und Funktionen galten für die konkrete Arbeit; wir könnten hier auch, wenngleich vereinfachend, von der sichtbaren Arbeit sprechen. Im Gegensatz hierzu wird im folgenden ein Aspekt der Arbeit im Kapitalismus dargelegt, der nicht sichtbar, sondern ein abstrakter Begriff ist, um die tasächlichen Bewegungen zu verstehen, die Bewegungen der Waren, zu denen auch die Arbeitskraft gehört.

2.3.1.2. Abstrakte Arbeit: Wertproduktion

Um das Wesen der Arbeit im Kapitalismus zu erkennen, muß der Charakter der Warenproduktion aufgearbeitet werden. Dinge, die Waren sein sollen, werden zum Zweck ihres Austausches produziert; sie müssen "Produkte selbständiger und voneinander unabh ngiger Privatarbeiten" (*Marx* 1962, S. 57) sein. Erst die kapitalistische Produktionsweise verallgemeinerte die Warenform zur gesellschaftlich durchgängigen Austauschform, während in den vorbürgerlichen Gesellschaften nur Ansätze hiervon vorhanden waren.

Um Waren untereinander tauschbar zu machen, braucht man ein Kriterium, das die Wertrelationen ausdrücken kann, den Tauschwert als das "quantitative Verhältnis, die Proportion, worin sich Gebrauchswerte einer Art gegen die Gebrauchswerte anderer Art austauschen". (ebd., S. 50) Dieser Tauschwert kann natürlich nicht unabhängig vom Gebrauchswert einer Ware existieren, er ist keine physikalische Eigenschaft eines Dings, sondern er drückt das gesellschaftliche Verhältnis von Produzenten und Produkten aus. Bestimmt die konkrete Arbeit den Gebrauchswert einer Ware, so ist die abstrakte Arbeit, also die "Verausgabung menschlicher Arbeitskraft ohne Rücksicht auf die Form ihrer Verausgabung" (ebd., S. 52) die Größe, die den Tauschwert einer Ware ausmacht.

Die Produktion einer Ware ist daher die dialektische Einheit zweier Prozesse: der Gebrauchswertproduktion durch konkrete und der Tauschwertproduktion durch abstrakte Arbeit, wobei der Verkäufer der Ware eigentlich nur am Tauschwert interessiert und er den Gebrauchswert seiner Ware lediglich als "Transportmittel" des Wertes benö tigt.

Wenn wir einmal absehen von der Entwicklung des Geldes, das hier nur vereinfacht als Symbol für den Wert aller Waren aufgefaßt wird, können wir zum Spezifikum der kapitalistischen Produktionsweise kommen. Der Arbeiter, frei vom Besitz an Produktionsmitteln und frei von feudalen Verpflichtungen wie Frondiensten, Leibeigenschaft etc., verkauft dem Kapitalisten seine Arbeitskraft; er erhält als Gegenleistung den Wert seiner Arbeitskraft, also die Kosten für deren Reproduktion, vom Kapitalisten ersetzt. Er liefert konkrete, das heißt nützliche Arbeit; diese Arbeit schafft aber mehr Wert, als ihre Reproduktion kostet; der produzierte Wert ist Eigentum des Kapitalisten, dieser kann mit ihm die Arbeitskraft bezahlen, ebenso die Rohstoffe, die in die Produktion eingegangen sind, ebenso Produktionsmittel, die in der Produktion verschlissen wurden. Was bleibt ist der Mehrwert im Eigentum des Kapitalisten, der ihn durch Verkauf als Profit realisieren muß und wiederum als Kapital einsetzen kann oder auch, zum Teil, für die Reproduktion des eigenen Lebens verbrauchen muß.

Um den Prozeß der kapitalistischen Produktion und die Ursache der Kapitalakkumulation zusammenzufassen: Der Arbeiter verkauft seine Arbeitskraft, liefert damit konkrete, wertsteigernde Arbeit; der Kapitalist erhält das Produkt der Arbeit und dessen Wert, kauft und bezahlt jedoch nur die Arbeitskraft bzw. deren Wert. Werterzeugende Substanz ist also die lebendige, konkrete Arbeit, obwohl der Wertzuwachs beim Kapitalisten "zu Buche" schlägt. Wir haben, stark vereinfachend, versucht, den kapitalistischen Produktions- und Verwertungsprozeß darzustellen, um die "Keimzelle" einer Widerspruchsentfaltung darzulegen, die uns im folgenden beschäftigen wird.

2.3.2. Die Entstehung widersprüchlicher Normen

Es wurde deutlich, daß der kapitalistische Produktionsprozeß zugleich ein wertschöpfender Prozeß ist, in dem konkrete Arbeit gesellschaftlich organisiert ist, und ein Verwertungsprozeß, der die private Aneignung des Mehrprodukts bedingt, der die gemeinsam Produzierenden jeweils als einzelne "Privatbesitzer" und Verkäufer der Arbeitskraft betrachtet und sie entlohnt.

Für die Arbeitskraftverkäufer bedeutet die Spaltung des Produktionsprozesses in zwei verschiedene Systeme mit unterschiedlicher Gesetzmäßigkeit, daß sie unterschiedlichen Handlungsanforderungen unterworfen werden, daß sogar die kleinste ihrer Handlungen immer zugleich zweierlei bedeutet: sie ist Teil der Produktivkraft Arbeit, indem sie konkret und nützlich ist, und sie ist Bestandteil der kapitalistischen Produktionsverhältnisse, indem sie als abstrakte

Arbeit in die Wertbestimmung der Waren eingeht, die den Produzenten nicht gehören. Die Handlungen orientieren sich also an den Produktivkräften und den Produktionsverhältnissen; stehen diese in Widerspruch zueinander, so entstehen widersprüchliche Normensysteme, die als produktives und strukturelles Normensystem beschrieben werden können. (*Schurian/ter Horst* 1976) Ein Einwand könnte an dieser Stelle erhoben werden: Die Existenz eines gespaltenen Normensystems wird abgeleitet aus der Produktionssphäre, so, als würde das Leben der Menschen nur aus Arbeit bestehen. Tatsächlich, so könnte argumentiert werden, gibt es, zumindest in "modernen Gesellschaften" Lebensphasen, die nicht direkt der Produktion dienen (Kindheit und Jugend, Alter), außerdem beträgt auch für voll Erwerbstätige die durchschnittliche Wochenarbeitszeit "nur" etwa 40 Stunden, viele arbeiten gar nicht im Bereich der gesellschaftlichen Produktion, sondern im privat organisierten Reproduktionsbereich (Familie). Ich werde hierauf in den beiden folgenden Kapiteln gezielt eingehen; an dieser Stelle soll nur darauf verwiesen werden, daß die Bedeutung der Arbeit für die Entwicklung des menschlichen Bewußtseins sich nicht nur ergibt aus den Erfahrungen im Produktionsbereich, daß aber zum einen die Stellung des Individuums im bzw. zum Produktionssektor eine herausragende Bedeutung hat, daß zum anderen die gesellschaftliche Realität als die bewußt seinsmäßig zu erfassende nur verständlich ist, wenn man sie als Produkt der Arbeit auffaßt.

Zu einem weiteren Einwand: Das gespaltene Normensystem stellt das Allgemeine dar, das sich zwar im Einzelnen wiederfindet, es jedoch nicht als alleiniger Faktor bestimmen kann. F r die Bestimmung des einzelnen Individuums schlägt *ter Horst* neben dem Allgemeinen drei weitere Kategorien vor (1980, S. 76ff): das Besondere, also die besondere Stellung im Produktionsprozeß, die Klassenlage und die soziale Schichtung; das Spezifische, also die Zugehörigkeit zu spezifischen sozialen Gruppen, wobei Spezifität sich nicht aus der Klassenlage ergibt, sondern etwa aus der Alterszugehörigkeit (Jugend zum Beispiel) oder der Zugehörigkeit zu besonderen religiösen oder völkischen Gruppen (Sintis etwa); das Einzelne, also die Einzigartigkeit einer jeden Individualität aufgrund von Sozialisation, einer jeden Familienkonstellation. Diese vier "Kategorien" stehen nicht etwa gleichwertig nebeneinander; der Bruch des Normensystems als das Allgemeine findet sich zunächst bei jedem Individuum, das in der kapitalistischen Gesellschaft lebt. Wie allerdings die allgemeine Struktur im einzelnen zum Tragen kommt und ob es zu der "Regel" die Ausnahme gibt, das hängt von der Vermischung der Kategorien zum Besonderen, Spezifischen und Einzelnen ab, die im Individuum gegeben ist.

Wir werden im weiteren Verlauf dieser Arbeit, insbesondere in den Annäherungen II und III, noch genauer auf Konzepte zur gesellschaftlichen Position der Gruppe "Jugend" und auf sozialisationstheoretische Überlegungen zu sprechen kommen, und in diesem Zusammenhang werden die Kategorien des Spezifischen und des Einzelnen genauer gewürdigt.

An dieser Stelle soll auf die Problematik von besonderer Klassenlage und Schichtzugehörigkeit näher eingegangen werden. Es wird davon ausgegangen, daß insbesondere für Arbeiter, die produktiv kooperativ in Industriekonzernen arbeiten, Handlungsabläufe die Erfahrung bestimmen, die eher dem produktiven Normensystem zuzuordnen sind. (vgl. *ter Horst* 1980, S. 77) Hier wird abgegrenzt die produktive Arbeit gegenüber der unproduktiven (sei es als Verwaltungstätigkeit im produktiven Sektor, sei es als Tätigkeit im tertiären Bereich), und es wird abgegrenzt die Arbeit in Betrieben, die auf einem hohen Niveau vergesellschaftete Produktion praktizieren (Konzerne) gegenber Kleinbetrieben.

2.3.2.1. Das "produktive Normensystem"

Der Gebrauchswert der Arbeit, so wurde weiter oben dargelegt, ist Bedingung für und bedingt durch die Entwicklung der Produktivität der Arbeit. Fortschritte in der Produktivkraftentfaltung vermitteln sich und werden ermöglicht durch konkrete Arbeit und deren Qualifizierung. Nehmen wir einen abstrakten, fast mystisch erscheinenden Begriff wie Fortschritt der Menschheit, der alltagssprachlich einige Bedeutung hat, so stellen wir bei genauerer Analyse fest, daß dieser Fortschritt ein Produkt ist von konkreter Arbeit und daß er sich zunächst manifestiert in der Entwicklung der Arbeitsformen und -techniken. Diese "materielle Struktur" allerdings schlägt sich in der Struktur des menschlichen Bewußtseins nur dann nieder, wenn sie "1. der menschlichen Wahrnehmung zugänglich ist und 2. diese Rezeption über den allgemeinen Charakter ihres Gegenstandes typisierte Handlungen der gesellschaftlichen Individuen in praktischer Konsequenz nach sich zieht". (*ter Horst* 1980,, S. 72f) Und weiter:

> Jedwede Handlungsverallgemeinerung setzt die tätige Einübbarkeit und Widerholbarkeit von Handlungstypen voraus. Diese ist möglich in Systemen von Handlungszuweisungen, besonders in Systemen menschlicher Arbeit (...) Er (der Industriearbeiter, K.H.) nimmt sich (...) wahr als Glied eines sich historisch (auch in seiner individuellen Geschichte) bewegenden produktiven Gesamtkörpers der menschlichen Produktivkraft. (a.a.O., S. 73)

Das produktive Normensystem läßt sich also darstellen als Kristallisierung von Handlungsmustern, ursprünglich aus dem Produktionsbereich, wobei es aus konkreter, produktiver Arbeit entsteht, somit der Produktivkraftentwicklung zuzuordnen ist. <5> Progressive Naturaneignung und verstärkte Kooperation zwischen den einzelnen Produzenten sind ursprünglich in der Produktion wahrnehmbar und werden in ihr täglich "erhandelt". Sowohl das Wissen in technologischer Hinsicht, zum Beispiel die Handhabung von Maschinen und deren effektiver Einsatz, als auch die Notwendigkeit von Zusammenarbeit, damit die Produktivitätssteigerung durch gesellschaftliche Produktion, ist notwendiger Bestandteil der Arbeit. Auf der Wahrnehmungsseite sollen diese beiden Aspekte bezeichnet werden als progressive Wahrnehmung eines sich ständig vergrößernden Gerätespeichers und als gesellschaftliche Erkenntnis der Notwendigkeit von Kooperation. (a.a.O., S. 170f) Wahrnehmung und Erkenntnis sind in diesem Modell nicht zwei voneinander verschiedene Prozesse, vielmehr sind sie miteinander verbunden in ihrer Bezogenheit auf den Gegenstand, die Entwicklung der Produktivkräfte.

Um zur allgemeinen Klassifizierung des produktiven Normensystems zusammenzufassen: Konkrete Arbeit erhandelt und läßt bewußt werden sowohl die fortschreitende Naturbeherrschung durch die Technik als auch die Bedeutung der Zusammenarbeit und Gesellschaftlichkeit. Produktive Tätigkeit ist bewußte Tätigkeit, gemeinschaftlich-kooperatives Handeln, enthält in ihrer Konsequenz assoziatives Handeln (*ter Horst* 1980, S. 180). Dieses Handeln erfolgt systematisch, wiederholt sich, ermöglicht eine Normbildung, eben das produktive Normensystem:

> Hilfsbereitschaft, Kollegialität, die Erzeugung beständig neuer oder erweiterter 'Einheiten' im sozialen Zusammenleben, die Entfaltung zärtlicher und sexueller Beziehungen, Vereinsbildungen und Erhöhung des gewerkschaftlichen wie politischen Organisationsgrades und nicht zuletzt Bildung wie Einfluß auf Bürgerinitiativen bringen diese Normen in Historität und Aktualität zum Ausdruck. (ebd.)

An dieser Stelle muß wiederholend bemerkt werden, daß das produktive Normensystem nicht in reiner Form auffindbar und nachweisbar ist, etwa durch empirische Untersuchungen des Arbeiterbewußtseins. Es wird überlagert und gebrochen durch das zu beschreibende strukturelle Normensystem. Ich werde weiter unten noch auf die Problematik des hier referierten Ansatzes, insbesondere auf die sich aus der schematisierenden Trennung zweier Normensysteme ergebenden Mißverständnisse, eingehen.

2.3.2.2. Das "strukturelle Normensystem"

Der Begriff der abstrakten Arbeit ist, wie oben dargelegt, ein rein theoretischer Begriff; er erlangt Bedeutung allein in der kapitalistischen Produktionsweise, wo er dazu dient, den Preis der Waren, insbesondere auch der Ware Arbeits-

kraft zu bestimmen. Arbeit ist unter den herrschenden Produktionsverhältnissen nicht nur konkrete, produktive Erzeugung von Gebrauchswerten, sondern sie dient gleichzeitig der Verwertung des vorgestreckten - variablen und konstanten - Kapitals und der Erzielung von Mehrwert.
Sichtbar und erfahrbar ist das kapitalistische Produktionsverhältnis zunächst in der Frage des Eigentums der Produktionsmittel und der Rohstoffe. Diese sind notwendig, um auf dem gesellschaftlich durchschnittlichen Niveau zu produzieren, und sie gehören nicht den Arbeitern. Über die Anwendung der Produktionsmittel entscheidet deren Besitzer; dies ist die Struktur kapitalistischer Produktion, und diese Struktur ist nicht nur wahrnehmbar im Sinne von beobachtbar, sie wird vielmehr eingeübt durch ständige Wiederholung und Kontrolle. Für das Bewußtsein erscheint hier als bedeutungsvoll nicht der Prozeß, sondern das Bestehende, dessen Legitimation die Beständigkeit zu sein scheint. Da sich die Wahrnehmung hier auf das Gegebene bezieht, soll sie reaktive Wahrnehmung genannt werden. (siehe *ter Horst* 1980, S. 174)
Im Gegensatz zur progressiven Wahrnehmung, die sich bezieht auf die Produktivkräfte, die ja dynamisch, in sich progressiv sind, bezieht sich die reaktive Wahrnehmung auf das starre Prinzip des Privateigentums: in seiner Folge wird ständig die Arbeitskraft neu verkauft, gegen Zahlung des Lohnes, treten sich die Menschen als "gleichberechtigte", jedoch ungleich ausgestattete Privatpersonen gegenüber, als Käufer bzw. Verkäufer der Ware Arbeitskraft. <6> Ist die Produktion gesellschaftlich, so ist der Tausch Privatangelegenheit.
Mit dem Tausch der Arbeitskraft gegen Lohn willigt der Arbeiter ein in ein System von Kontrolle und Hierarchie, von Herrschaft und Fremdbestimmung, von Abhängigkeit. Möglich bleibt noch, wenn dieses System akzeptiert ist, der Aufstieg innerhalb dieser Hierarchie als privates Vorwärtskommen, als Karriere. Der gemeinschaftlich geschaffene zusätzliche Wert wird privat und ungleich aufgeteilt, und die Aussicht, eventuell einmal einen größeren Anteil daran zu haben, kann das Handeln bestimmen. Die sich aus der reaktiven Wahrnehmung ergebenden Normen werden *spontan* genannt, da sie das "Handeln orientieren auf die unreflektierte (spontane) Einordnung in fremdkontrollierte Über/Unterordnungsverhältnisse". (*ter Horst* 1980, S. 177)

2.3.2.3. Normentransfer und Werte

Die Handlungen in ihrer Vielzahl, so das referierte Modell von *Schurian* und *ter Horst*, verdichten sich zu Normen, wobei das Chaos der Vielfältigkeit eine Struktur erhält, die sich aus der widersprüchlichen Struktur des Produktionsprozesses ergibt. Normen wären danach noch namenlose, vorsprachliche Informationen, die in den Köpfen der Menschen vorhanden sind, ohne daß sich die Menschen dieser Normen bewußt sind. Allerdings entstehen, und hier soll ein komplizierter Mechanismus nur angedeutet werden, aus diesen strukturierten, nicht handhabbaren Ansammlungen von Eindrücken und Erfahrungen Begriffe. Unter bestimmender und notwendiger Mitwirkung von Sprache, und hier ist eine Funktion von Bewußtsein zu sehen, lösen sich Wahrnehmungen von ihren Objekten und von konkreten Tätigkeiten und werden als Gedanken faßbar und handhabbar: Es besteht die Möglichkeit, das Wahrgenommene als Wahrgenommenes zu reflektieren und es mitzuteilen.

Bedeutsam ist die Rolle der Sprache: Es erscheint ein Gedanke erst vollendet, wenn er sich sprachlich festmacht: bereits *Wygotski* kam zu dem Schluß, daß "nicht der Gedanke allein, sondern das ganze Bewußtsein in seiner Entwicklung mit der Entwicklung des Wortes in Zusammenhang steht", das Wort sei der "Mikrokosmos des Bewußtseins". (1977, S. 359; vgl. hierzu auch *Neuland* 1975, bes. S. 245ff)

Der Ausdruck der Normen (in ihrer Urform Struktur von Handlungselementen) in "klassifizierenden Sprachsymbolen" ermöglicht also erst "die Loslösung von Normen aus der Fixierung ihres Ursprungsortes" (*ter Horst* 1980, S. 86) und somit deren Übertragung und Anbindung an Institutionen des Überbaus, was *ter Horst* mit Normentransfer bezeichnet. (a.a.O., S. 87) Hiermit ergibt sich, daß Normen nicht nur für einen Teil einer Gesellschaft, den produktiv tätigen, gelten, sondern mehr oder minder global, wobei der Grad der Entwicklung vergesellschafteter Arbeit Maßstab ist für die Durchdringung der Gesellschaft von einem Normensystem. Dieses allerdings ist, um es noch einmal zu betonen, bei kapitalistischer Produktionsweise notwendig widersprüchlich.

Aus der Losgelöstheit der Normen resultiert die Möglichkeit, diese zu gewichten, das heißt, sie zu verstärken oder zu schwächen, wobei als bewertungsrelevante Instanzen vor allem zu nennen sind: "Parlamente, Regierungen, Rechtsinstitutionen, Massenmedien, Schulen und Familien." (*ter Horst* 1980, S. 87) Die von der Ursprungssituation losgelöste und damit generalisierte, aufgrund spezifischer Interessen von gesellschaftlichen Instanzen verstärkte Norm ist im hier diskutierten Modell der Wert.

Werte werden hier also verstanden als den Normen nachgeordnete, sekundäre Verstärkungen gegenüber der wohl üblicheren Auffassung, handlungsleitende Normen würden sich auf übergeordnete Werte beziehen. (siehe z. B. *Hiersch* in *Wörterbuch der Soziologie*, S. 1000) Nun mag diese "Umdefinition" als haarspalterisch und unnötig verwirrend erscheinen, sie entpuppt sich bei näherer Betrachtung als durchaus bedeutsam und sinnvoll. Sehen wir einmal vom Begriff Norm ab, so wird hier behauptet, die sozialen Werte richteten sich nach dem Handeln, welches wiederum letztendlich bestimmt wird von der Notwendigkeit, sich die Natur anzueignen. Die materielle Produktion der Menschen leitet demnach die gesellschaftliche Wertsetzung, und nicht umgekehrt; die Auseinandersetzung um Werte findet demnach statt auf der Basis der jeweils herrschenden Produktionsweise und wird geleitet von den unterschiedlichen Interessen der verschiedenen Klassen und ihrer Fraktionen. Damit sind auch die Möglichkeiten von "Wertsetzungen" genannt: Sollen Werte "wirksam" werden, so müssen sie anknüpfen an den existierenden Handlungsweisen. Insofern ist auch der Vorteil der hier vertretenen Konzeption der Werte und Normen deutlich: Der Prozeß gesellschaftlicher Wertsetzung, des Wertewandels etc. ist verständlich, ohne daß auf idealistische Konzepte zurückgegriffen werden muß.

Auf der anderen Seite muß die Annahme eine "plump-materialistischen" Abhängigkeitsverhältnisses zwischen herrschender Produktionsweise und herrschenden Werten vermieden werden. Dies geschieht bei *Schurian* und *ter Horst* ansatzweise dadurch, daß die Werte den Überbau-Instanzen zugeordnet werden und somit eine gewisse Eigenständigkeit besitzen, sie als Gegenstand und Mittel der Auseinandersetzung gesellschaftlicher Interessengruppen verstanden werden.

1.3.2.4. Problematik des gewählten Ansatzes

An dieser Stelle, nachdem der Ansatz *ter Horst*s und *Schurian*s grundlegend dargestellt worden ist, soll die Argumentation unterbrochen werden, um seine Schwierigkeiten und möglichen Kritikpunkte zu beleuchten.
Grundsätzlich ist zu diskutieren, ob ein produktives Normensystem auch nur abstrakt, nicht-historisch anzunehmen ist, das aus dem Handeln der Menschen im Produktionsprozeß stammen soll, das mit der progressiven Wahrnehmung eine mögliche Identität von Handeln bzw. Wahrnehmung und Erkenntnis behauptet. Dies steht im Gegensatz zu Theorien, die eine zeitliche und qualitative Trennung der Prozesse von Wahrnehmung und Erkenntnis behaupten, zum Beispiel bei *Holzkamp* 1976. Bei ihm ist Erkenntnis ("begreifendes Erkennen") ein von der Wahrnehmung zu trennender Begriff, da auf die Wahrnehmung als Basis Denken als "Aufsteigen vom Abstrakten zum Konkreten" (S. 373) folgen muß, damit Erkenntnis möglich wird. Bloße Wahrnehmung scheitert für *Holzkamp* an den Widersprüchen in der gesellschaftlichen Realität (S. 384) bzw. erkennt nicht einmal diese Widersprüche, sondern scheitert an der "Pseudokonkretheit" (S. 327, vgl. *Kosik* 1967, S. 7ff) und bleibt der "utilitaristischen Praxis" verfangen. (*Holzkamp*, a.a.O.) Begreifende Erkenntnis erscheint dann nur

noch möglich durch die "Vermassung der Theorien und Befunde des wissenschaftlichen Sozialismus" (ebd., S. 362).

Holzkamps Einschätzung der Wahrnehmungsfähigkeit scheint mir als Kritik der Wahrnehmungsfähigkeit der Menschen im Kapitalismus grundlegend richtig zu sein, während sie als erkenntnistheoretische Grundannahme fatale Konsequenzen hätte: Wenn Gesellschaftserkenntnis grundsätzlich an der Unzulänglichkeit der sinnlichen Wahrnehmung scheitern muß, sodaß als Gegenpol zu ihr das wissenschaftliche Denken notwendig ist, dann ist erkenntnistheoretisch nichts gewonnen, fußt doch wissenschaftliches Denken zunächst auf sinnlicher Wahrnehmung. (vgl. *Busch* 1979) Das Konzept eines produktiven, aus Handlungen und Wahrnehmungen resultierenden Normensystems allerdings ist zur Analyse der realen Wahrnehmung und des Bewußtseins der Menschen im Kapitalismus insofern untauglich, als das produktive Normensystem im Kapitalismus praktisch sich nicht ungebrochen entwickeln kann, es sei denn, man nähme eine gesellschaftlich relevante Sphäre an, die von den kapitalistischen Produktionsverhältnissen nicht beeinflußt wird. Die Behauptung eines produktiven Normensystems ist sinnvoll nur als erkenntnistheoretische Behauptung, mittels der "progressiven Wahrnehmung" sei die bewußte Erfassung und in der Konsequenz die bewußte, solidarisch-kollektive Planung gesellschaftlicher Prozesse, insbesondere der Produktivkraftentfaltung, erkenntnistheoretisch möglich, wenngleich sie praktisch oder historisch-konkret im Kapitalismus durch das strukturelle Normensystem blockiert wird.

Die Schwierigkeit des behandelten Ansatzes liegt m. E. darin, daß zwei getrennte, für sich selbst widerspruchsfreie Normensysteme behauptet werden, die in der gesellschaftlichen Realität nur als ineinander verwobene und damit widersprüchliche zu denken sind; die Trennung beider Systeme ist rein theoretisch. Insofern ist der Kritik *Reichweins* zuzustimmen, daß gerade in der Untersuchung "Autorit t und Jugend" (*Schurian/ter Horst* 1976) letztendlich eine "idealistische Konstruktion zweier gegensätzlicher, sich widersprechender, aber in sich widerspruchsfreier, homogener Normen- und Wertsysteme in der bürgerlichen Gesellschaft" (*Reichwein* 1984, S. 67) vorliege, da versucht wird, von dem Konstrukt der Normensysteme direkt auf das Verhalten Jugendlicher zu schließen, ohne die komplexen Lebensbedingungen von Jugendlichen im Kontext von Erziehung und Kulturformen adäquat zu behandeln. Nach meiner Auffassung hat die Behauptung zweier gegensätzlicher Normensysteme ihren *erkenntnistheoretischen Wert*, ohne daß sie eine Theorie der Sozialisation oder des Bewußtseins im Kapitalismus darstellen würde.

Schließlich soll auf den "fragwürdigen Kunstgriff, Normen als das Primäre und Werte als sekundäre Bewertungen von Normenkomplexen auszugeben" (*Reichwein* a.a.O., S. 68), nochmals näher eingegangen werden. Tatschlich ist es grundsätzlich "müßig, danach zu fragen, was das Primäre sei" (a.a.O.), wesentlich ist die Beschreibung des Zusammenhangs von Normen und Werten, wobei hier kein einseitiges und mechanistisches Abhängigkeitsverhältnis angenommen werden kann. Hier liegt das Problem im Modell *ter Horst*s: Zwar wird m. E. richtigerweise dargestellt, daß Werte sich auf vorhandene, "materielle" Handlungsstrukturen beziehen müssen, um überhaupt wirksam zu sein (vgl. im folgenden das Konzept *Gramscis*), jedoch wird der interessengeleitete Konflikt um gesellschaftlich gültige Werte ebenso nur randständig gestreift wie die Rückwirkung von Werten auf Handlungen und somit auf die normativen Strukturen. Aus diesem Grunde werde ich weiter unten auf das Basis-Überbau-Modell *Gramscis* und auf eine Bestimmung der Funktion und Wirkungsweise von Ideologie zurückkommen. Ich halte trotz der sikizzierten Kritik am Modell des dichotomen Normensystems als *erkenntnistheoretischer Grundannahme* meiner Überlegungen fest, da es die Widerspruchsentfaltung von Erkenntnis und Verkennen, somit des Bewußtseins im Kapitalismus ermöglicht und systematisiert (hier insbesondere *ter Horst* 1980), wobei dieser Prozeß konkret fßr die Gesellschaft wie für die Individuen nur denkbar ist als die Entstehung eines, in sich widersprüchlichen Normen- und Wertesystems.

2.3.3. Die Widersprüchlichkeit im Einzelnen

2.3.3.1. Kooperation versus Konkurrenz

Kooperation menschlicher Arbeit erhöht deren Produktivität, der "kombinierte Arbeitstag" stellt eine höhere Produktivkraft dar als die Summe seiner Einzelarbeiten, da er

> die mechanische Kraftpotenz der Arbeit erhöht oder ihre räumliche Wirkungssphäre ausdehnt oder das räumliche Produktionsfeld im Verhältnis zur Stufenleiter der Produktion verengt oder im kritischen Moment viel Arbeit in wenig Zeit flüssig macht oder den Wetteifer der einzelnen erregt und ihre Lebensgeister spannt oder den gleichartigen Verrichtungen vieler den Stempel der Kontinuität und Vielseitigkeit aufdrückt, oder verschiedne Operationen gleichzeitig verrichtet oder die Produktionsmittel durch ihren gemeinschaftlichen Gebrauch ökonomisiert oder der individuellen Arbeit den Charakter gesellschaftlicher Durchschnittsarbeit verleiht, unter allen Umständen ist die spezifische Produktionskraft des kombinierten Arbeitstags gesellschaftliche Produktivkraft der Arbeit oder Produktivkraft gesellschaftlicher Arbeit. Sie entspringt aus der Kooperation selbst. Im planmäßigen Zusammenwirken mit andern streift der Arbeiter seine individuellen Schranken ab und entwickelt sein Gattungsvermögen. (Marx 1962, S. 348)

Abgesehen von vorkapitalistischen Formen der Kooperation, die eher sporadisch waren, charakterisiert die Kooperation den kapitalistischen Produktionsprozeß und läßt die "gesellschaftliche Produktivkraft der Arbeit als Produktivkraft des Kapitals" erscheinen. (a.a.O., S.354)

Die kooperative Arbeit führt die Menschen in einem geschichtlich noch nicht dagewesenen Maße zusammen und verweist sie aufeinander - der gesellschaftliche Reichtum, den die kapitalistische Produktionsweise hervorbringen kann, ist nur möglich durch gesellschaftliche Produktion. Die Reproduktion des Lebens ist, soll das erreichte Niveau erhalten oder erhöht werden, nicht mehr "Privatsache" des einzelnen oder seiner Sippe. Die Zusammenarbeit der Einzelarbeiter wird zum Prinzip der kapitalistischen Produktionsweise und gleichzeitig zu ihrer größten Gefährdung. (vgl. hierzu auch die anschauliche Argumentation von *Marx* und *Engels* im *Kommunistischen Manifest*) Denn der Kollektivcharakter der konkreten Arbeit steht in prinzipiellem Widerspruch zur privaten Organisation der Produktionsverhältnisse, sodaß unter kapitalistischen Produktionsbedingungen zwar auf der einen Seite die Kooperation gefördert wird (Konzentration von Betrieben, Fusionierungen, Einbeziehung ehemals "privater" Aufgaben in das System der gesellschaftlichen Arbeitsteilung), sie auf der anderen Seite jedoch behindert werden muß.

Diese Behinderung der Kooperation geschieht und geschah auf verschiedenste Weise, etwa die eher plumpen Versuche, durch Redeverbote die Kommunikation während der Arbeit zu unterbinden. Die wirksamste Methode allerdings ist es, die Konkurrenz unter den Arbeitern zu verstärken, die sich daraus ergibt, daß der Arbeiter als Einzelner, als freier Privatmann, seine Arbeitsraft verkaufen muß. (vgl. *Kudera* u. a. 1979, S. 70ff) Der Preis für diese Ware ist der Lohn, mit dem scheinbar die gelieferte Arbeit, tatsächlich jedoch die Arbeitskraft zu ihrem jeweils geltenden Wert bezahlt wird.

Das Lohnsystem mit seinen Differenzierungen verdeckt den kollektiven Charakter der Produktion. Mehr oder minder direkt mit ihm verbunden sind weitere Abgrenzungen unter den Arbeitenden: Arbeiter gegenüber Angestellten, Facharbeiter gegenüber ungelernten Arbeitern und so weiter. Diese Differenzierungen werden mühsam aufrecht erhalten. Hierfür scheint auch die Teilung der Arbeit und die Spezialisierung in der Qualifikation der Arbeitskraft eine Ursache zu sein; allerdings ist diese Kausalität größtenteils scheinhaft: tatsächlich muß die Qualifizierung aller Arbeitenden verhindert werden, solange die Differenzierung ein bedeutender Faktor f r die Sicherung der kapitalistischen Produktionsweise ist, auch wenn sich hierdurch die Prduktivität der Arbeit verringert. (Dies hat auch Auswirkungen auf den Bereich der schulischen Produktion von Arbeitsqualifikation, wie noch in der Annäherung II zu zeigen sein wird.)

Während die Vergrößerung des gesellschaftlichen Reichtums das Ergebnis kollektiver Arbeit ist, wird dem Einzelnen die Hoffnung auf einen individuellen Aufstieg geboten <7>, erscheint Lohn, betriebliche und gesellschaftliche Stellung als Ausdruck der *Leistungsfähigkeit* des Individuums. *Holzkamp* unterscheidet, bezogen auf die Wahrnehmung, "Fertigkeiten" und "Fähigkeiten", die sich auf die konkrete Arbeit beziehen, von der "Leistungsfähigkeit", die Kategorie für die abstrakte Arbeit ist:

> Während in der Wahrnehmung der kooperativen Bedeutungsmomente die Arbeiter durch die 'gemeinsame Sache' miteinander verbun den sind, sind sie in der Wahrnehmung des Bedeutungsmomentes der 'Leistungsfähigkeit des anderen' durch das individuelle Konkurrenzverhältnis voneinander getrennt (...) Der Widerspruch zwischen den 'autonomen' kooperationsbedingten Momenten von Personenbedingungen und dem 'heteronomen', aus dem Verwertungsstandpunkt des Kapitals abgeleiteten Bedeutungsmoment der 'Leistungsfähigkeit' läßt sich so präzisieren: Während die wahrnehmende Erfassung der 'Fähigkeit' des anderen zu einem verglichen mit dem eigenen, bedeutenderen Beitrag eine positive Einschätzung des anderen Arbeiters beinhaltet, weil jeder Beitrag, ob der eigene oder der fremde, dem Fortgang der gemeinsamen Sache dient, muß die wahrgenommene höhere 'Leistungsfähigkeit' des anderen als potentielle Bedrohung der eigenen Existenz negativ eingeschätzt werden und umgekehrt (...) (Holzkamp 1976, S. 243)

Die Unterscheidung zwischen "Fertigkeit" und "Leistungsfähigkeit" wird nicht erst relevant in der Wahrnehmung des anderen Arbeiters, sondern sie bestimmt bereits die Handlungen des einzelnen und tritt ihm gegenüber: Indem die Kooperation unter den kapitalistischen Produktionsverhältnissen organisiert ist, verläuft die ihrem Inhalt nach kollektive Arbeit in ihrer Form als Summe und Arrangement von Einzelarbeiten, angeleitet und kontrolliert durch den Kapitalisten und dessen Hilfskräfte.

Betrachten wir an dieser Stelle zwei Aussprüche, die in dieser oder abgewandelter Form häufig zu hören sind, die sich widersprechen und trotzdem beide Gültigkeit haben, sogar in dem Maße, daß sie durchaus von einer Person stammen könnten. "Je besser wir zusammenarbeiten, um so schneller werden wir fertig", und "Jeder muß für sich selbst sehen, wo er bleibt". Beide Aussagen sind Kristallisationen alltäglicher Handlungen, die paradoxerweise nicht etwa aus zwei verschiedenen Welten stammen, sondern aus dem einen Bereich kapitalistischer Produktion. Selbstverständlich wäre es möglich, weiter zu differenzieren, inwiefern die besondere Stellung im Produktionsprozeß die Nähe zu einer der beiden Aussagen begründet, nur würde das die vorliegende Arbeit sprengen. Es muß hier genügen, wenn wir feststellen, daß sowohl Kooperation als auch Konkurrenz das Handeln der Arbeitenden in der kapitalistischen Produktion bestimmen, wobei die Anteile beider Momente im Individuum durchaus differieren.

Auf die oben geführte Diskussion zu einem dichotomen Normensystem bezogen wird hier deutlich, daß produktives wie strukturelles Normensystem in den Individuen, die unter kapitalistischen Produktionsbedingungen arbeiten, real nur vermischt und mit gegenseitigen Bezügen erhandelt und erfahren werden. Das Modell wird deshalb, wenn die erkenntnistheoretische Ebene verlassen wird, um zu einer konkreten Realanalyse zu gelangen, insofern modifiziert, als die strikte Trennung zwischen beiden Normensystemen auch darstellungstechnisch aufgegeben wird. Es wird jedoch beibehalten, als gezeigt wird, daß mit den kapitalistischen Produktionsverhältnissen notwendigerweise widersprüchliche normative Orientierungen entstehen, die "assoziative" und "dissoziative" Elemente beinhalten.

2.3.3.2. Erkenntnis versus Fetischismus

Der Fetischcharakter der Ware, in seiner Folge auch des Geldes, des Lohnes und des Kapitals, entspringt dem "eigentümlichen Charakter der Arbeit, die Waren produziert." (*Marx* 1962, S. 87)

> Im abstrakten Produktionsprozeß wird der Warenfetischismus konstituiert, im Tauschprozeß manifestiert. (*Erckenbrecht* 1976, S. 80)

Die Eigentümlichkeit der Warenproduktion, wobei hier vorkapitalistische Formen nicht berücksichtigt werden sollen,ist das Abstrahieren vom sinnlichen Charakter der Produkte und Konzentration auf deren Tauschwert. Indem die Dinge einen Wert, eine Natureigenschaft zu besitzen scheinen, gerät die Produziertheit der Produkte in Vergessenschaft:

> Der Produktionsprozeß erlischt in der Ware. Daß in ihrer Herstellung Arbeitskraft verausgabt worden ist, erscheint jetzt als dingliche Eigenschaft der Ware, daß sie Wert besitzt; die Größe dieses Werts ist gemessen durch die Größe der verausgabten Arbeit; in ein weiteres löst sich der Warenwert nicht auf und besteht aus nichts andrem. (*Marx* 1963, S.385)

Der Wert der Ware, der scheinbare Ausdruck des Verhältnisses zweier verschiedener Dinge (Waren) zueinander ist, ist wirklich Ausdruck eines gesellschaftlichen Verhältnisses, der verausgabten Arbeit nämlich, wobei durch die Verwendung des Geldes als allgemeinem Äquivalent aller Waren die soziale Bestimmtheit noch mehr verschüttet wird. So wird denn die Ware ein Paradoxon - sinnlich-übersinnliches Ding:

> Sinnlich ist die Ware, weil sie keinen Tauschwert 'haben' kann, ohne einen Gebrauchswert zu besitzen. Von diesen sinnlichen Eigenschaften wird, wie in der Wertanalyse mehrfach erwähnt, im Tauschprozeß abgesehen. (*Erckenbrecht* 1976, S. 83; vgl. auch *Godelier* 1972)

Der Festischcharakter ergibt sich, weil die Vermittlung unsichtbar wird, weil der Ursprung von Wert (und mithin Mehrwert) vergessen wird. Indem das Verhältnis der Waren zueinander nicht mehr aus dem Verhalten der Menschen, ihrer Arbeit, abgeleitet wird, erhält die Ware selber scheinbar menschliche Eigenschaften, ein Eigenleben, was allerdings mysteriös anmutet und die Benennung "Fetischcharakter" rechtfertigt. In dem gleichen Maße, in dem Sachen sich vermenschlichen, erscheinen die Menschen verdinglicht, erscheinen ihnen die eigenen Bewegungen als "Form einer Bewegung von Sachen, unter deren Kontrolle sie

stehen, statt sie zu kontrollieren." (*Marx* 1962, S. 89) Verdinglichung und imaginäre Menschwerdung der Waren ergeben somit gemeinsam den ökonomischen Fetischismus. (siehe *Erckenbrecht*, a.a.O., S. 85)

> Die bürgerliche Gesellschaft ist die besondere gesellschaftliche Form, in der gerade die grundlegenden Beziehungen, die die Menschen in der gesellschaftlichen Produktion ihres Lebens eingehen, den Beteiligten erst nachträglich in dieser verkehrten Form als Verhältnisse von Dingen bewußt werden. Indem sie ihre bewußten Handlungen von diesen Vorstellungen abhängig machen, werden sie tatsächlich, wie der Wilde von seinem Fetisch, beherrscht von dem Machwerk ihrer Hände. (*Korsch* 1967, S. 97)

Annäherung I

Ter Horst (1980, S. 339ff) weist zurecht darauf hin, daß mit der Analyse des Kapitels *Der Fetischcharakter der Ware und sein Geheimnis* aus dem ersten Band des *Kapital* nicht vorschnell auf die kapitalistische Produktion auf erweiterter Stufenleiter und auf das gesellschaftliche Bewußtsein im Spätkapitalismus geschlossen werden darf, da die Darstellung an dieser Stelle noch äußerst abstrakt sei und der Wertbegriff unter den Bedingungen der einfachen Warenproduktion diskutiert würde. (vgl. zum Problem der unkritischen Lektüre des *Fetischismus*-Kapitels auch *Erckenbrecht*, a.a.O., S. 7ff) Wollen wir die Problematik des Fetischismus und der Verdinglichung für die spätkapitalistische Gesellschaft aufgreifen, so müssen wir uns besonders dem Kapitalfetischismus zuwenden, der wie der Warenfetischismus aus der Vertauschung von Subjekt und Objekt resultiert und das Kapital als vorantreibende Kraft der Produktion begreift, wohingegen der Arbeiter nur noch verschwindende Größe ist. (*Erckenbrecht*, a.a.O., S. 94)

> Da die lebendige Arbeit - durch den Austausch zwischen Kapital und Arbeiter - dem Kapital einverleibt ist, als ihm gehörige Tätigkeit erscheint, sobald der Arbeitsprozeß beginnt, stellen sich alle Produktivkräfte der gesellschaftlichen Arbeit als Produktivkräfte des Kapitals dar, ganz wie die allgemeine gesellschaftliche Form der Arbeit als Eigenschaft eines Dings erscheint. (*Marx* 1965, S. 365)

Jedoch erscheint nicht nur die Arbeit als Produktivkraft des Kapitals (vgl. hierzu auch die Überlegungen zur Kooperation weiter oben), sondern auch die Produktionsmittel erscheinen als naturhaftes Kapital, dem seine Geschichte, sein Ursprung nicht mehr anzusehen ist. Und das Kapital erscheint als ein Ding und nicht als Verhältnis zwischen Menschen, was es doch tatsächlich ist. Dieses Ding hat nun scheinbar die Fähigkeit, sich selbst zu verwerten (*Marx* 1964, S. 484), wohingegen das Zinskapital, die "Mutter aller verrückten Formen" (ebd., S. 483) sich scheinbar naturwüchsig vermehren kann, ohne daß ein Zusammenhang zu (allein) wertschaffender Arbeit auch nur noch im entferntesten geahnt würde, was sich in bekannten Aussprüchen wie "sein Geld arbeiten lassen" manifestiert. Im Fetischismus des Zinskapitals erreicht der Fetischismus seine reinste Form, der "sich vergrößernde Wert erscheint als Ursache seiner selbst." (*Erckenbrecht* 1976, S. 99)

Für die Individuen nimmt der Kapitalfetischismus, je nach ihrer Stellung im Produktionsprozeß, eine unterschiedliche Form an; so ist für die produktiv tätigen Arbeiter insbesondere die Maschinerie der Produktionsmittel ein fremder technischer Zusammenhang" (*ter Horst* 1980, S. 341), in welcher Form ihnen das Kapital gegenübertritt. Allerdings gilt für alle Formen des Fetischismus, daß der Schein der Dingherrschaft nicht vollkommen sein kann. Der Kapitalist, zum Handeln gewungen, ist genötigt, "weniger die Warendinge als sich selbst und andere Menschen als handelnde Subjekte zu begreifen", und für den Lohnarbeiter könnte der "Schein der Dinghaftigkeit nur da vollkommen sein, wo keine Menschen existieren, keine Wesen mit Sinnen, Bewußtseinsaktivitäten, Handlungsweisen, und dann wäre er schon kein Schein mehr, weil er nur Schein sein kann f r Individuen." (*Erckenbrecht* 1976, S. 104)

Tatsächlich wird die fetischistische Scheinwelt brüchig im Zentrum ihres Entstehens, wird der Schein täglich zumindest wieder in Frage gestellt bei der Arbeit: Die menschliche Arbeitskraft im Produktionsprozeß ist wahrnehmbar, und die Weiterentwicklung der Maschinerie, die Anwendung neuer Produktionsweisen ist erkennbar auch steigende Produktivität der Arbeitskraft als Quelle einer verbesserten Beherschung der Natur und als Ursprung erweiterter Bed rfnisse. Sichtbar wird dies in dem Stolz, mit dem viele Arbeiter Maschinen handhaben; zwiespältig erscheint oft die Reaktion auf Rationalisierungen und Produktivitätssteigerungen: einerseits wird der Tauschwert von Arbeitskraft gesenkt, andererseits wird ihr Gebrauchswert gesteigert, wobei allerdings die Verwertungslogik kapitalistischer Produktion verbietet, diese Steigerung in Form weitergehender Bedürfnisbefriedigung oder Arbeitszeitverkürzung an die Arbeiter weiterzugeben, es sei denn, dies wird durch die Arbeiterklasse erzwungen.

Die scheinhafte Verkehrung von Subjekt und Objekt relativiert sich ebenso im täglichen Arbeitsprozeß: Letztendlich sind es die Menschen, die die Maschinen in Gang setzen, und nicht umgekehrt; die Realität des konkret-kooperativen Arbeitsprozesses ermöglicht die
> Negation der repremierenden Produktionsverhältnisse im Erkenntnisprozeß. Nicht die Unterdrückung aus sich selbst bedingt die Protestation gegen sie, sondern die erkennbare Alternative, die sich unter der Gewalt der herrschenden Produktionsform fortbewegt. (*ter Horst* 1980, S. 359)

Ebenso erschließt sich einem am Gebrauchswert orientierten erkennenden Bewußtsein die Unfähigkeit des kapitalistischen Verwertungsmechanismus, eine krisenfreie und sich ständig verbessernde Bedürfnisbefriedigung sicherzustellen: Waren können nicht abgesetzt werden, obwohl ein Bedürfnis nach ihnen besteht, weil der Verkauf nicht den erforderlichen Mehrwert realisieren würde. (siehe ebd., S. 361) Es war den Arbeitern in den mittlerweile geschlossenen Werften möglich, Produktionsumstellungen zu entwerfen, die auf die Erzeugung dringend benötigter Produkte abzielten (z. B. Rauchgasentschwefelungsanlagen). Trotz des erkennbaren gesellschaftlichen Bedarfs und der vorhandenen Arbeitskapazitäten kam die Produktion dieser Waren nicht in Gang, weil sie unter den herrschenden Verhältnissen nicht "finanzierbar" erschien; statt dessen wurden und werden Kapazitäten vernichtet und Arbeitsvermögen zwangsweise durch Massenarbeitslosigkeit ruhiggestellt, sodaß selbst von bürgerlichen Ökonomen zugegebene Kosten entstehen, ohne daß nützliche Produktion vonstatten ginge.

Auch hier ist verdeutlichend festzustellen, da die "progressive Wahrnehmung" in der Realität der bürgerlichen Gesellschaft eben nicht dazu führt, daß sich direkt aus der Arbeitserfahrung heraus die Erkenntnis über die Mechanismen kapitalistischer Produktion sowie die Formulierung von gesellschaftlichen Alternativen als auch von Strategien zur Durchsetzung dieser Alternativen entwickelt. Behauptet wird nur, daß gebrochene und blockierte assoziative Orientierungen auch in der Produktionssphäre selbst entstehen, die in einer Erkenntnis des Gebrauchswertes von Arbeit und dessen Steigerung im Laufe der Entfaltung der Produktivkräfte begründet sind.

2.3.3.3. Das Verhältnis von Arbeit und Freizeit

Das Verhältnis von Arbeits- und Freizeit, betrachtet jeweils im Kontext progressiver oder reaktiver Wahrnehmung, ist einer der mächtigsten "Verstärker" assoziativer oder dissoziativer Tendenzen in der spätkapitalistischen Gesellschaft; darüber hinaus greift die Diskussion über den Stellenwert von Freizeit die aktuellen Probleme der Zukunft der Arbeit auf und setzt somit am Kernpunkt der spätkapitalistischen Verwertungskrise an. Auf diesen Aspekt soll, auch auf die Gefahr weitgehender Spekulation hin, weiter unten wenigstens kurz eingegangen werden.

Zunächst zum Stellenwert der Freizeit in progressiver und reaktiver Wahrnehmung. Als konsequente Fortsetzung der Wahrnehmung des Lohns als gerechter Bezahlung der Arbeit, der eigenen Leistung, entwickelt sich die Freizeit als Sphäre der Belohnung für die aufgewandte Mühe, und darüber hinaus als Sphäre, in der die Leistungsfähigkeit (siehe weiter oben) sich manifestiert, für das Individuum selbst wie für seine Umwelt. Leistungsfähigkeit wird erkennbar an dem, was man sich leisten kann. In dem Maße, wie sich der Arbeiter in der Arbeitszeit der Maschinerie hilflos ausgeliefert sieht, indem er wahrnimmt, daß er sich unter fremder "Regie" befindet, bekommt die Sphäre der Nichtarbeit f r ihn besonderen Stellenwert: Freizeit ist das Ziel, die Arbeit ein bloßes Mittel, dieses Ziel zu erreichen.

> Die Verhältnisse jenseits der Arbeit werden als Selbstzweck oder eigentlich primäre Zielsetzung begriffen. Die Lebensäußerung 'Arbeit' ist mehr oder minder im Bewußtsein bloße Vorbedingung zum Leben. In diesem Bereich begibt sich das Subjekt als ganzes mit der Gesamtheit seiner sinnlichen Bezüge zur Natur, zu anderen und zur eigenen Individualität. Die Zielsetzung ist hier vom Individuum - im Rahmen seiner sozialen Schranken - selbst definiert, nicht - wie im Arbeitsprozeß - von der Qualität einer von ihm abgetretenen Lebensäußerung.
> (*Bischoff/Maldaner* 1980, S. 132)

Verstärkt durch die Mechanismen des kapitalistischen Warentauschs - Werbung, Warencharakter aller Dinge - erhalten sämtliche Bedüfnisse einen von der eigentlichen Produktion losgelösten Charakter; sie erscheinen als das primäre, als quasi "natürlich", als geschichtslos.

> Gerade weil die konkrete Aktivität somit völlig den Ansprüchen der abstrakten Aktivität unterworfen ist, erscheint die Bedürfnisbefriedigung, insofern sie mit der Reproduktion der Arbeitskraft zusammenfällt, als natürliche Grundlage und Antrieb der Persönlichkeit. Die gewöhnliche Psychologie, für die die ganze psychische Aktivität, die menschliche wie die tierische, letztlich bloß auf das 'Befriedigen der Bedürfnisse' abzielt, ist im Grund nichts als naiv-ideologischer Ausdruck der grundlegenden Entfremdung, die in der Persönlichkeit der Werktätigen innerhalb der kapitalistischen Gesellschaft durch die Beschaffenheit der gesellschaftlichen Verhältnisse induziert wird. (*Seve* 1973, S. 199f)

Menschliches Verhalten läßt sich dann pressen in das Schema Bedürfnis-Aktivität-Bedürfnis, wobei vom gesellschaftlichen Charakter der Bedürfnisse und ihrer Weiterentwicklung abstrahiert wird. (ebd., S. 200)

Sichtbar wird aber auch, im Konzept progressiver Wahrnehmung, sowohl die gesellschaftliche Form der Bedürfnisbefriedigung als auch der Charakter des Gebrauchswerts der Arbeit, die Entstehung der Bedürfnisse voranzutreiben. Losgelöst von der Scheinlogik des Lohns, der Ausdruck privater Aneignung gesellschaftlichen Reichtums, somit des Tauschwerts der Arbeitskraft ist, wird der sich vergrößernde Reichtum als Produkt kooperativer Arbeit sichtbar. Damit ist zumindest schemenhaft verbunden die Wahrnehmung dieses gesellschaftlichen Reichtums als "Reservoir", aus dem Bedürfnisse, auch das nach freier Zeit, befriedigt werden können. Wahrnehmbar ist damit das dialektische Verhältnis zwischen konkreter, Gebrauchswerte schaffender Arbeit und Entstehung sowie Befriedigung von Bedürfnissen, und zwar neben dem oben beschriebenen "Bedürfnisfetischismus", der Wahrnehmung der Bedürfnisse als natürlicher und maßloser (*Schneider* 1973, S. 173f) Antriebsquelle in einem mechanistischen und biologisierenden Schma Bedürfnis-Aktivität-Bedürfnis.

Indem der Zusammenhang zwischen Arbeit und Freizeit wahrnehmbar ist, verliert die Freizeit ihren losgelösten, absoluten und privaten Charakter. Die Arbeit erscheint nicht mehr als blo es Mittel, das Überleben zu sichern, sondern sie läßt ihre Eigenschaft erkennen, den gesellschaftlichen Reichtum derart zu steigern, daß Arbeit tendenziell überflüssig werden kann. Die Alternative zu "Arbeit als bloßes Mittel", zu tauschwertbezogener Arbeit ist mithin also nicht die Verherrlichung der Arbeit, etwa "Arbeit als Selbstzweck", sondern gebrauchswertbezogene Arbeit mit dem Ziel, das "Reich der Freiheit" auszuweiten und das "Arbeiten, das durch Not und äußere Zweckmäßigkeit bestimmt ist" (*Marx* 1964, S. 828) einzugrenzen. Seve warnt davor, die Arbeit abstrakt als erstes Bedürfnis der Menschen aufzufassen und sie zum "psychologischen Wesen des abstrakten Menschen" zu machen (1973, S. 333), was unter dem Deckmantel des historischen Materialismus zu häufig geschehen sei. Vielmehr müsse die Form der gesellschaftlichen Arbeit betrachtet werden, um zu erkennen, daß der *Marx*sche Arbeitsbegriff "zwei nicht nur verschiedene, sondern entgegengesetzte Bedeutungen" (ebd., S. 335) annehmen könne, wobei Arbeit als "travail attractif, Selbstverwirklichung des Individuums" (*Marx* 1953, S. 505) eben nicht möglich ist als "Sklaven-, Fronde-, Lohnarbeit". (ebd.) Wir finden hier einen gewissen Widerspruch zwischen den Aussagen aus dem dritten Band des *Kapital* und den *Grundrissen*, der uns zur Diskussion über die Zukunft der Arbeit und die Krise der Verwertung der Ware Arbeitskraft im Spätkapitalismus führen kann. Erscheint in den Grundrissen noch die Selbstverwirklichung als Arbeit, allerdings nur dadurch, daß "1) ihr gesellschaftlicher Charakter gesetzt ist, 2) daß sie wissenschaftlichen Charakters, zugleich allgemeine Arbeit ist, nicht Anstrengung des Menschen als bestimmt dressierter Naturkraft, sondern als Subjekt, das in dem Produktionsprozeß nicht in bloß natürlicher, naturwüchsiger Form, sondern als alle Naturkräfte regelnde Tätigkeit erscheint" (ebd.), so ist im Kapital das Reich der Freiheit klar abgegrenzt von der Arbeit:

> Die Freiheit in diesem Gebiet (der Arbeit, K.H.) kann nur darin bestehen, daß der vergesellschaftete Mensch, die assoziierten Produzenten, diesen ihren Stoffwechsel mit der Natur rationell regeln, unter ihre gemeinschaftliche Kontrolle bringen, statt von ihm als von einer blinden Macht beherrscht zu werden. (*Marx* 1964, S. 828)

Erst jenseits der Arbeit beginne das "wahre Reich der Freiheit", die "menschliche Kraftentwicklung, die sich als Selbstzweck gilt". Hierfür ist die "Verkürzung des Arbeitstags die Grundbedingung." (ebd.)
Der Widerspruch löst sich m. E. wie folgt: In den *Grundrissen* finden wir eine, wenn man so will, positive Utopie, eine Spekulation über das, was möglich wäre, wohingegen im *Kapital* unter Verzicht auf Spekulation und Abstraktion von historischen Bedingungen aufgezeigt wird, was möglich ist bzw. sich aufgrund der Entwicklung der kapitalistischen Produktionsweise entwickeln wird: Die Reduzierung der notwendigen Arbeitszeit bei bleibendem oder sogar sich steigerndem gesellschaftlichem Reichtum. (siehe auch *Gorz* 1988, S. 181f)
Genau diese Situation ist in den spätkapitalistischen Gesellschaften spätestens seit Beginn der 80er Jahre erreicht, wobei zu beachten ist, daß damit die gesamten Mechanismen der Verwertung von Kapital und Arbeitskraft und der Wertbestimmung im Kapitalismus gefährdet erscheinen, ebenso wie die Systeme sozialer Sicherung (Renten-, Kranken-, Sozialversicherung). Ohne daß hier die Ursachen dieser Krise im Detail dargestellt werden können, soll doch kurz auf die Organisation der Arbeit eingangen werden, da hier der Kernpunkt im Verständnis der Krise zu suchen ist und da hiermit eine Umstrukturierung und ein Wertewandel der Gesellschaft möglich erscheint, wobei die Auswir-

kungen auf die Bewußtseinsformen, auch auf die Sozialisation und Medienproduktion bzw. -konsum gar nicht überschätzt werden können. Die Produktivität der Arbeit steigert sich beständig, wobei diese Steigerung nicht langsam und stetig erfolgen muß, sondern sich durchaus sprunghaft vollziehen kann, etwa bedingt durch technische Verbesserungen. Einen solchen Sprung in der Entwicklung, eine "Revolution", scheint die Entwicklung der Elektronik, der Datenverarbeitung und -übertragung darzustellen. Der Anteil "lebendiger Arbeit" in Produktion und Distribution sinkt, geht auf null zu, ohne allerdings ganz bei null anlangen zu können. Es sinkt demnach der Wert der Waren ebenso wie der Wert der Arbeitskraft, ebenso verändert sich die organische Zusammensetzung des Kapitals: der Anteil des variablen Kapitals geht zurück; Mehrwert kann nur noch durch relative Steigerung der Preise, was unter quasi monopolistischen Bedingungen sicherlich möglich ist, gewonnen werden. Allerdings: wer soll die Waren abnehmen und bezahlen können. (vgl. *Gorz* 1983, S. 51f) Die verausgabte Arbeit als Maß des Tauschwertes verliert ihre Funktionsfähigkeit:

> Der Diebstahl an fremder Arbeitszeit, worauf der jetzige Reichtum beruht, erscheint miserable Grundlage gegen diese neuentwickelte, durch die große Industrie selbst geschaffne (Entwicklung des gesellschaftlichen Individuums, K.H.). Sobald die Arbeit in umittelbarer Form aufgehört hat, die große Quelle des Reichtums zu sein, hört und muß aufhören die Arbeitszeit sein Maß zu sein und daher der Tauschwert (das Maß) des Gebrauchswerts. (*Marx* 1953, S. 593)

Mit dieser kurzen Charakterisierung der gegenwärtigen Krise soll die Grundlage beschrieben sein, auf der im weiteren die Perspektive eines "Abschieds von der Arbeitsgesellschaft" diskutiert werden soll. *Nahrstedt* (1980) vermutet in seinem Artikel zum Begriff der *Freizeitgesellschaft* ein Tabu in der gesellschaftswissenschaftlichen Diskussion, wenn es darum geht, die "zentrale Orientierung des ethischen, gesellschaftspolitischen wie wissenschaftlichen Denkens und Handelns an 'Arbeit'" und die "Unterdrückung des davon abgehobenen menschlichen Sinns, der sich gegenwärtig im Begriff 'Freizeit' konzentriert" (S. 52) zu diskutieren und in Frage zu stellen. Dieses Tabu wird gleichermaßen aufrecht erhalten von Wirtschaftskreisen, die durch ein Konzept der Freizeitgesellschaft die Arbeitsmoral gefährdet sehen (S. 51) und die an zusätzlichen Verdienstmöglichkeiten interessiert sind (S. 32), wie auch von Forschern mit kritischemanzipatorischem Interesse, die "die Neuordnung der Gesamtzeit unter Integration der Freizeit sowie die Politisierung des Bürgers insbesondere über die Freizeit durch den Begriff der Freizeitgesellschaft für gefährdet" betrachten. (S. 37) Durch dieses Tabu würde die "tatsächlich mögliche kritische Funktion von Freizeit nicht sichtbar." (S. 52)

Tatsächlich scheint gerade die marxistische Gesellschaftskritik den möglichen emanzipatorischen "Sprengstoff", den Freizeit enthalten kann, übersehen zu haben, wenn sie negiert, daß die freie Zeit gelebte und erfahrbare Alternative zu entfremdeter Lohnarbeit sein kann. Oskar *Negt* erwartet für die Perspektiven einer Arbeitszeitverkürzung auf 35 Wochenstunden, daß hierdurch das Proportionsgefälle von Arbeitszeit und *Lebenszeit* qualitativ verändert würde, wodurch "eingespielte Machtverhältnisse und Proportionen im bestehenden Gefüge gestört werden" (*Negt* 1988, S. 534), weshalb die Kapitalseite der Arbeitszeitverkürzung einen Widerstand entgegensetze, der nicht nur den ökonomischen Interessen einer Tauschwertminimierung von Arbeitskraft geschuldet sei, sondern sich wesentlich auf den "politischen Symbolgehalt" der Arbeitszeitverkürzung beziehe. (S. 535)

> Neuorganisation des Systems gesellschaftlicher Arbeit ist das Thema, wenn um die 35-Stunden-Woche gekämpft wird, als wäre sie bereits der qualitative Sprung in eine neue Gesellschaft. Aber sie ist nur der Anfang, das Prinzip, das es festzuhalten gilt und das eine neue Perspektive gesellschaftlicher Entwicklung eröffnet. Ob eine solche Forderung unter gegebenen Bedingungen realistisch ist oder nicht, das ist dabei ein ganz sekundäres Problem. Wird sie als praktisch notwendig, gerecht und geschichtlich begründet angesehen, so werden sich im Kampf für ihre Realisierung Motive auch bei denjenigen verändern, die heute, aus der besonderen Perspektive ihrer jeweiligen Betriebe, die ökonomisch noch einigermaßen stabil oder in Wachstumszweigen lokalisiert sind, eher die Neigung haben, die Angebote der Unternehmer als für sie einzig realistisch zu akzeptieren. (*Negt* 1988, S. 535)

Zwar ist für *Negt* mit einer Arbeitszeitverkürzung um fünf Wochenstunden noch nicht die vollständige Abkoppelung von Freizeit und Arbeitszeit gegeben, die alleine ermöglicht, daß Freizeit außerhalb der Zeitökonomie kapitalistischer Produktion erfahrbar und lebbar wird (a.a.O., S. 538), aber *Negt* nimmt an, daß ab einer bestimmten Wochenarbeitszeit (etwa 25 oder 20 Stunden) ein qualitativer Sprung erfolgen würde, wodurch die Menschen von "existenznotwendigem Arbeitszwang" befreit würden. (ebd.) Es erscheint mir wenig sinnvoll, hier weiterzudiskutieren, um eventuelle Auswirkungen eines qualitativ anderen Verhältnisses zwischen Arbeits- und Freizeit etwa auf die Arbeit, die kulturellen Aktivitäten der Menschen etc. konkret zu bestimmen. Es ist m. E. jedoch durchaus begründet, derartige M glichkeiten anzunehmen und in ihrer Bedeutung nicht zu unterschätzen, auch wenn ihre konkrete Formulierung Spekulation bleiben muß. Kritik kapitalistischer Lohnarbeit muß insofern bemüht sein, die Potentialität einer tatsächlich "freien Freizeit" zumindest durchscheinen zu lassen. Das "Recht auf Arbeit für alle", wie es immer wieder plakativ gefordert wird, hat demnach nur deshalb und dann einen emanzipatorischen Sinn, wenn es das "Recht auf gleiche Faulheit für alle" garantiert. Zwar ist "Faulheit" ein Begriff, der sich auf Arbeit als entfremdete bezieht und insofern rein negativen Charakter hat, aus dem jedoch unter veränderten

Arbeits(zeit)bedingungen der positive Begriff der "Muße" zu entwikkeln w re. (vgl. *Negt*, a.a.O., S. 537ff) Das Bemühen um einen positiven und fordernden Begriff von Freizeit, Faulheit und Muße erscheint mir gerade dann wichtig, wenn sich die normative Orientierung einer Gesellschaft, so spekulativ dieser Begriff auch sein mag, von der Arbeit wegbewegt.

> Es erscheint mir so, als wären normative Forderungen, die Bestandteile unserer Kultur geworden sind, gefährdet; als würde der Abruf historisch erworbener Kompetenzen, Arbeitskompetenzen usw. gesamtgesellschaftlich in Frage gestellt. Da läuft in den Individuen, auch in den Heranwachsenden, etwas leer - ob sie es wissen oder nicht. (*Brückner* 1983, S. 88; vgl. auch *Gorz* 1988, S. 178ff)

Daß diese Entwicklung unter den gegebenen Umständen für die Menschen eher negativ ist, daß "mehr verloren (geht) als Arbeit, wenn Arbeit verloren geht" (ebd.), wurde von den Kritikern des Kapitalismus hinreichend dargestellt, daß diese Entwicklung jedoch durchaus positive Konsequenzen haben könnte, wurde nicht oder nur ansatzweise entwickelt. Es erscheint mir durchaus möglich, daß durch die unkritische Fixierung auf die Arbeitsgesellschaft zu erklären ist, weshalb bei vielen Gewerkschaftsmitgliedern die Forderung nach radikaler Verkürzung der Arbeitszeit schwer durchsetzbar ist. (Siehe die Schwierigkeiten der IGM beim Streik um die 35-Stunden-Woche 1984, die sicherlich auch andere Ursachen hatten.)

2.3.3.4. Organisation versus Abgrenzung und "Individualität"

Verfolgen wir die Orientierungen, die sich aus der Arbeit unter kapitalistischen Produktionsbedingungen nach *ter Horst* ergeben, weiter, so erhalten wir zwei gegensätzliche Muster, die hier mit den Begriffen *Organisation* und *Abgrenzung* umschrieben werden sollen. Sicherlich stellt die Realität, also etwa die tatsächliche Politik der Gewerkschaften oder die empirisch auffindbaren Bewußtseinsstrukturen von Arbeitern, die z. B. die schon erwähnte Arbeit von Kudera u. a. (1979) aufzeigt, eine Mischung dar. Die Trennung zwischen beiden Mustern, deren Rigidität zusätzlich noch darstellungstechnisch unvermeidbar erscheint, ist also rein abstrakt: sie dient der Erklärung, nicht der Beschreibung gesellschaftlicher Wirklichkeit, sie soll darüber hinaus andeuten, was potentiell vorhanden und demnach möglich ist im Rahmen bürgerlicher Gesellschaften, was also bereits im Ansatz über diese Gesellschaftsformation hinausweist.

Zeichnen wir das Muster der Organisation nach, so haben wir auszugehen von der konkreten, Gebrauchswerte schaffenden Arbeit. Ihre Qualifizierung, Fortentwicklung und Vergesellschaftung ist Bedingung für erweiterte Produktivität und stößt auf Grenzen durch die Verwertungsmechanik der kapitalistischen Produktionsverhhätnisse. Bewußtes Lernverhalten, ein positives Verhältnis zu den Fortschritten von Wissenschaft und Technik (vgl. *ter Horst* 1989, S. 303f), ergibt sich aus der Gebrauchswertorientierung ebenso wie der Widerspruch zum kapitalistischen Verwertungsgeschehen und zur Hierarchie, die die Qualifizierung der Arbeitskraft eher verhindert. (vgl. auch *Ottomeyer* 1973, S. 141f) An dieser Stelle sei kritisch angemerkt, daß die Organisation proletarischer Erfahrung, wie etwa in der Analyse der Geschichte der Arbeiterbewegung sichtbar wird, sich nicht entsprechend dem von *ter Horst* entwickelten Idealbild, quasi gemäß der internen Logik des produktiven Normensystems, entwickelt, sondern vielfach gebrochen (auch durch die Orientierung am strukturellen Normensystem) und blockiert durch die herrschenden gesellschaftlichen Verhältnisse. Insofern ist die Organisation des proletarischen Bewußtseins wie die politisch-gewerkschaftliche Organisation der Arbeiterklasse eher mit *Negt/Kluge* als "blockierte proletarische Erfahrung" (siehe dazu weiter unten in der Annäherung III) zu begreifen; politische Organisation der Arbeiterbewegung verhält sich reaktiv und defensiv, formal den herrschenden Verhältnissen entsprechend. (vgl. *Negt/Kluge* 1972, S. 313ff; dies. 1981, S. 1266ff) Das Modell von *ter Horst* behauptet, dies jedoch m. E. schlüssig, lediglich erkenntnistheoretisch die Potentialität von Bewußtseinsorganisation entsprechend dem produktiven Normensystem.

Das Verhaltensmuster der Abgrenzung ist begründet in einer Orientierung am Verwertungsprozeß, der den privaten Verkauf (bzw. Kauf) der Arbeitskraft zur Voraussetzung hat. Losgelöst vom konkreten Arbeitsprozeß erscheint der Lohn als mehr oder minder gerechte Vergütung rein "privater" Leistungen, erscheint das Kapital als sich selbst erhaltende, sich sogar vergrößernde Substanz. Die Konkurrenz untereinander, die durch die Verwertungsmechanismen aus dem "natürlichen" Wettbewerb hervorgebracht wird, erscheint als natürliches Verhältnis der Menschen untereinander. Bewertungskriterium für den anderen ist dessen Einkommen und Besitz. Der Tauschwert der Waren bekommt somit einen quasi eigenständigen Charakter als Wert für sich, wird sogar zu einer Art von Gebrauchswert: was teuer ist, ist schon deshalb gut, weil es zeigt, was ich mir leisten kann, es zeigt also, was ich leisten kann, es zeigt, wie gut ich bin. Die Bedürfnisse werden bodenlos, sobald sie sich am Tauschwert orientieren, die Entfaltung der Bedürfnisse geht in deren Verfremdung über.

> Indem das Geld sich selbst zum allgemeinen, universellen Bedürfnis erhebt, wird es zum Globalmotor der 'Verdrängung' all der besonderen, sinnlich-konkreten Bedürfnisse und Befriedigungen, die es ursprünglich (...) noch zu vermitteln hatte. Mit der universellen Ausbreitung und Entwicklung der Geldform entsteht daher eine gesellschaftliche Bedürfnisstruktur, die so abstrakt wie maßlos ist wie diese. (*Schneider* 1973, S. 173f)

Ich charakterisiere dieses Orientierungsmuster deshalb mit dem Substantiv "Abgrenzung", weil es sich ergibt aus der privaten (Tausch-)Form des gesellschaftlichen Produktionsprozesses im Kapitalismus. Es bezieht sich auf die Abgrenzung des einzelnen als Privatmensch von den anderen Privatmenschen, die einzig aufzuheben versucht wird in der privaten Sphäre der Familie und der Liebe, wie weiter unten noch näher ausgeführt wird.

Die Akzeptanz des Tausch- und damit Konkurrenzverhältnisses, die Beschränkung der Wahrnehmung auf die orientierende Wahrnehmung, läßt als System des Realitätsverständnisses nur die *Ideologie der Entideologisierung* zu, die *Kofler* (1975) umschreibt:

> In der totalen Identität des scheinbar versubjektivierten freien Ich mit der objektivierten Außenwelt ist für eine selbständige ideologische Stellungnahme kein Platz. Diese Tatsache spiegelt sich wiederum ideologisch darin, daß das Individuum vortäuscht, außerhalb aller ideologischen Reflexion zu agieren, ein 'entideologisiertes' zu sein, wie das moderne Schlagwort lautet. Die subjektiven Erscheinungen erscheinen als rein nach persönlichen Maßstäben vollzogene, als 'unideologische'. Im Scheine der vollendeten Entideologisierung ist die Ideologisierung vollends geglückt. Das Resultat ist die allesbeherrschende Ideologie der Entideologisierung. (S. 70, vgl. auch *Erckenbrecht* 1976, S. 51)

Die Abgrenzung des Privatmenschen und die Ideologie der Ideologielosigkeit sind das Fundament eines Individualitätskonzeptes, nach dem der einzelne sich selbst erzeugt, sich selbst verantwortlich ist, "Individualit t" zum Schlüsselwort eines Selbst- und Weltverständnisses wird, dessen primärer Wert eine abstrakte individuelle Freiheit darstellt. Dieses Konzept einer individuellen, tatsächlich nur privaten Freiheit endet paradoxerweise in der Vermassung als Folge der "extremen Entindividualisierung unter den Bedingungen der extremen Individualisierung des Lebens in der bürgerlichen Gesellschaft". (*Kofler* 1975, S. 86)

Eine "Realanalyse" des Bewußtseins der Menschen im Spätkapitalismus muß m. E. ausgehen von einer Vermischung der beiden hier dargestellten Normensysteme und somit der Verhaltensmuster Organisation und Abgrenzung; so lassen sich etwa die Ergebnisse einer Untersuchung des gesellschaftlichen Bewußtseins von Arbeitern in zwei Großbetrieben der Investitionsgüterindustrie interpretieren. *Kudera* u. a. stellten unter anderem fest, daß die Einstellungen nicht nur von der Konkurrenz untereinander, sondern ebenso von der Notwendigkeit der gemeinsamen Interessensvertretung bestimmt sind. (1979, S. 70ff) Etwa 75 % der Befragten betonten die Notwendigkeit des Zusammenhalts gegenüber den Unternehmern und sahen diesen auch als gegeben an (S. 125), wobei ein Zusammenhalt unter den Kollegen teilweise bereits durch die arbeitsteilige Organisation der Produktion gegeben ist. (S. 126) Inwieweit es allerdings neben der Arbeitshilfe einen solidarischen Zusammenhalt zur Verbesserung der Arbeitssituation und Einkommen gibt, hängt offensichtlich maßgeblich von den vorhandenen Konflikterfahrungen und dem gewerkschaftlichen Organisationsgrad ab. (S. 133) Für die vorliegende Arbeit ergibt sich die Aufgabe, in den kulturellen Aktivitäten der Menschen, insbesondere der Jugendlichen, Symptome wie auch Verstärkermechanismen sowohl einer abgrenzend-privatistischen wie einer gesellschaftliche Erfahrungen und Interessen organisierenden Orientierung zu suchen.

2.3.3.5. Solidarität versus "Liebe" und Familie

Ich will in diesem Abschnitt die oben aufgeführten Gedanken noch weiterentwickeln und gerate dabei in einen, zumindest für Form und Inhalt dieser Arbeit schwierigen Bereich, wie sich bereits in der Überschrift andeutet: Hier soll nicht durch die Alternative von Solidarität und Liebe letztere abqualifiziert werden als individualistische, privatistische oder sonstwie verteufelte Beschränktheit menschlicher Wahrnehmungs- und Verhaltensweisen. Und doch kann hinter dem Wort Liebe ein Konzept stecken, das fetischistische Verdrängungen der Realität enthält, sodaß letztendlich Liebe gerade unmöglich gemacht oder zerstört wird. Ich habe den Eindruck, daß in gesellschaftswissenschaftlichen Arbeiten die Liebe in aller Regel ausgeklammert wird, so als wäre sie eine nebensächliche Angelegenheit, was sie sicherlich nicht ist. Wenn sie trotzdem kaum Eingang findet in Untersuchungen, so liegt das wohl zum einen an der Sperrigkeit, komplizierten Definition, auch an der "Ausgelaugtheit" des Wortes wie seines Inhalts, als auch an der falschen Annahme, Liebe sei als "Privatsache" irrelevant für das gesellschaftliche Bewußtsein wie Verhalten der Menschen. Eine scheinbare Ausnahme bieten die zahlreichen Schriften, die sich mit der Sexualität beschäftigen. Allerdings sind "Sexualität" und "Liebe" eben nicht synonyme Begriffe. Für den Zusammenhang dieser Arbeit läßt sich die Bedeutung von "Liebe" in verschiedenen Aspekten bestimmen: 1) "Liebe" ist ein zentrales Thema von Medien; dies kann kein Zufall sein und will gewürdigt werden. 2) Sozialisation ohne Liebe erscheint als unm glich, wir werden darauf in der Annäherung II zurückkommen müssen. 3) Zumindest in der Psychologie und deren Sozialisationstheorien sind "Objektwahl", "Liebesfähigkeit", "Fähigkeit zu reifen Liebesbeziehungen" etc. zentrale Begriffe; wir müssen fragen, was sie meinen. Aus diesem Grund muß hier, trotz aller Schwierigkeiten und Unsicherheiten, versucht werden, mit dem Begriff "Liebe" umzugehen, ohne ihn auf eine Bedeutung, etwa Sexualität, einzuengen.

Problematisch erscheint ein Konzept der Liebe, das sich ergibt aus der Abgrenzung des einzelnen: Komplemantär zum abgrenzenden Individualismus verhält sich die Anschauung des Liebesverhältnisses als einzigem Fixpunkt des Lebens, worauf sich alles bezieht, worin alles aufzugehen hat; es wird ein Verhältnis behauptet (und benötigt), das in einer Umgebung von Konkurrenz und fehlendem Verstehen Gemeinsamkeit, Verständnis und Genuß bietet. Eine derartig verstandene Liebe und Familie ermöglichen die endgültige Eingrenzung des Privatbereichs; in ihren Grenzen haben die Gesetze der "Außenwelt", so hofft man, keine Gültigkeit mehr, ist Entspannung und Ausruhen möglich. (vgl. *Holzkamp* 1976, S. 255f) "Liebe" macht aus zwei Konkurrenten Partner, die Sympathie wird zum einzigen Bindemittel, woraus sich die Brüchigkeit dieser Beziehung in aller Regel ergibt. Der Aufbau und die Sicherung der Existenz kann Surrogat für verlorene Liebe und Sympathie sein, oft genug jedoch trennen sich die Partner oder machen sich, was schlimmer ist, das Leben schwer. Die Zufluchtsstätte wird zum Gefängnis, die Fassade, die gewahrt werden muß, wird zu einer unüberwindlichen Mauer, hinter der Krankheiten wie Alkoholismus oder Brutalität wie Mißhandlung und sexueller Mißbrauch von Kindern und Frauen zwar unentdeckt, jedoch nicht minder tragisch ihren Verlauf nehmen. (vgl. *Ottomeyer* 1977, S. 128ff) Gemeint ist also eine Liebe, die sich nur auf sich beziehen kann und die als einziger Zufluchtspunkt in einer ansonsten fremden, feindlichen, unbegreifbaren Welt dient; mag hier, jeweils zu Beginn, tatsächlich Liebe sein, so ist sie überfordert und muß - ich behaupte, fast immer - kaputt gehen.

Solidarität hingegen, und deshalb diese Abgrenzung zu "Liebe", bezeichnet ein Verhältnis zwischen Menschen, das sich nicht ergibt aus einer Verdrängung der gesellschaftlichen Realität, sondern vielmehr diese aufgreift. Zum einen erzeugt der gesellschaftliche Charakter der Produktion die Wahrnehmung des anderen als Kollegen, wobei Gemeinsamkeit Voraussetzung ist für Produktivität und damit den Reichtum einer Gesellschaft. Zum anderen jedoch, und in diesem Sinne ist Solidarität bewußt gemachte Handlung und Wahrnehmung, wird der Widerspruch zwischen gesellschaftlicher Produktion und privater Aneignung erkannt: Es "sitzen nicht alle im gleichen Boot", sondern es gibt entgegengesetzte Interessen zwischen Kapitalisten (und deren direkten Handlangern) und Lohnabhängigen, die sich nicht aus unterschiedlichen Individualitätsmerkmalen, sondern aus unterschiedlichen gesellschaftlichen Stellungen ergeben. Verdinglichte Kapitalverhältnisse, die quasi menschliche Eigenschaften zu haben scheinen (s. o.), lassen ihre wahre Eigenschaft erkennen: Sie sind gesellschaftliche Verhältnisse, Verhältnisse zwischen Menschen. Derartige Verhältnisse sind nicht natürlich, sondern geschaffen und veränderbar; aus unterschiedlichen Interessen ergeben sich Handlungsanforderungen; Solidarität be-

Annäherung I

zeichnet daher nicht nur ein "Miteinander sein", sondern ein "Miteinander kämpfen".

> 'Solidarität' ist kein 'Gefühl', auch nicht bloß abstrakte Artikulation des Umstandes, daß man 'gemeinsam mehr erreicht', sondern entspringt der Einsicht in die Notwendigkeit des gemeinsamen Kampfes zur Durchsetzung tendenziell gesamtgesellschaftlicher Interessen gegen die Partialinteressen des Kapitals, erfordert somit inhaltliches Wissen über die objektiven gesellschaftlichen Bedingungen, aus denen die gemeinsame Aufgabe erwächst. (*Holzkamp* 1976, S. 258)

Es dürfte klar sein, daß Solidarität, um zur Problematik der Überschrift dieses Kapitels zurückzukehren, nicht Ersatz für Liebe sein muß und kann. Es sollte hier zunächst nur dargelegt sein, daß umgekehrt die alleinige "Liebe" nicht Ersatz für Solidarität, für kämpferische Auseinandersetzung mit gesellschaftlicher Wirklichkeit sein kann. Eine positive Umschreibung von Liebe ist in diesem Abschnitt noch nicht versucht worden, sie soll in Annäherung II folgen.

2.4. Die Überbau-Problematik

> Die konkrete dialektisch Bezüglichkeit von Sein und Bewußtsein liegt nicht bloß darin, daß das Sein sich im Bewußtsein widerspiegelt (...), sondern ebensosehr darin, daß durch dieses bewußtseinsmäßige Reagieren auf das eigene Sein die ideologische Spiegelung selbst wiederum zu einem wesentlichen Faktor des Seins wird. Leo *Kofler*

Auf den vorigen Seiten wurde dargestellt, in welcher Weise sich Handlungen der täglichen Arbeit zu Handlungsnormen verdichten. Aufgezeichnet wurden das produktive und das strukturelle Normensystem als Extrempole, deren Mischung, bestimmt durch das Besondere (Klassenlage), das Spezifische (Zugehörigkeit zu sozialen Gruppen) und das Einzelne (individuelle, Sozialisationsfaktoren und -ereignisse) das Bewußtsein der Individuen ergibt. Damit sollte ein analytisches Instrumentarium geschaffen werden, mit dem zum einen die Genese von Bewußtsein erklärt, zum anderen qualitativ die Formen der Abbildung des gesellschaftlichen Seins kapitalistischer Gesellschaften im Bewußtsein bestimmt werden sollen. Allerdings bleiben noch wichtige Fragen unbeantwortet: Einerseits ist der nur kurz skizzierte, tatsächlich jedoch bedeutsame Prozeß der gesellschaftlichen Wertsetzung näher zu untersuchen. Zwar müssen sich Werte auf vorhandene normative Orientierungen beziehen, sie werden jedoch von diesen nicht eindeutig bestimmt. Vielmehr findet eine Auseinandersetzung der verschiedenen Interessengruppen um gesellschaftliche wie individuelle Werte sowie die sie vermittelnden Institutionen statt. Der Kampf um die "Meinungsführerschaft", die Hegemonie in der kapitalistischen Gesellschaft wird also, wesentlich auf die Überlegungen *Gramscis* gestützt, noch zu untersuchen sein. Daneben ist die Genese und Funktion von Ideologie im Spätkapitalismus zumindest im Ansatz zu analysieren.

Seve weist darauf hin, daß der Überbau- Begriff bei den "Klassikern des Marxismus" eine enge und eine weite Bedeutung hat: Auswählend sind die "juristischen und politischen Institutionen" gemeint, die sich "auf der Basis der Produktionsverhältnisse erheben und ihnen entsprechen", allgemeiner jedoch jedwede "Formation, die auf der Basis einer anderen und ihrer inneren Widersprüche erscheint; die von ihnen funktional determiniert wird und umgekehrt ihnen gegenüber eine Reglerrolle spielt, zugleich aber neue Aspekte und eine relativ selbständige Entwicklungsweise zeigt." (1973, S. 161) In diesem weiteren Sinn wird im folgenden der Begriff gebraucht, und es wird darauf ankommen, die funktionale Determiniertheit und gleichzeitige Reglerrolle des überbaus analytisch in den Griff zu bekommen.

Wesentlichen Einfluß auf die Überbau Diskussion haben die Gedanken von *Gramsci*, der die unterschiedliche Entwicklung Rußlands und Westeuropas mit dem Verhältnis von Basis und Überbau zu erklären versucht. (siehe *Bischoff/Maldaner* 1980, S. 54) Dabei geht es ihm zunächst um die Ablehnung einer mechanistischen Vorstellung eines einfachen Abhängigkeitsverhältnisses des Überbaus von der materiellen Basis. (siehe *Gramsci* 1967, S. 199f) Vielmehr nimmt er an, der Überbau sei "zwar durch die Basis determiniert", besitze jedoch "relative Selbständigkeit" und könne "seinerseits die ökonomische Struktur in gewissen Grenzen beeinflussen". (*Bischoff/Maldaner* 1980, S. 55; s. a. *Gramsci* 1967, S. 318) Der Versuch einer mechanistischen Ableitung von Überbau-Bewegungen aus Basis-Prozessen mißrate häufig, weil 1) eine Phase der Basis erst dann konkret analysiert werden könne, "wenn sie ihren ganzen Entwicklungsprozeß durchgemacht hat, nicht während des Prozesses selbst", 2) das Prinzip des Irrtums in der Politik (als einem Überbau-Bereich) nicht berücksichtigt wird und 3) nicht bedacht wird, daß "viele politische Handlungen aus der inneren Notwendigkeit des Organisationscharakters erwachsen, d. h. aus dem Bedürfnis heraus, einer Partei, einer Gruppe, einer Gesellschaft Geschlossenheit zu geben." (*Gramsci* 1983, S. 99)

Die (scheinbare) Trennung von Produktionsbereich und abgeleiteten Sphären wird, um einen anderen Zugang über die subjektive Wahrnehmung gesellschaftlicher Zusammenhänge zu wählen, von den Menschen aufgefaßt als Argument, im Überbau den primären Bereich zu sehen, für den die materielle Produktion nur noch die Mittel zum Leben liefere:

> So können die ideologischen Bewußtseinsformen und abgeleiteten Lebenssphären eine Eigenbewegung entfalten, der Überbau eine so weitgehend relative Autonomie gewinnen, die der Entwicklung der ökonomischen Basis nicht mehr entspricht. Kurzfristige zyklische ökonomische Krisen müssen sich nicht notwendig in einer Einsicht über soziale Abhängigkeit und gesellschaftlich bestimmten Charakter der Herrschafts- und Knechtschaftsverhältnisse des Reproduktionsprozesses niederschlagen. (*Bischoff/Maldaner* 1980, S. 163)

Wir können also ein Wechselverhältnis von Basis und Überbau annehmen, das zwar letztendlich von der ökonomischen Basis bestimmt wird, ohne daß ein einfaches Abhängigkeitsverhältnis entstehen würde. Auf diesem Hintergrund soll nun geklärt werden, inwiedern die Stabilität eines gesellschaftlichen Systems durch dessen Überbau beeinflußt wird. *Gramsci* nimmt an, daß der Überbau aufzugliedern ist in zwei große Ebenen: die Ebene der "privaten Organismen", die in ihrer Gesamtheit "bürgerliche Gesellschaft" genannt werden können, und die Ebene des Staates oder der "politischen Gesellschaft". (1983, S. 61) Die bürgerliche Gesellschaft nun fungiert in den Ländern, in denen sie bereits entwickelt ist, in wirtschaftlichen und sozialen Krisen des kapitalistischen Systems kompensatorisch durch das "Ingangsetzen eines hegemonialen bzw.

konsensualen Prozesses". (*Bischoff/Maldaner* a.a.O., S. 57) Herrschaft wird quasi verdeckt ausgeübt zunächst durch Hegemonie, also durch einen "'spontanen' Konsens, den die großen Massen der Bevölkerung der Zielsetzung geben, welche die herrschende grundlegende Gruppe dem gesellschaftlichen Leben gibt, ein Konsens, der historisch aus dem Prestige (...) entsteht, das der herrschenden Gruppe aus ihrer Position und Funktion in der Welt der Produktion erwächst", während staatliche Gewalt nur nötig ist für diejenigen, die sich diesem Konsens entziehen oder als "Absicherung", falls der soziale Konsens, etwa als Folge dauerhafter und schwerwiegender Krisen, ab

nimmt. (*Gramsci* 1983, S. 61f) Aufgrund der kompensatorischen Funktion der bürgerlichen Gesellschaft im fortgeschrittenen Kapitalismus folgert Gramsci im Anschluß an Lenin, die politische Situation in den entwickelteren kapitalistischen Ländern erfordere eine andere revolutionäre Strategie, was mit den militärischen Begriffen vom "Bewegungskrieg" und "Stellungskrieg" umschrieben wird. Im (entwickelteren) Westen sei das Verhältnis von Staat und bürgerlicher Gesellschaft ausgewogen, "erzitterte der Staat, so endeckte man sofort die kräftigere Struktur der 'bürgerlichen Gesellschaft'. Der Staat lediglich war ein vorgeschobener Schützengraben, hinter dem eine robuste Kette von Befestigungswerken und Kasematten lag". (*Gramsci* 1980, S. 273) Der Angriff auf den in Krisenzeiten geschwächten Staat ziele dann ins Leere, wenn die gesellschaftlichen Institutionen wie auch das Bewußtsein der Menschen die kapitalistischen Verhältnisse unabhängig von staatlicher Gewalt akzeptierten. Insofern ist der Funktion der "privaten" Überbauinstanzen verstärkte Aufmerksamkeit zuzuwenden; die Strategie des Stellungskrieges erfordert den Kampf um das Bewußtsein der Menschen und die Auseinandersetzung um die Besetzung des Überbaus ebenso wie die Auseinandersetzung mit staatlicher Macht bzw. den Kampf um diese.

Grundlegende Bedeutung in Gramscis Hegemoniekonzept hat sein Verständnis der Ideologie, das abgeleitet wird vom Begriff des Alltagsverstandes, in dem "alles zu finden ist, was man will"
(*Gramsci* 1967, S. 208), da es als "Philosophie des breiten Volkes" geprägt ist durch "inkonsequente, unzusammenhängende
und sich widersprechende Anschauungsweise." (ebd., S. 205) In diesem Alltagsbewußtsein macht *Gramsci* dennoch eine Struktur aus, die bestimmt wird von zwei widersprüchlichen Elementen: "ein seinem (des tätigen Menschen, K.H.) Handeln implizites Bewußtsein, das ihn real mit allen seinen Mitarbeitern in der praktischen Veränderung vereint, und ein oberflächlich explizites oder verbales, aus der Vergangenheit übernommenes, kritiklos akzeptiertes Bewußtsein." (ebd., S. 138) In Anlehnung an die oben geführte Diskussion lassen sich diese Elemente m. E. dem produktiven und strukturellen Normensystem

durchaus zuordnen: Gebrauchswertbezogenheit, Wahrnehmung der Kooperation im Arbeitsprozeß entspricht der Orientierung an den Produktivkräften, während die Orientierung an den bestehenden Verhältnissen, die kritiklos übernommen werden, sich auf die Produktionsverhältnisse bezieht, wobei die verdinglichte Welt ihre Geschichtlichkeit und Abhängigkeit von den Subjekten negiert. Der Terminus des "Alltagsgbewußtseins" verweist auf die Entstehung dieser Orientierung im alltäglichen Handeln, womit das Modell der normativen Orientierung als Resultat alltäglicher Erfahrung zunächst im Produktionsbereich durchaus übereinstimmt. Auch die Bestimmung der Ideologie in bezug auf das Alltagsbewußtsein, die *Gramsci* formuliert, läßt sich adäquat im bislang dargestellten Modell der sekundären Werte und primären, im Alltagshandeln entstandenen Normen ausdrücken: Für *Gramsci* kann eine Ideologie nur insofern massenwirksam sein, als sie an vorhandenen Strukturen im Alltagsbewußtsein der Massen ansetzt.

In der Terminologie der bisherigen Überlegungen können Werte nur dann von Interessengruppen erfolgreich im Sinne einer Modifizierung des Bewußtseins und Handelns der Menschen "installiert" werden, wenn sie vorhandene normative Orientierungen aufgreifen und diese verstärken. Ideologie wird hier aufgefaßt als Verarbeitung und Systematisierung dieses alltäglichen Bewußtseins; greift eine Ideologie nicht Inhalte des Alltagsbewußtseins auf, so ist sie "willkürlich", voluntaristisch:

> Man muß also unterscheiden zwischen historisch organischen Ideologien, die für eine gewisse Struktur notwendig sind, und willkürlichen, rationalistisch 'gewollten' Ideologien. Sowie sie historisch notwendig sind, sind sie gültig, 'psychologisch' gültig, sie 'organisieren' die Menschenmassen, bilden das Terrain, auf denen die Menschen sich bewegen, ein Bewußtsein ihrer Lage erhalten, kämpfen etc. Soweit sie 'willkürlich' sind, bringen sie nur 'Bewegung' in Form individueller Polemik hervor (...) (*Gramsci* 1967, S. 170)

Die Stellung der Intellektuellen, ihre mögliche Vermittlungsposition zwischen Philosophie als wissenschaftlicher Realitätserkenntnis und dem Alltagsbewußtsein, bekommt in *Gramscis* Überlegungen eine herausragende Bedeutung; marxistische Philosophie soll die Bevölkerung zu einer "höheren Konzeption des Lebens" führen. Die Einheit von Intellektuellen und "einfachen Menschen" führe dann zur Bildung eines "intellektuell-moralischen Blocks", der den intellektuellen Fortschritt der Masse, nicht nur den der begrenzten intellektuellen Gruppen politisch möglich macht. (1983, S. 81f)

Es ist an den Ideen Gramscis kritisch anzumerken, daß die Widersprüchlichkeit des Bewußtseins, obschon allgemein theoretisch, so doch nicht konkret erklärt wird aus der ökonomischen Basis. Statt an der Widersprüchlichkeit zwischen Lohnarbeit und Kapital, oder zwischen konkreter und abstrakter Arbeit, wird von *Gramsci* ein Widerspruch zwischen Alltagsbewußtsein und "bon sens" behauptet. (vgl. *Bischoff/Maldaner* 1980. S. 66) Dies hat Folgen für die Bewertung der Funktion der Überbauten:

> Da die Grundlagen der Entstehung des widersprüchlichen Bewußtseins unerkannt bleiben, faßt *Gramsci* gesellschaftliches Bewußtsein als Resultat der Überbauten. Der Zirkellauf der Argumentation führt schließlich zu einer beträchtlichen Überschätzung des Einflusses der Überbauten. (ebd., S. 67)

Wenn wir also davon ausgehen, daß die Widersprüchlichkeit, oder Inkonsequenz, Wirrheit und Ungeordnetheit des gesellschaftlichen Bewußtseins erklärbar ist aus der Widersprüchlichkeit der ökonomischen Basis der Gesellschaft, dann muß auf diesem Hintergrund der Begriff der *Ideologie* noch näher bleuchtet werden. *Erckenbrecht* hat darauf hingewiesen, daß der synonyme Gebrauch von "Ideologie" und etwa "Denkweise" den kritischen Gehalt des originären marxistischen Ideologiebegriffes auslösche (1976, S. 37f) und somit Bestandteil einer apologetischen Theorie zu werden drohe. (S. 39) Eine Umschreibung von Ideologie als "falsches Bewußtsein" ist allerdings ebensowenig sinnvoll, da damit die gesellschaftliche Funktion von Ideologie nicht ausgedrückt würde und die Definition ideologischer Vorstellungen als schlichte Denkfehler, Irrtümer von Individuen oder ganzer Gesellschaften, letztlich die Erkenntnisfähigkeit der Menschen, zumindest partiell, abstreiten würde; ein derartiger Ideologiebegriff könnte leicht Bestandteil einer agnostizistischen Theorie werden.

Erckenbrecht versteht Ideologie als "Bewußtsein, das sich seiner selbst nicht bewußt ist." (S. 41) Es ist ein Denken, ein Sich-Bewußt-Machen, das neben Wahrheit (jenem Körnchen zumindest, ohne das jede Ideologie sofort durchschaubar wäre) ein gutes Teil Unwahrheit enthält, wobei diese Unwahrheit nicht unbedingt auf bewußter Lüge beruhen muß, sondern vielmehr auf Selbsttäuschung: Der Ideologe glaubt, in der Regel zumindest, an seine Ideologie. (S. 42) Erkennbar ist Ideologie nur, wenn man den gesellschaftlichen Standpunkt, die gesellschaftlichen Interessen der Menschen vergleicht mit ihren Vorstellungen. (S. 47) In gewissen Grenzen ist Ideologie autonom von der gesellschaftlichen Basis, die sie modifizieren kann; Ideologie ist mehr als ein Reflex der Ökonomie. (S. 51) Demnach läßt sich zusammenfassen, daß

> Ideologie *systematisierter Alltagsverstand* ist und auf verschiedenen, alltäglich reproduzierten Fiktionsweisen beruht. Ideologie ist in diesem Sinne immer nur Verarbeitung von illusorischen Vorstellungen, die sich die Menschen typischer- und notwendigerweise über ihr Verhältnis zur Natur, zur Gesellschaft und zu sich selbst als Subjekt machen. Voraussetzung solcher Illusionen ist wirkliche Heteronomie: Die einzelnen können sich nicht als die wirklichen Produzenten ihrer Lebensverhältnisse erkennen und müssen sich daher begreifen als die Geschöpfe eines fremden Willens, göttlicher Gnade oder der ewigen Gesetze der Konkurrenz, weil ihr Leben nicht ihre eigene Schöpfung ist. (*Herkommer* 1985, S. 130)

Entsprechend einer differenzierten Überbau-Struktur in der spätkapitalistischen Gesellschaft ist der Ideologiebegriff auszuweiten, da Ideologien in ihrer eigenen Geschichtlichkeit (Kunst, Religion) gesehen werden müssen (ebd., S. 131) und eine Wieder-Einbeziehung der magisch-mythischen neben der kognitiven Dimension sinnvoll erscheint. (S. 132) Dies soll zumindest ansatzweise im folgenden Exkurs geleistet werden.

2.5. Exkurs: Ideologie, Religion und Alltagsverstand der Menschen im Spätkapitalismus

> Die Frage, ob es einen Gott gibt
> Einer fragte Herrn K., ob es einen Gott gäbe. Herr K. sagte: "Ich rate dir, nachzudenken, ob dein Verhalten je nach der Antwort auf diese Frage sich ändern würde. Würde es sich nicht ändern, dann können wir die Frage fallenlassen. Würde es sich ändern, dann kann ich dir wenigstens noch so weit behilflich sein, daß ich dir sage, du hast dich schon entschieden: Du brauchst einen Gott."
>
> Bertolt *Brecht*

Bislang habe ich das Bewußtsein abstrakt in seiner Funktion für die Reproduktion der menschlichen Gattung sowie für die bürgerliche Gesellschaft in seinen Erkenntnismöglichkeiten wie -schranken behandelt. Es wurden nur andeutungsweise Ideologien und komplexere Handlungsmuster benannt, denn die Aufgabe war, das Bewußtsein zunächst als ein historisches und gesellschaftliches Produkt zu bestimmen. Sowohl das Objekt des Bewußtseins, die zu erfassende Umwelt (gestaltete Natur, gesellschaftliche Verhältnisse) sind historisch, als auch die Subjekte des Bewußtseins, die wahrnehmenden, denkenden und handelnden Menschen. Für die bürgerliche Gesellschaft wurde behauptet, daß das Bewußtsein, notwendigerweise oder "systembedingt", gespalten ist. Auf der Objektseite, den gesellschaftlichen Verhältnissen, findet sich die Verdinglichung, das sich scheinbar selbst bewegende und verwertende Kapital ebenso wie der reale Prozeß der Wertproduktion durch lebendige Arbeit. Beides ist notwendiger Bestandteil kapitalistischer Produktion. Auf der Subjektseite, so wird behauptet, repräsentieren sich die vorgefundenen gesellschaftlichen Verhältnisse, die im täglichen Produktionsprozeß reproduziert werden, in den Köpfen der Menschen, in ihren Handlungen in widersprüchlichen Systemen normativer Orientierung. Bislang blieben die ausgebildeten Bewußtseinsformationen, die religiösen Vorstellungen, die Entwürfe über die gesellschaftliche wie individuelle Zukunft der Menschen, weitgehend unberührt. Für die Analyse der individuellen wie sozialen Orientierung, Zukunftsplanung, Wert- wie Sinnsetzung fehlen noch Überlegungen zur Tradition und intergenerativen Weitergabe von normativen Orientierungen und Wertsystemen, ebenso wie die Bedeutung kultureller Aktivitäten im Nicht-Arbeits-Bereich noch nicht hinreichend behandelt wurden. Dennoch sollen an dieser Stelle einige Gedanken zu den ideologischen Vorstellungen und Bedürfnissen der Menschen im Spätkapitalismus angestellt werden, die die bisherigen Ergebnisse dieser Arbeit zusammenfassen sollen. Ansatzpunkt ist hier die materialistische Weiterführung der *Feuerbach*schen Religionskritik: Götter werden als idealisierte Menschen aufgefaßt, Religion schafft eine "Verdoppelung der Welt in eine imaginäre und eine wirkliche, wobei der Mensch sein bestes Wesen aus dem Diesseits in ein überirdisches Jenseits schafft." (*Bloch* 1985a, S. 304) Die materialistische Kritik und Erweiterung der Ideen Feuerbachs besteht darin, den Menschen nicht abstrakt-anthropologisch, sondern materialistisch-historisch zu sehen:

> Die Kritik der Religion verlangt also, um wahrhaft radikal zu sein, (...) die Kritik der dem Himmel zugrunde liegenden Verhältnisse, ihres Elends, ihrer Widersprüche und ihrer falschen, imaginären Lösung der Widersprüche. (*Bloch* 1985a, S. 304)

An dieser Stelle kann keine geschichtliche Darstellung der religiösen Vorstellungen erfolgen, auch keine detaillierte Religionskritik ist zu leisten. Vielmehr fasse ich "Religion" in diesem Zusammenhang entsprechend den Überlegungen *Fromms* weit als

> von einer Gruppe geteiltes System des Denkens und Handelns, das dem einzelnen einen Rahmen der Orientierung und ein Objekt der Hingabe bietet. (*Fromm* 1979, S. 130) <8>

Für *Fromm* ist das Bedürfnis nach einer Religion/Weltanschauung eine "Existenzbedingung der Spezies Mensch" (a.a.O., S. 131), sie muß neben der Orientierung über die Welt ein Ziel des Handelns (S. 133) enthalten. In diesem Sinn versuche ich, die vorhergehenden Überlegungen zu systematisieren: In der Weltanschauung ist das Bewußtsein der Menschen letztlich organisiert als eine Orientierung des Individuums in einer durch die Weltanschauung interpretierten und somit "erklärten" Umwelt und als eine Zuschreibung von Sinn und Ziel der individuellen wie gesellschaftlichen Entwicklung. Anknüpfend an die obigen Überlegungen, die Ideologie als "systematisierten Alltagsverstand" der Subjekte definieren, die ihr Verhältnis zur Gesellschaft und Natur "typischerweise" illusorisch begreifen, läßt sich die Funktion der Weltanschauung noch weiter bestimmen. *Bloch* weist darauf hin, daß Ideologien, insbesondere die des Bürgertums, gleichzeitig einen die gesellschaftliche Wirklichkeit überhöhenden und somit mit der Realität versöhnenden, apologetischen wie einen fordernden, über das Vorhandene hinausgehenden, utopischen Charakter haben, sodaß in ihnen "eine eigentümliche, eine uneigentliche Antizipation des Besseren nicht fehlt" (*Bloch* 1985a, S. 169), die den kulturellen Überschuß von Ideologien begründet. (S. 178)

Ich versuche, im folgenden die oben beschriebenen normativen Orientierungen der Menschen im Spätkapitalismus als Bestandteile möglicher und "typischer" Weltanschauungen zusammenzufassen, um die systembedingten Schwierigkeiten einer Erkenntnis in der bürgerlichen Gesellschaft aufzuzeigen. Ich gehe hierbei davon aus, daß Erkenntnismöglichkeiten nicht grundsätzlich verstellt sind, daß kein totaler Verblendungszusammenhang besteht, vielmehr die ideologischen Weltanschauungen aufgrund der widersprüchlichen normativen Orientierungen widersprüchlichen normativen Orientierungen der Menschen notwendig widersprüchlich sind und damit eine Möglichkeit der Weiterentwicklung besteht, daß Ideologie auch ein kritisches, Veränderung forderndes Moment enthält bzw. die Bedürfnisse der Menschen nicht vollständig "ideologisch befriedigt" werden können.

Als Basis von Weltanschauungen nehme ich die Erfahrung der Menschen bezüglich ihrer Zusammenarbeit mit anderen an. Für die kapitalistische Produktionsweise ist hier, wie aufgezeigt wurde, gleichzeitig eine Verschärfung der Konkurrenz durch das Prinzip des "freien Tauschs unter Privatleuten" und eine Steigerung der Kooperation durch die Zusammenfügung dieser Privatarbeiten in der großen Industrie und die durchgängige Etablierung des Warentauschs typisch. Die scheinbare und gleichzeitig reale Freiheit, Gerechtigkeit und Privatheit des Tauschs produziert die Vorstellung, von der individuellen Leistungsfähigkeit hänge das individuelle Schicksal, zumindest weitgehend, ab. Diese Auffassung wird durch verschiedene Maßnahmen in der Produktionssphäre wie in der Gesellschaft unterstützt, vom Marschallstab, den jeder *napoleonische* Soldat im Tornister trug bis zu Leistungslohn, Prämien und individuellen Aufstiegsmöglichkeiten. Internationale Konkurrenz diszipliniert die nationale Arbeiterklasse und ihre Organisationen ebenso wie bereits die Schülerrinnen und Schüler durch die Konkurrenz um attraktive Verkaufschancen ihrer Arbeitskraft diszipliniert werden. Die Möglichkeit des sozialen Aufstiegs ist zwangsläufig gekoppelt mit dem Drohen des, zumindest in Relation zu Aufsteigern, gesellschaftlichen Abstiegs; ohne *loser* kein *winner*, demzufolge keine Aufstiegshoffnung ohne Angst vor dem Abstieg. Diese Angst kann bis zur Existenzangst reichen, sodaß in den wohlhabenden kapitalistischen Ländern die paradoxe Situation entsteht, daß trotz eines entschärften *struggle of life*, der nicht mehr um Leben oder Tod geht, die psychischen Belastungen der Indviiduen nicht geringer werden. (vgl. etwa *Dubiel* 1988, S. 22f) Das Konkurrenzsystem herrscht jedoch nicht ungebrochen: Auch wenn die Konkurrenz unter den Arbeitenden z. T. planvoll gesteigert wird, bleibt die Notwendigkeit der Kooperation weiterhin bestehen. Fehlende Kooperation wird sogar offensichtlich in einigen Bereichen bereits zum Problem für die Kapitalverwertung, sodaß kooperatives Verhalten systematisch verstärkt werden muß. Beispielsweise lassen sich Seminare und Schulungen zur Verbesserung der Kommunikations- und Kooperationskompetenz insbesondere auf der mittleren Managementebene der Konzerne als Versuche erklären, die Kooperationsfähigkeit und -bereitschaft der einzelnen zu erhöhen. Ebenso enthalten Anstrengungen, das "Wir-Gefühl" von Betriebsangehörigen, teilweise mit Hilfe der (angewandten) Sozialwissenschaften zu stärken, derartige Momente; *corporate identity* zielt nicht nur nach außen auf die Kunden, sondern ebenso nach innen auf die

Lohnabhängigen, soll identitätsstiftend wirken. Für die Weltanschauung der Individuen bietet sich ein Dilemma, daß zwei sich widersprechende Momente der Selbst- und Fremdwahrnehmung gleichzeitig vorhanden sind, das Weltbild somit widersprüchlich wird oder zugunsten seiner Stimmigkeit wesentliche Erfahrungen ausblenden muß. Die Leugnung der Gesellschaftlichkeit kapitalistischer Produktion, der Waren und Lohn-, schließlich der Kapital- und Zinsfetischismus machen die Produziertheit gesellschaftlicher Verhältnisse und die Anteile menschlicher Aktivität am Produktionsprozeß, letztlich an der geschichtlichen Entwicklung tendenziell nicht mehr wahrnehmbar. Versachlichung der gesellschaftlichen Verhältnisse und Versubjektivierung der Sachen sind Konsequenz der Verdinglichung. (*Bischoff/Maldaner* 1980, S. 125f)

> Ja, er (der moderne Mensch, K.H.) hat seine Welt aufgebaut, Fabriken und Gebäude errichtet, Textilwaren, Kraftwagen, Korn und Frucht produziert. Aber er ist diesen, seinen eigenen Produkten fremd und nicht Herr über diese Welt, die er baute - umgekehrt. Diese selbstfabrizierte Welt bemeistert ihn; er verneigt sich vor ihr, sie zu besänftigen, um wenigstens einigermaßen mit ihr zurecht zu kommen. Seiner Hände Werk wurde sein Götze. (*Fromm* 1966, S. 120)

Die Welt scheint von einer Megamaschine bewegt, die Menschen sind scheinbar in ihr eingespannt. Die Angst vor dem Konkurrenten wird überlagert von der Angst, die aus dem Gefühl des Ausgeliefert-Seins resultiert. Die "moderne Industriegesellschaft" wird darüberhinaus zur *Risikogesellschaft*, die von den Politikern, den politischen Institutionen der parlamentarischen Demokratie, weder durchschaut noch gesteuert werden kann. (vgl. *Beck* 1986, S. 300ff) Sowohl die Definition der Position (oder Identität) des Individuums als auch des Ziels von Entwicklung in einer Weltanschauung wird in der verdinglichten Welt problematisch: Zwar ist die Einordnung des Individuums in die gegebenen Umstände möglich als ein Einfinden in Macht- und Gewaltverhältnisse (vgl. *Brückner* 1981, S. 10ff), zwar bietet auch die verdinglichte Welt "Gratifikationen" (Konsum, Unterhaltung), doch kann von einer reich entfalteten Individualität nicht die Rede sein; die Gewaltsamkeit der Verhältnisse produziert eine immer schwerer zu kontrollierende Gewalttätigkeit der Menschen (im Verhältnis zu anderen und zu sich selbst). (a.a.O., S. 57ff)

Allerdings ist die Verdinglichung, wie oben begründet wurde, nicht als totale denkbar, solange lebendige Arbeit unverzichtbar ist; die historisch gewachsene Bedeutung des sozial Geschaffenen - das die Umwelt der Menschen stärker bestimmt als die Natur als ursprünglich fremde, unabhängig vom Bewußtsein entstandene,

gegebene Ausgangsbasis - bringt die gewachsene Erkennbarkeit und somit Beherrschbarkeit der Welt, der Geschichte potentiell mit sich. Insofern ist dem oben angeführten Zitat Erich *Fromms* die Potentialität von Erkenntnis entgegenzusetzen; kritische Theorie tut sich leichter, die unterdrückte, unentwickelte

Erkenntnis aufzuzeigen; die gesteigerte Erkenntnisfähigkeit kann jedoch nicht aus dem Auge verloren werden, ist sie doch letztlich die Basisauch einer kritischen Theorie von Gesellschaft und Individuum. Ich gehe davon aus, und dies soll im weiteren Verlauf dieser Arbeit näher begründet werden, daß für die ideologische Verarbeitung der Alltagserfahrungen nicht ein absoluter Verblendungszusammenhang in einer total verdinglicht erscheinenden Welt anzunehmen ist, sondern daß sich die Polarität zwischen Entfremdung und Verdinglichung (vgl. zu diesem Zusammenhang *Seve* 1973, S. 106) auf der einen, der Möglichkeit von Erkenntnis sowie der Notwendigkeit rationaler und gesellschaftlicher Zukunftsplanung auf der anderen Seite, verschärft; als Konsequenz dieser verschärften Polarität nehme ich eine zunehmende Instabilität oder Zersetzung im ideologischen Apparat der Gesellschaften an, ebenso wie einen gesteigerten Druck auf die Psyche der Individuen. Hier ist nach den sozialen Klassen zu differenzieren: Die Opfer der "Risikogesellschaft" (*Beck*) sind zunächst die Lohnabhängigen, aber schließlich nicht nur sie. Sie sind stärker betroffen von den ökologischen Krisen, die "Enttraditionalisierung der industrie-
gesellschaftlichen Lebensformen" (*Beck*) trifft sie vorrangig. Die Unfähigkeit zu einer das überleben der Gattung Mensch sichernden Globalsteuerung im Kapitalismus wird jedoch auch für die Kapitalisten selbst und deren direkt am Gewinn beteiligte Agenten sichtbar und schließlich "am eigenen Leibe" spürbar. Zudem zersetzen sich auch die Persönlichkeitsbilder der herrschenden Klasse: Klassische "Tugenden" wie Sparsamkeit als Bedingung privater Geld- und Kapitalakkumulation spielen zunehmend weniger eine Rolle, weil die Kapitalkonzentration eine Qualität erreicht hat, daß auf der Basis des Privatbesitzes an den Produktionsmitteln der persönliche Besitz, die patriarchalische Stellung des Kapitalisten in "seinem" Betrieb obsolet wird. Die These einer klassenspezifisch unterschiedlich ausgeprägten, jedoch die Klassengrenzen übergreifenden Zersetzung der Ideologien und wachsenden psychischen Belastung der Individuen soll im weiteren Verlauf dieser Arbeit näher untersucht werden: In Bezug auf die Sozialisation müßte, ist die These stichhaltig, die "Produktion von Subjektivität" zunehmend problematisch werden: erschwerte Identitätsfindung und instabile Persönlichkeitsentwicklung respektive "Offenheit" und kritische Distanz zu gesellschaftlichen Werten sind zu erwarten.
Wurde das Gefühl des Beherrscht-Werdens als Resultat der Verdinglichung beschrieben, so gilt dies besonders und zunächst für die Arbeitszeit; Arbeit erscheint als bloßes Mittel der Existenzsicherung, die Arbeitszeit ist verkaufte und entleerte, verlorene Zeit. Demgegenüber erscheint die Freizeit als Belohnung für die aufgewandte Mühe, als eigentlicher Sinn, als Raum für die Entfaltung der Individualität und Freiheit. Die Prägung der Freizeit durch die Ar-

beitszeit relativiert allerdings diese "Freiheit in der/durch die Freizeit", oft den Menschen unbewußt, beträchtlich. (vgl. z. B. Bloch 1985b, S. 1062f) Die Erwartung, die Freizeit biete allein Raum und Zeit für Freiheit, beinhaltet zudem die Akzeptanz der Herrschaftsverhältnisse, die in der Produktionssphäre gelten und nicht nur den Erfordernissen einer produktivkraftbezogenen Disziplin, sondern ebenso der Einordnung in die Produktionsverhältnisse und in ihre Hierarchien entspringen. Freizeit als einzige Sphäre der Freiheit ist eine die Menschen "falsch beruhigende", mit den Herrschaftsverhältnissen versöhnende Ideologie, wenn in der Freizeit eine Idylle bezogen wird, in die die Individuen nach dem angsterzeugenden Konkurrenzdruck und dem ebenfalls angsterzeugenden Ausgeliefertsein fliehen wollen. Über die Freizeit allein ist die Verortung der Individuen nicht möglich, ebenso wie das "Freizeitparadies" nicht die Ängste reduzieren kann, die aus der Produktionssphäre und der gesellschaftlich nicht kontrollierten Entwicklung im Kapitalismus resultieren; eine Freizeitideologie scheint mir notwendigerweise nicht in der Lage zu sein, ein widerspruchsfreies und die Bedürfnisse der Menschen befriedigendes Weltbild zu liefern. Auf die "emanzipatorische" Qualität von Freizeit, die möglich erscheint, falls das Verhältnis von Arbeits- und "Lebenszeit" qualitativ "umschlägt", ist weiter oben bereits eingegangen worden. Die These ist daher erlaubt, daß eine tatsächlich von der Arbeitszeit emanzipierte Freiheit die Menschen derart verändert, daß sich ihre Einstellung zur Arbeit wiederum verändert: verschärfte Forderungen nach Verbesserung der Arbeitsbedingungen, nach Selbstbestimmung auch in der Arbeitszeit sind vorstellbar für den Fall, daß die Freizeit quantitativ wie qualitativ das Leben der Massen der Lohnabhängigen bestimmt. Dies bleibt jedoch, zugegebenermaßen, Spekulation; im weiteren Verlauf soll jedoch die kulturelle Praxis der Menschen daraufhin untersucht werden, ob es zumindest Hinweise darauf gibt, daß diese Spekulation berechtigt sein könnte.

In der Konsequenz von Konkurrenz, Verdinglichung und Freizeitfetischismus (Freizeit als Belohnung, Entlastung, "Abschalten" und gleichzeitig einziger Sinn des Lebens) ergibt sich die Abgrenzung der Individuen von ihren "Konkurrenten", der als feindlich und unbeherrschbar erlebten Welt. Der objektiv gegebenen Machtlosigkeit des einzelnen, der relativen Verarmung der Sozialbeziehungen kann das Subjekt die ideologische Erhöhung der Individualität entgegenstellen, was die Isolation und Machtlosigkeit wiederum verstärkt. Galt die Propagierung des Individuums als Mittel im bürgerlichen Kampf gegen feudale und autoritätsstaatliche Fesseln, so droht unter der Ideologie des Individualismus die Atomisierung und Vermassung der Menschen in der entwickelten bürgerlichen Gesellschaft. Die scheinbare, ideologisch hergestellte Allmacht des Individuums wird abgesichert von der Ideologie der Ideologielosigkeit, die oben beschrieben wurde und die den Individuen ermöglicht, scheinbar über den gesellschaftlichen Zusammenhängen zu stehen. Während sie subjektiv wähnen, ihre Lebensumstände individuell selbst zu gestalten und nach eigenen Zielvorstellungen auszurichten, orientieren sich die Individuen objektiv an den Verwertungsbedingungen ihrer eigenen Persönlichkeit:

> Um Erfolg zu haben, muß man imstande sein, in der Konkurrenz mit vielen anderen seine Persönlichkeit vorteilhaft präsentieren zu können. (...) Der Mensch kümmert sich nicht mehr um sein Leben und sein Glück, sondern um seine Verkäuflichkeit. (...) Menschen mit einer Marketing-Charakterstruktur haben kein Ziel, außer ständig in Bewegung zu sein und alles mit größtmöglicher Effizienz zu tun. Fragt man sie, warum alles so rasch und effizient erledigt werden muß, erhält man keine echte Antwort, nur Rationalisierungen (...). Philosophischen oder religiösen Fragen, etwa wozu man lebt, bringen sie (zumindest bewußt) wenig Interesse entgegen. (*Fromm* 1979, S. 142f)

Auch wenn Fromm dem "Marketing-Chrakter" die "Liebesfähigkeit" im Prinzip abspricht, da er tiefe Objekt-Beziehungen nicht entwickeln kann, läßt sich dessen (phantastische) Abgrenzung letztlich nur erhöhen durch die Verwiesenheit auf den exklusiv Anderen, den Partner oder die Partnerin; die bereits angedeutete privatistische Liebe ist das Konzept, Einsamkeit und durch Einsamkeit ausgelöste Angst zumindest phasenweise und scheinbar zu überwinden. Der geliebte Partner/ die geliebte Partnerin, auch die eigenen Kinder sind keine Konkurrenten, die exklusive Liebesbeziehung in einer an sonsten feindlichen Welt ist die einzig "positive" Selbstverortung und Zielsetzung einer Weltanschauung, die auf der Konkurrenz fußt und sich den normativen Verhaltensweisen bzw. -zumutungen der kapitalistischen Produktionsverhältnisse unterordnet. Die Allmachtsphantasie eines überzogenen Individualismus steht in einem paradoxen Verhältnis zur gleichzeitigen resignativen Einordnung in eine verdinglicht scheinende Welt. Die Freizeit, die Ausstaffierung der "Privatsphäre" mit Symbolen der eigenen Leistungsfähigkeit und des Wohlstands wird zum einzig erreichbaren und damit alleinigen Ziel; sie wird zum wahren Ausdruck der Lebensfähigkeit, ist Ziel und Mittel zugleich und stellt somit unerschöpfliche Anforderungen an die Menschen, ist maßlos, zumal sich ihre Symbolik vorrangig auf den Tauschwert der Waren bzw. das allgemeine Wertäquivalent Geld bezieht. Allerdings bleibt festzustellen, daß diese "Marketing-Orientierung" nicht absolut ist, widerspruchsvoll sein muß und insofern instabil bleibt. Die abgekapselte privatistische Liebe fordert mehr von den Individuen, als sie zu leisten vermögen, die Belastungen durch den enormen psychischen Druck gefährden die Stabilität der Beziehungen und Charaktere, der Warencharakter, der die Freizeitaktivitäten ausschließlich bestimmen würde, brächte eine Verödung, Sinnentleerung und Entwertung jeder Aktivität mit sich, wie in der Annäherung III genauer dargelegt werden soll.

Annäherung I

Oben wurde mit der Beschreibung des produktiven Normensystems die Behauptung aufgestellt, daß neben der Konkurrenz, dem Festischismus und der Verdinglichung, neben der Abgrenzung und dem übersteigerten Individualismus eine an den Produktivkräften orientierte Struktur von Handlungsnormen existiert. Die Kooperation, das Handeln im Produktionsprozeß zwangsläufig mitbestimmend und damit von den Individuen zumindest gebrochen erfahrbar, setzt sich fort in der Organisation der Lohnabhängigen zur Durchsetzung von Lohn- und Gehaltsforderungen; Organisation in verschiedenen Gruppen und Initiativen (Wohngebietsgruppen, Frauengruppen, Umwelt- und Friedensbewegung) verdeutlicht die Verwiesenheit der Individuen aufeinander und hebt somit ansatzweise den Schein von Privatheit auf, die Machtlosigkeit des Individuums wird tendenziell überwunden, die Produziertheit und Veränderbarkeit der gesellschaftlichen Verhältnisse wird sichtbar. Allein dieses Wissen gibt den Individuen die Kraft, sich ihre eigenen Ängste bewußt zu machen, sie produktiv zu verarbeiten, anstatt (vergeblich) zu versuchen, sie zu verdrängen. (vgl. *Negt* 1975, S. 32ff) Die Hoffnung, beispielsweise die Bedrohung einer weiter aufgestockten atomaren Bewaffnung aktiv zu verhindern, war die Basis, um sich die atomare Bedrohung überhaupt bewußt zu machen. Dieses Beispiel läßt deutlich werden, daß die Organisation der Interessen durch die Macht der herrschenden Verhältnisse ständig gefährdet ist, blockiert zu werden: Rückschläge, Resignation und Verzweiflung sind immer dann möglich und wahrscheinlich, wenn die "Megamaschine" unbeeinflußt wirkt, die Welt doch als verdinglichte erscheint.

Als Fortsetzung einer entfalteten Organisation von (Partial-)Interessen ist das Entstehen klassenbewußter Solidarität zu sehen. Sie ist nicht gebunden an den konkreten Interessenskonflikt, sondern geht über diesen hinaus. Sie zielt nicht allein auf die Verwirklichung der Interessen einer bestimmten Gruppe zu einer bestimmten Zeit, sondern meint die Zukunft mit, ist bewußter Kampf zur Durchsetzung einer Utopie. Sie setzt ein anderes System (gesellschaftlicher Produktion und Distribution) bewußt gegen das bestehende, ist somit bewußter Kampf nicht nur gegen Herrschaft, sondern gegen die Herrschenden; das klassenbewußte solidarische Bewußtsein begreift die Welt nicht als verdinglichte, sondern als beherrschte und setzt die Alternative einer möglichen anderen, herrschaftsfreien Welt, "verortet" die Individuen als herrschende und beherrschte. Die möglichen Blockaden eines solidarischen Bewußtseins und Handelns sind vielfältig: Neben brutaler Unterdrückung (derzeit etwa in Südamerika, Südafrika), politisch-juristischer Einschüchterung (etwa die Berufsverbote in der BRD), die sichtbar und in ihrer langfristigen Wirksamkeit eingeschränkt sind, besteht die grundsätzliche Problematik, daß sich das Neue nur im Alten entwickeln kann; die psychische Organisation der Individuen als auch deren politische Organisation bleibt beeinflußt durch das herrschende System. Die Konkurrenz, die aus der kapitalistischen Produktionsweise entsteht, beeinflußt auch die Menschen und ihre Organisationen, die eine sozialistische Zukunft erkämpfen wollen: privatistisches Konkurrenzverhalten, Streben nach persönlicher Macht etc. Die Organisation solidarischen Handelns orientiert sich an den herrschenden Organisationsformen (Parteien in der bürgerlichen Gesellschaft etwa), bis hin zu "militanten" Aktionsformen, die kontraproduktiv sind und objektiv staatliche Macht stabilisieren, indem sie sich auf staatliche Gewalt als sichtbarstes Zeichen von Herrschaft beziehen. Die Ausprägung des solidarischen Charakters ist somit für die spätkapitalistische Gesellschaft gebrochen durch die Überlagerung des strukturellen Normensystems und der auf dieses zielenden Werte; die proletarische Erfahrung ist blockiert und aus der bürgerlichen Öffentlichkeit ausgegrenzt (so *Negt/Kluge*, siehe dazu weiter unten). Die Entwicklung des solidarischen Charakters ist nicht als ein individueller, womöglich "privater", sondern als kollektiver Prozeß vorstellbar, der aus der praktischen Opposition gegen die Produktionsverhältnisse, gegen die Herrschaftsverhältnisse der bürgerlichen Gesellschaft resultiert. Sie scheint mir demnach abhängig zu sein von der Existenz sozial-kultureller oder politisch-institutionalisierter (Parteien, Verbände) Protestbewegungen, die wiederum ein als erreichbar angesehenes Ziel brauchen, um massenwirksam zu sein und den hegemonialen Konsens der bürgerlichen Gesellschaft in Frage stellen zu können.

Abschließend soll das religiöse Bedürfnis der Menschen im Spätkapitalismus thesenhaft behandelt werden. Das Ausgeliefertsein der Menschen an die Naturgewalten nahm geschichtlich ebenso ab, wie die Aneignung und damit das Verständnis von Natur zunahm. Die Orientierungs- und Sinngebungsfunktion von Weltanschauung/Religion bezieht sich somit heute verstärkt auf historisch wie gesellschaftlich Produziertes, ebenso wie das Leid, das "Elend der irdischen Verhältnisse" gesellschaftlich produziert ist, wobei das religiöse Bedürfnis seine Basis hat in der fehlenden Erkenntnis gesellschaftlicher Wirklichkeit bzw. zunehmend im Empfinden der Menschen, diese Wirklichkeit nicht gestalten zu können, hilfloses Objekt der Geschichte zu sein. Die Desiderate, die aus dem Leben derjenigen resultieren, die nicht Subjekte ihres Lebens sind (sein können), lassen einen Mystizismus entstehen, der unterhalb der Ebene klassisch-monotheistischer Religion anzusiedeln ist, der nicht die komplexen Ideengebilde einer auf Gott bezogenen Weltordnung enthält, sondern als säkularisiertes religiöses Empfinden bzw. säkularisierte religiöse Praxis auftritt: Dies kann im Rahmen der christlichen Religion und ihrer Kirchen vonstatten gehen, indem die Kirche eine reine Serviceeinrichtung wird, die Taufe, Hochzeit und Begräbnis zu organisieren, sonst jedoch keine Konsequenz für die Orientierung der

Menschen hat. (vgl. z. B. *Herrmann* 1978, S. 9f) Dies kann sich jedoch auch in dem heute sehr beliebten Befragen von *Tarot-Karten*, dem Auswürfeln nach dem *I-Ging* oder dem Glauben an das (kommende) Zeitalter des Wassermanns im *New Age* manifestieren; Satanismus und schwarze Magie haben Eingang in die Rockmusik gefunden (*grufties*); das Zelebrieren mystischer Riten (Trommeln, Tanz und Ekstase etwa aus Afrika) scheint ebenso auf religiöse Bedürfnisse zu verweisen wie die erhoffte Selbstfindung und körperliche Befreiung im Üben des orientalischen Bauchtanzes; verschiedenste Psycho-Kulte oder "Therapien" ("Urschrei", "Bio-Energetik") scheinen sich als Religions-Derivate verstehen zu lassen. In all diesen Übungen steckt das Suchen nach Sinn und Erklärung, vorrangig aber das Bemühen, sich selber "in den Griff" zu bekommen, die Selbstkontrolle zu erlangen oder sie zumindest zu bewahren, all diese Übungen lassen sich als Suchbewegungen (*Ziehe* 1985) beschreiben. Einer Aufweichung alter kultureller Muster steht eine "Pluralität von Lebensstil-Angeboten" (*Ziehe* 1985, S. 202) gegenüber, sodaß sich mit der "tendenzielle(n) Entbindung des einzelnen von traditionellen Deutungsmustern aus seinem sozialen Herkunftsmilieu" (S. 203) ein Prozeß einer "Individuierung" ergibt; als kulturelle Suchbewegungen lassen sich drei, teils widersprüchliche Entwicklungen ausmachen: Die *Subjektivierung* ist das Streben nach Nähe, Intimisierung und Expressivität, etwa Psycho-Gruppen, aber auch körperbezogene Workshops (S. 209f); die *Ontologisierung* ist das Suchen nach Gewißheit, nach einem festen ideologischen Boden, nach Sinnhaftigkeit, etwa in neo-religiösen Bewegungen, in Sekten etc. (S. 210); schließlich steht die *Potenzierung* für das Streben nach Intensität, sie ist eine ästhetische Kategorie und steht hinter der Stilisierung und dem neuen Konsumismus, dem Suchen nach Zeichen ("neue Semiotik"), gut "gestylter" Tanz auf dem Vulkan, wie ich formulieren würde. Diese kulturellen Suchbewegungen, die sich auch diskutieren lassen im Zusammenhang mit dem angeblichen Ende der Moderne (siehe dazu weiter unten), enthalten die Suche nach Erkenntnis und nach Organisation (der eigenen Person wie des Verhältnisses zu anderen); sie stellen gleichzeitig als versuchte Antizipation auf das "Beisichsein" eine Voraussetzung dar, die Entfremdung der Menschen von sich und den von ihnen produzierten Verhältnissen zu überwinden. (vgl. *Bloch* 1963, S. 113) Es wird in den weiteren Abschnitten auf andere kulturelle Praxen einzugehen sein, die mit den hier skizzierten religiösen Bedürfnissen gemein haben, fragmentarische Organisation derjenigen Orientierungen zu sein, die dem (unentwickelten, gebrochenen) produktiven Normensystem entstammen.

3. Annäherung II: Sozialisation

> Ich bin nicht Lokomotivführer geworden. Alles ist anders gekommen, als ich gedacht habe. Ich bin auch nicht Präsident geworden oder Urwalddoktor, nicht einmal Studienrat. Eigentlich bin ich gar nichts geworden. Georg *Heinzen*, Uwe *Koch*

3.1. Zur Methodik

Jugendsoziologie, und mit gleichem Recht kann man hier von Sozialisationstheorie des Jugendalters sprechen, muß immer, will sie verfälschende Verkürzungen oder ungerechtfertigte Abstraktion vermeiden, zwei komplexe Strukturen berücksichtigen und Wechselverhältnisse ziwschen diesen bearbeiten. Gemeint ist zum einen die Struktur des Individuums als ein sich entwickelndes System; um es einfacher zu sagen: gemeint ist die Tatsache der Entwicklung vom unselbständigen Kind zum Erwachsenen, dessen Möglichkeiten zu selbständigem Handeln bestimmt werden auch durch die zweite Struktur, die der Gesellschaft.

Im folgenden werden einige jugendsoziologische Ansätze referiert werden; hierbei kann auf eine dezidierte Darstellung der Struktur kapitalistischer Gesellschaften weitgehend verzichtet werden, weil diese bereits in der Annäherung I unternommen wurde. Allerdings soll untersucht werden, inwiefern die Theorie der Entwicklung des Individuums verbunden wird mit der Analyse der gesellschaftlichen Bedingungen; zu fragen ist hier, ob gesellschaftliche Veränderungen (und Veränderbarkeiten) berücksichtigt werden, oder ob eine jeweils aktuelle Situation und Konstellation als "die Jugend" schlechthin ontologisiert wird.

Tatsächlich ist diese Gefahr groß, weil die jeweils konkrete Jugend offensichtlich Probleme aufwirft, für deren Lösung Jugendsoziologie die Grundlagen liefern soll. Ein derartiges Verwertungsinteresse führt einerseits zu an den Symptomen verhafteten kurzfristigen Aussagen, andererseits zu "konjunkturellen" Schwankungen in der Rezeption (und damit vermittelt wohl auch in der Produktion) jugendsoziologischer Theoriebildung. (vgl. auch *Allerbeck/Hoag* 1985, S. 12) Prognosen, wie "die Jugend" sich denn wohl zum gegebenen System verhalten werde, gehen deshalb oft, mehr oder minder weit, daneben: *Rosenmayr* (1970, S. 203) weist darauf hin, daß die allgemeine Wissenschaft noch kurz vor der Studentenbewegung von einer entpolitisierten Jugend "ohne Ideale" ausging, ähnlich auch *Neidhardt* (1973, S. 161). Wenn hier als Ursache dieses prognostischen Unvermögens der Jugendsoziologie ein weitgehender Theoriemangel unterstellt werden soll (siehe *Neidhardt* 1970a, S. 11f), an dem sich grundlegend in den vergangenen 15 Jahren nichts geändert hat, so geschieht dies nicht, weil hier etwa eine Sozialisationstheorie entwickelt werden sollte. Dies kann und soll an diesem Ort nicht geleistet werden. Vielmehr möchte ich nur darstellen, daß aufgrund des Mangels einer schlüssigen Theorie hier einzelne Aspekte aus verschiedenen Modellen, man mag sie kritisch "Versatzstücke" nennen, herangezogen werden, aus deren Kombination ich mir weitergehende Aussagen verspreche.

In einer kurzen Darstellung der strukturfunktionalistischen Überlegungen *Eisenstadts*, der materialistischen Definition von Jugend als Reproduktionsphase von Arbeitskraft und der Theorie des Jugendalters bei *Erikson* sollen im folgenden die offenen Fragen noch einmal aufgearbeitet werden, um den von mir gewählten Zugang zu einer möglichen Sozialisationstheorie des Jugendalters zu begründen: eine Vermittlung des an der Analyse der Lebenswelt anschließenden Ansatzes an der Generationsspezifik mit dem psychoanalytisch orientierten Ansatz an der Lebensgeschichte.

Der generationstheoretische Ansatz orientiert sich an der gesellschaftlichen Situation Jugendlicher und an deren Verhalten bzw. deren Einstellungen. Ausgehend von *Mannheims* Überlegungen über jeweils generationsspezifische Zugänge zu gesellschaftlicher Realität soll hier zunächst eine Analyse der Lebensbedingungen Jugendlicher in der BRD der 80er Jahre unternommen werden. In einem zweiten Schritt wird untersucht, inwiefern sich diese Lebensbedingungen niederschlagen in bestimmten Lebensweisen, die als Subkulturen sowohl Besonderheiten als auch das Allgemeine des gesellschaftlichen Systems enthalten.

Jugend als eine Phase der Entwicklung des Individuums mit spezifischer Problematik, mit spezifischen "Entwicklungsaufgaben" in Bezug auf das Elternhaus, den Freundeskreis und den Sexualpartner ist das Thema einer psychoanalytisch orientierten Jugendforschung, die hier als der lebensgeschichtliche Ansatz referiert werden soll. Hierbei kann man sich nicht nur auf die eigentliche Adoleszenz beschränken, sondern muß Überlegungen zur Sozialisation des (Klein-) Kindes mit einbeziehen, zumindest, wenn so interessante Arbeiten wie die von *Ziehe* zum Neuen Sozialisationstyp (bzw. Studien zum "autoritären Charakter", dessen "Vorgänger" oder zur "repressiven Entsublimierung") berücksichtigt werden sollen.

3.2.1. Jugend aus funktionalistischer Sicht bei Eisenstadt

Eisenstadts Untersuchung *Von Generation zu Generation* (1966) geht, hierin z. T. meinen obigen Überlegungen durchaus entsprechend, von einer gesellschaftlichen Definition der Altersgruppen aus, wobei jedoch etwaige innerpersonelle Funktionsanforderungen an die Jugendphase weitestgehend unberücksichtigt bleiben. Die gesellschaftliche Definition meint allerdings keine festgeschriebenen Rollenerwartungen, denen die Individuen in bestimmten Altersphasen entsprechen müßten, sondern eher eine allgemeine Umschreibung menschlicher Möglichkeiten (S. 14), wobei derartige Rollendispositionen nur in Beziehung zu denen der anderen Altersgruppen gesehen werden können (S. 15). Eingebunden sind Altersgruppen unter bestimmten Bedingungen in den Sozialisationsprozeß, dessen Aufgabe die Erhaltung des bestehenden Gesellschaftssystems ist (S. 17) und dessen Ziel in einem reifen Verhältnis zur Autorität besteht: sowohl Gehorchen als auch Kooperation unter Gleichberechtigten, schließlich Ausüben eigener Autorität seien Rollen, zu denen fast jedes Individuum einer Gesellschaft befähigt sein müsse (S. 20f).

Auf diesem hier knapp skizzierten Gesellschafts- und Sozialisationsverständnis fußt *Eisenstadts* Hypothese zur sozialisatorischen Funktion von Altersgruppen in bestimmten, von ihm "universalistisch" genannten Gesellschaftssystemen, die sich durch Arbeitsteilung ("Vielzahl der Rollen") und freie Rollenzuteilung charakterisieren lassen (S. 114 ff). In universalistischen Gesellschaften reiche die Sozialisationsinstanz Familie, die altersheterogen strukturiert ist, nicht aus, da die familiäre Solidarität nicht der "bürgerlichen Solidarität" entspreche (S. 37). An dieser Stelle soll ein erster Einwand zu *Eisenstadts* These erfolgen: Wie in der Annäherung I dieser Arbeit dargestellt ist, kann von einer "bürgerlichen Solidarität" als Charakteristikum kapitalistischer Gesellschaften, und auch diese wären als "universalistisch" zu bezeichnen, nicht gesprochen werden. Inwiefern von einer Solidargemeinschaft Familie auszugehen ist, werde ich weiter unten untersuchen; jedoch läßt sich bereits hier kritisch zu *Eisenstadt* anmerken, daß der Begriff der "universalistischen" Gesellschaft unzulänglich ist, da er gesellschaftliche Widersprüche wie den zwischen Lohnarbeit und Kapital verkennt und von einem Erkenntnisinteresse geleitet ist, das sich auf ein abstraktes Funktionieren bezieht, anstatt kritisch gesellschaftliche Realität auf ihre Widersprüche und damit Bewegungsgesetze hin zu untersuchen. <1>

In *Eisenstadt*s Überlegungen bekommen die Altersgruppen die Funktion, über Interaktion im altershomogenen Kreis eine spezifische Altersgruppensolidarität, also auch in teilweiser Abgrenzung von der Gesamtgesellschaft eine später gesellschaftsübergreifende Solidarität der Jugendlichen und deren Integration sicherzustellen (S. 43f). Dieser Funktion von Altersgruppen entspricht ein Bedürfnis der Jugendlichen, "primäre Solidaritätsgruppen zu gründen" (S. 45). Die Gründung von Altersgruppen wird unterstützt durch das Schulsystem, das Treffpunkte bietet, auch durch Jugendpflegemaßnahmen des Staates oder freier Träger. Schließlich entstehen auch spontane Jugendgruppen ohne derartige Anlässe. Da der volle Status-Erwerb in der Kleinfamilie einer universalistischen Gesellschaft nicht möglich ist, ist der Jugendliche auf die peer-groups geradezu angewiesen (S. 185).

Um noch einmal auf das Problem der Integration Jugendlicher in das gesellschaftliche System zu kommen: Integration ist nur möglich bei einem Gleichgewicht zwischen "expressivem Status und Gemeinschaftsorientierung einerseits und instrumentalen Beziehungen des Systems andererseits", welches Altersgruppen herstellen müssen (S. 283). Ein solches Gleichgewicht wird dann unmöglich, wenn die in der Familie geweckten Dispositionen zu den anderen "institutionellen Rollen und Identifikationen völlig disharmonisch" (S. 284) sind. Hier ergibt sich ein zweiter Haupteinwand gegen *Eisenstadt*s Theorie: Bei seiner Analyse der instrumentalen Beziehungen des Systems unterschlägt *Eisenstadt* die Tatsache, daß es neben Kategorien wie Leistung und Motivation auch Kategorien wie Macht und Kontrolle des Zugangs zu Positionen gibt, er unterschlägt also die Bildung von herrschender und beherrschter Klasse (vgl. *Kreutz* 1976, S. 90; *Onna* 1976, S. 27 ff). Der gesamte Begriff von Gesellschaft, dies ist m. E. das ausschlaggebende Manko jeder struktur-funktionalistischen Theorie, bleibt so seltsam abstrakt und unhistorisch: Weder ist die Entstehung von Gesellschaftsformationen historisch ableitbar, noch deren Wandel zu begründen und zu erklären. Nichtsdestoweniger leitet *Eisenstadt* vom je bestehenden System die "Richtigkeit" normativer Anforderungen ab, wie etwa bei seinem Integrationsmodell oder seinen Aussagen zur Autorität. Neben dem insgesamt apologetischen Charakter der funktionalistischen Methode kann für den Jugendbegriff festgehalten werden:

> *Eisenstadt* begreift Jugend in einem viel zu institutionellen Sinn. Er setzt sowohl eine innere Konsistenz der Institutionen als auch eine geglückte und anerkannte - eine legitime - Ordnung dieser untereinander voraus. Was er bietet, ist die Theorie institutioneller Integration - was aber angesichts der 'objektiven' Insuffizienzen der Institutionen wie auch ihrer Fragwürdigkeit in der Rezeption und Einschätzung durch die Jugend wissenschaftlich riskant und, in der generellen Art *Eisenstadt*s, unhaltbar geworden ist. (*Rosenmayr* 1970, S. 213)

Zwar kann es in *Eisenstadts* Konzept zu einem Generationskonflikt kommen, der sich jedoch über seine Theorie nicht als gesellschaftlich bedingt beschreiben, letztlich jedoch nicht begründen läßt. Da eine gesellschaftliche Widersprüchlichkeit (etwa zwischen Produktionsverhältnissen und Produktivkräften) für *Eisenstadt* nicht sein kann, wird eine Disharmonie zwischen der normativen Struktur der Familien und der Gesamtgesellschaft als Ursache eines Konfliktes zwischen den Generationen angenommen, nur wird diese Disharmonie nicht begründet, es wird auch nicht beschrieben, ob sich normative Orientierungen eines gesellschaftlichen Systems in die familiaren Subsysteme vermitteln.

Um auf die Fragen, die ich an eine Sozialisationstheorie fomuliert habe, zurückzukommen: Der lebensgeschichtliche Bezug der Jugendphase, ihre endogenen Bedingungsfaktoren, Probleme der geschlechtsspezifischen Sozialisation kommen in *Eisenstadts* Betrachtung höchstens am Rande vor, was aber bei Anspruch und Anlage der Untersuchung kaum vermeidbar ist und deshalb nicht unbedingt kritisiert werden kann. Allerdings lassen *Eisenstadts* Versuche, die Funktion und den Ablauf der Jugendphase vom System der "universalistischen" Gesellschaft her zu bestimmen, eher Fragen offen, als sie beantworten können:

> Das Hauptproblem an dem Ansatz von *Eisenstadt* ist, daß der Bezug zur Gesamtgesellschaft punktuell ist und nicht abgeklärt wird, wodurch die dominante Wertorientierung einer Gesellschaft ihrerseits bedingt ist und welche Faktoren Änderungen dieser Grundorientierung herbeiführen. (*Kreutz* 1976, S. 89)

3.2.2. Jugend als Reproduktionsphase von Arbeitskraft

Wenn im vorigen Abschnitt der nur punktuelle Bezug *Eisenstadts* zur Gesamtgesellschaft kritisiert wurde, so scheint mir bei den Ansätzen einer materialistischen Jugendtheorie gerade in der Ableitung der Jugendphase aus einem entwickelten Gesellschaftsmodell ihre Stärke zu liegen. Marxistische Jugendtheorie, soweit sie vorliegt, ist allerdings m. E. weniger ein geschlossenes Theoriegebilde, als vielmehr Kritik bürgerlicher Jugendsoziologie, ausgehend von der Kritik der Politischen Ökonomie. Ziel dieser Kritik ist ein vereinfachter, unhistorischer Jugendbegriff, der von den Klassengegensätzen abstrahiert. Noch in der Phase des Frühkapitalismus mit absoluter Mehrwertproduktion und verbreiteter Kinderarbeit läßt sich eine allgemeine Jugendphase nicht behaupten:

> 'Jugend' war deshalb vornehmlich auf jene Gruppe zugeschnitten, die bis weit ins 19. Jahrhundert hinein auf die Stellen in Verwaltung, Wirtschaft und Politik vorbereitet wurde, für die eine besondere Ausbildung als notwendig erachtet wurde - ihr

Annäherung II

Prototyp war der männliche Oberschüler oder Student in den Städten. (*Thien/Reichwein* 1985, S. 310)

Der gewerkschaftliche Kampf gegen Kinderarbeit, das Eingreifen des Staates als "ideeller Gesamtkapitalist" und der Übergang von absoluter zu relativer Mehrwertproduktion ließen mit der Einsetzung und Durchführung einer allgemeinen Schulpflicht die Grundlage für eine allgemeine Jugendphase erst entstehen (vgl. *Lessing/Liebel* 1974, S. 56f). Doch auch für die spätkapitalistische Gesellschaft wird die Vorstellung einer homogenen Gruppe "Jugend" abgelehnt, da sich gesamtgesellschaftliche Klassenwidersprüche auf alle Altersgruppen auswirken. Am Beispiel von *Liebels* Konzept des Lebenszusammenhangs soll der Versuch einer Ableitung der Jugendphase aus der Produktionsweise kapitalistischer Gesellschaften dargestellt werden.

Der Lebenszusammenhang der Menschen bestimmt sich durch den gesellschaftlichen Reproduktionsprozeß, dessen je konkrete historische Struktur und Verlaufsform durch die herrschenden Produktionsverhältnisse bestimmt wird (*Liebel* 1976, S. 22), sodaß sich für die kapitalistische Produktionsweise eine "räumliche und zeitliche Trennung von gesellschaftlichem Produktionsprozeß und individuellem Reproduktionsprozeß" (ebd., S. 23) konstatieren läßt, die den Lebenszusammenhang der Individuen bestimmt und durch die etwa Familie und Schule ihren spezifischen Stellenwert als Institutionen des Reproduktionsprozesses erhalten. Kapitalistische Produktion bedingt, grob vereinfacht dargestellt, zwei gegensätzliche Klassenpositionen, nämlich von Arbeitskraftverkäufern und den Kapitalisten als Arbeitskraftkäufern, sodaß sich die Individuen im Kapitalismus als Klassenindividuen reproduzieren müssen. Es ist damit verständlich, daß *Liebel*, wie die meisten anderen marxistischen Jugendsoziologen, nicht von der Jugend schlechthin spricht, sondern einen klassenspezifischen Jugendbegriff entwickelt und sich in der Regel nur mit Arbeiterjugendlichen befaßt, die durch ihre zu erwartende spätere gesellschaftliche Position als Lohnabhängige hinreichend bestimmt seien. (S. 15)

Ein spezifischerer Lebenszusammenhang für Jugendliche, also eine Begründung für eine eigenständige Jugendphase, ergibt sich in entwickelten kapitalistischen Gesellschaften aus der von der eigentlichen Produktion abgetrennten Qualifikation des Arbeitsvermögens. *Liebel* charakterisiert diese Seperation ("Inferiorität") vor allem mit der damit verbundenen Isolation der Jugendlichen und ihrer materiellen Abhängigkeit von der Familie; eine Abhängigkeit übrigens, die eine mögliche Entwicklung der Kinder und Jugendlichen verhindere. Hier ist implizit eine Vorstellung von polytechnischer Bildung, Verbindung von Produktion und Lernen und damit einer gesellschaftlich unabhängigeren Position älterer Kinder und Jugendlicher als Utopie angesprochen. (Vergleiche hierzu etwa die kurze Passage im Kapital zur möglichen Verbindung von Produktion und Unterrricht als "einzige(r) Methode zur Produktion vollseitig entwickelter Menschen", Marx 1962, S. 507f.) Allerdings verkennt Liebel nicht die zerstörerische Wirkung von Kinderarbeit in der kapitalistischen Produktion, die er als "Paradoxie der Integration (Arbeiterjugendlicher, K.H.) in den kapitalistischen Arbeitsprozeß" (S. 39 ff) beschreibt.

Die Trennung von der Produktion erscheint auf der anderen Seite weniger als "humanitäre" Schutzmaßnahme oder Voraussetzung zur Qualifikation der Arbeitskraft, sondern
> als Akt einer modernen Form der Disziplinierung. Diese soll die Arbeitskraft für die Erfordernisse der 'Rhythmik' des kapitalistischen Produktionsprozesses funktionalisieren, und richtet sich politisch gegen die Einflüsse der Eltern und die politischen Auswirkungen der Erfahrung "ökonomischer Selbständigkeit" unter den Bedingungen der kapitalistischen Produktionsweise durch die Heranwachsenden selbst. (*Liebel* 1976, S. 48)

Als Folge der Seperation nennt Liebel 1. Verstärkung von Generationskonflikten unter Lohnabhängigen, 2. Gleichgültigkeit gegenüber den Lerninhalten und 3. Diskrepanzen zwischen angeeignetem und im Arbeitsprozeß notwendigem Arbeitsvermögen (S. 59f). Es erscheint mir folgerichtig, insbesondere vor dem Hintergrund der Dauerarbeitslosigkeit anzunehmen, daß die Schule für viele Arbeiterjugendliche reine Zwangsmaßnahme ist, da sich die Erwartung, durch besondere schulische Leistungen eine gesicherte Lebensperspektive zu schaffen, zunehmend als illusorisch erweist. Wir werden auf Subkulturen von Hauptschülern, die sich der Zwangsinstitution Schule zu widersetzen versuchen, im folgenden noch zu sprechen kommen und in diesem Zusammenhang genauer analysieren, mit welchen Verhaltensmustern und Einstellungen diese Jugendlichen ihre Realität zu bewältigen versuchen. Allerdings erscheint mir *Liebels* Kritik der "Seperation" und der damit verbundenen "Inferiorität" gewisse Argumente zur Politischen Ökonomie des Ausbildungssektors zu unterschlagen, die von *Onna* (1976) aufgezeigt werden.

Onna weist auf die Tatsache hin, daß die Qualifikation der Arbeitskraft auch im Interesse des Arbeitskraftverkäufers wie der gesamten Arbeiterklasse sei (S. 92f), da sie zwar die flexible Ausbeutbarkeit der Arbeitskraft, gleichzeitig für den Lohnarbeiter eine Chance des wechselnden Verkaufs seiner Arbeitskraft darstelle. Darüberhinaus erscheint es problematisch, die Veränderung der Qualifikationsphase von der Entwicklung der Produktivkräfte zu trennen und hier keine kausale Verknüpfung zu sehen, wie dies in der *Liebel*schen Argumentation anklingt.

Resümierend läßt sich für die bislang dargestellten materialistischen Ansätze zur Jugendsoziologie feststellen, daß ein schlüssiger Bezug von Jugendphase zur Gesamtgesellschaft durchaus hergestellt wird, ohne daß allerdings die Jugendphase in ihrer gesamten Komplexität bereits erfaßt wird. Hierzu dürfte die

Charakterisierung der Jugendphase als eine von der Produktionssphäre abgetrennte, für diese qualifizierende und damit von ihr mittelbar bestimmte noch nicht ausreichen. Es ist zum einen notwendig, neben der Produktionssphäre verschiedene Lebensbereiche wie Wohnumfeld oder Freizeit zu betrachten, um in einem erweiterten Kulturkonzept jugendspezifische Realitätsaneignung zu erfassen. Zum anderen bleiben bei den bisher referierten Überlegungen sämtliche endogenen Bedingungsfaktoren der Jugendphase außer acht.

3.2.3. Jugend: Phase der Identitätsentwicklung

Nach dem funktionalistischen und dem materialistischen Entwurf einer Sozialisationstheorie des Jugendalters soll hier noch auf *Eriksons* tiefenpsychologisch orientierte Entwicklungstheorie eingegangen werden, die sich stärker auf endogene Entwicklungsfaktoren bezieht, ohne allerdings gesellschaftliche, vorrangig als kulturell aufgefaßte Sozialisationsfaktoren zu vernachlässigen. *Erikson* stellt den Prozeß der Ich-Entwicklung in den Mittelpunkt seiner Überlegungen, wobei für ihn "Identität" zu einem Schlüsselbegriff wird. "Identität" meint die Synthese des Verhältnisses zwischen Individuum und Gesellschaft, aber auch zwischen Triebimpulsen und Befriedigungsrestriktionen, zwischen Vergangenheit und projektierter Zukunft des Individuums. Einem Konzept von "persönlicher Identität", das auf das Selbst, die Spiegelung des Ich in den Augen der anderen abzielt, stellt *Erikson* sein Konstrukt der "Ich-Identität" gegenüber, in dem als neue Qualität das Bewußtwerden der persönlichen Identität angenommen wird:

> Das bewußte Gefühl, eine persönliche Identität zu haben, beruht auf zwei gleichzeitigen Beobachtungen: auf der Wahrnehmung der Selbstgleichheit und Kontinuität der eigenen Existenz in Zeit und Raum, und auf der Wahrnehmung der Tatsache, daß andere unsere Gleichheit und Kontinuität anerkennen. Das, was ich Ich-Identität genannt habe, betrifft allerdings mehr als die reine Tatsache der Existenz. Ich-Identität in ihrem subjektiven Aspekt ist also das Bewußtwerden der Tatsache, daß die synthetisierenden Methoden des Ichs über eine Selbstgleichheit und Kontinuität verfügen, einen Stil der eigenen Individualität, und daß dieser Stil mit der Gleichheit und Kontinuität der eigenen Bedeutung für signifikante andere in der unmittelbaren Gemeinschaft übereinstimmt. (*Erikson* 1970, S. 47)

Eriksons Jugendtheorie ist eingebettet in eine allgemeine Entwicklungstheorie, in der acht Lebensphasen jeweils spezifische Aufgaben und Konflikte zugewiesen werden, wobei die Entwicklungskomponenten nicht erst in dem betreffenden Stadium auftreten, dort aber ihre "Aszendenz", schließlich ihre "Krise" vorfinden, die in der Regel in eine "Lösung" einmündet, die in die Persönlichkeit integriert wird. (1970, S. 94) Diese phasenspezifische Krise der Persönlichkeitsentwicklung begründet ein altersspezifisches Verhältnis zwischen Individuum und Gesellschaft. Im Unterschied zu den materialistischen und funktionalistischen Jugendtheorien wird hier also eine besondere Beziehung zwischen Jugendlichen und Umwelt nicht nur begründet in den gesellschaftlichen Anforderungen und Zumutungen, sondern ebenso aus einer endogenen Entwicklungslogik.

Die Phasen bestimmen sich im Prinzip durch den Konflikt zwischen jeweils zwei gegensätzlichen Entwicklungsmöglichkeiten: in der *ersten Periode* stehen sich als mögliche Tendenzen "Vertrauen" und "Mißtrauen" gegenüber; das Kind, in dieser oralen Phase auf den Mund als "Brennpunkt" einer Hinwendung zum Leben fixiert (ebd., S. 97f), erfährt Lust bzw. Unlust; in der Phase des Abstillens entscheidet sich, ob die "undeutliche, aber weltweite Sehnsucht nach einem verlorenen Paradies" (S. 102) verarbeitet werden kann, oder ob es ein traumatisches Ereignis bleibt, das als grundlegendes Mißtrauen, oraler Pessimismus (Angst, Leere) oder oraler Sadismus später in die Persönlichkeit eingebaut wird. Wir werden bei der Beschreibung des *narzißtischen Sozialisationstyps* noch näher auf diese Phase der Persönlichkeitsentwicklung eingehen. Im *zweiten Stadium* stehen sich "Autonomie" und "Scham und Zweifel" gegenüber. Diese anale Periode ist allgemein bestimmt vom Bedürfnis und der Fähigkeit, etwas in willentlicher Handlung zurückzuhalten und auszustoßen (S. 109). Nach dem Vertrauen, in einer insgesamt annehmenden Welt zu leben, bildet sich hier im Ansatz die Fähigkeit, mit einem eigenen, autonomen Willen umzugehen, entscheidet sich, ob das Individuum von "liebendem gutem Willen" oder "haßerfüllter Selbstbeharrung" bestimmt wird. Mit "Initiative gegen Schuldgefühle" überschreibt *Erikson* die *dritte*, die phallische *Phase* der Persönlichkeitsentwicklung, die das nach-ödipale Kind mit Größenphantasien und daraus resultierenden Schuldgefühlen (119ff) konfrontiert. Das Gewissen bildet sich jetzt aus; die Integrationsmöglichkeiten von Trieben und Phantasien in eine diesem Gewissen entsprechende Persönlichkeit vorzubereiten, ist die vorrangige Aufgabe der phallischen Phase. Die *vierte*, sexuell relativ ereignislose *Latenzphase* wird bestimmt durch die Alternative "Tätigkeit gegen Minderwertigkeitsgefühle", durch die Lust am Funktionieren. Eine intensive Beschäftigung mit der Umwelt und die Lust, Prozesse zu verstehen und in Gang zu setzen, macht die Phase zu einer Periode intensiven Lernens.

Die uns vorrangig beschäftigende *Jugendphase* stellt *Erikson* unter die Überschrift "Identität gegen Identitätsverwirrung"; sie dient hauptsächlich der
> Integration der Identitätselemente, die wir im Vorangehen den Kindheitsstadien zuordneten: nur daß jetzt eine größere Einheit, undeutlich in ihren Umrissen und doch unmittelbar in ihren Forderungen, an die Stelle des Kindheitsmilieus tritt - die 'Gesellschaft'. (131)

Zweierlei Probleme lassen sich also für die Jugendphase vermuten: die Integration von Kindheitserfahrungen in eine Persönlichkeit, was mehr verlangt als die bloße Summierung dieser Erfahrungen, nämlich die "Fähigkeit des Ich, diese Identifikationen mit den Libido-Verschiebungen zu integrieren" (*Erikson* 1957, S. 239) und die Integration in einen Anforderungskomplex, den die Gesellschaft bestimmt, die Identifikation "mit den Möglichkeiten sozialer Rollen" (ebd.). Gerade dieser zweite Aspekt von Identität in *Eriksons* Modell bietet allerdings Anlaß zu Kritik: *Ziehe* nennt ihn "streng integrationistisch" (1975, S. 210), ähnlich die Kritik von *Bruder-Bezzel/Bruder* 1984 (S. 174 f), die Brüche in der Kontinuität positiv akzentuieren als Befreiungsmöglichkeiten. Tatsächlich nähert sich *Erikson* einem funktionalistischen Gesellschaftsverständnis, indem er in seine Sozialpsychologie die Überlegungen Hartmanns integriert und den zumindest ansatzweisen kulturkritischen Aspekt der Psychoanalyse vernachlässigt. Gesellschaftliche Veränderung scheint zum einen bestimmt von Technologie, zum anderen durch einen Modus der Traditionsbildung und Innovation im Generationenwechsel; Machtverhältnisse, verdinglichte Beziehungen zwischen den Individuen werden als solche nicht analysiert und diskutiert (siehe z. B. *Erikson* 1970, S. 231; 1957, S. 258 ff). Die meines Erachtens fehlende Distanz zu der modernen kapitalistischen Gesellschaft als einer historischen, veränderbaren (und veränderswerten) Formation, die bei *Erikson* vorrangig nach ihrem Funktionieren als das jeweils beste der möglichen Systeme angesehen wird, führt zu einer gewissen Hilflosigkeit bei der Beurteilung gesellschaftlicher Prozesse:

> Die menschliche Umgebung als Ganzes muß eine Reihe mehr oder weniger diskontinuierlicher und doch kulturell und psychologisch übereinstimmender Entwicklungen zulassen und sicherstellen, von denen jede sich weiter entlang dem Radius der sich erweiternden Lebensaufgaben erstreckt. All das macht die sogenannte biologische Anpassung des Menschen zu einer Angelegenheit von Lebenszyklen, die sich innerhalb der sich wandelnden Geschichte ihrer Gemeinschaft entwickeln. Infolgedessen steht eine psychoanalytische Soziologie vor der Aufgabe, die Umwelt des Menschen als das fortwährende Bemühen der Generationen zu verbegrifflichen, sich in der organisatorischen Leistung zusammenzufinden, eine integrierte Reihe von "durchschnittlich zu erwartenden Umgebungen" (Heinz Hartmann, Ich-Psychologie und Anpassungsproblem, 1960) zu beschaffen. (*Erikson* 1970, S. 232)

Problematisch ist dies vor allem, weil die gesellschaftliche Entwicklung einerseits kaum analytisch durchdrungen wird, sie andererseits aber den Prüfstein für *Eriksons* wesentlichen Begriff der Identität abgibt; Identität ergibt sich aus der Integration der Persönlichkeit in ein gesellschaftliches Ganzes, wird somit zu einem quasi-moralischen Kriterium der Verhaltens- und Einstellungsanalyse, wobei der Bezugspunkt dieses Konzepts, das gesellschaftliche Ganze, nicht analysiert werden kann; Widersprüche in der Gesellschaft werden nicht gesehen. *Erikson* scheint allerdings auf einer pragmatischen Ebene dieses Problem angegangen zu sein, indem er die herausragende Rolle von "Ideologie" in der Sozialisation Jugendlicher behauptet, die zeitweise die Identitätsbildung Jugendlicher bestimme und somit einer drohenden Rollendiffusion entgegenträte. Diese Rollendiffusion begründet sich ja im Prinzip in gesellschaftlichen Brüchen, die weit über Schwierigkeiten hinausgehen, die sich aus der technischen Entwicklung ergeben. (Vgl. dazu die Analyse im ersten Abschnitt dieser Arbeit.) *Erikson* selbst nennt vorrangig die Findung einer beruflichen Identität als solche Schwierigkeit, ohne allerdings die Form gesellschaftlicher Arbeit in kapitalistischen Gesellschaften zu betrachten. (siehe z. B. *Erikson* 1970, S. 135) Als "Kitt" zwischen dem Jugendlichen einerseits und einer kaum durchschaubaren - wir würden sagen, in sich widersprüchlichen - Gesellschaft setzt *Erikson* die "Ideologie" an, sie soll der Jugend anbieten: 1. eine "vereinfachte Zukunftsperspektive", 2. eine "stark empfundene Übereinstimmung zwischen der inneren Welt der Ideale und Sünden und der sozialen Welt mit ihren Zielen und Gefahren", 3. eine Möglichkeit einer gewissen "Uniformität des Auftretens", 4. einen Anreiz zu kollektivem Experimentieren mit "Rollen und Techniken", 5. "eine Einführung in das Ethos der herrschenden Technologie" (?), 6. ein gewisses, "geographisch-historisches Weltbild als Rahmen für die keimende Identität", 7. eine Grundlage für die sexuelle Lebensform, und 8. eine "Unterwerfung unter Führer, die als übermenschliche Figuren (...) über der Ambivalenz der Eltern-Kind-Beziehung stehen". (1970, S. 194) Ich werde in den folgenden Abschnitten auf diese scheinbar notwendigen Angebote einer Ideologie für Jugendliche näher eingehen und dabei in den einzelnen Punkten mit *Erikson* durchaus übereinstimmen, da neben einer Blindheit für die allgemeine, überhistorische Determiniertheit gesellschaftlicher Verhältnisse in diesem Modell durchaus eine sinnvolle Analyse der Sozialisationsproblematik in kapitalistischen Gesellschaften enthalten ist. Es ist jedoch an der Theorie *Eriksons* als einer allgemeinen Jugendtheorie kritisch anzumerken, daß eine grundsätzliche "Ideologiebedürftigkeit" der Jugend angenommen wird, ebenso wie eine scheinbar prinzipielle Undurchschaubarkeit gesellschaftlicher Prozesse. Im ersten Abschnitt wurde deutlich, daß sich Undurchschaubarkeit und Wert-Diffusion kapitalistischer Gesellschaften nicht verallgemeinern lassen als Attribut menschlicher Gesellschaften schlechthin. Insofern ist der Gebrauch des Begriffs "Ideologie" bei *Erikson* auch mit äußerster Vorsicht zu genießen, da hier Ideologie als quasi anthropologische Notwendigkeit erscheint, während sich tatsächlich ihre Notwendigkeit als "Nebelbildung" aus bestimmten, historischen gesellschaftlichen Verhältnissen ergibt. "Ideologische Bindung" soll deshalb als zu überwindender Bestandteil eines Vorkapitels der Menschheitsgeschichte (*Marx*) betrachtet werden, anders als bei *Erikson*:

> Ohne irgendeine derartige ideologische Bindung, wie sehr sie auch in einer 'Lebensform' stillschweigend inbegriffen wäre, erleidet die Jugend eine Verwirrung der

Werte, die besonders gefährlich für einige unter ihnen sein kann, die aber in großem Maßstab sicherlich das Gewebe der gesamten Gesellschaft gefährdet. (*Erikson* 1970, S. 194)

Mario *Erdheim* zeigt mit seiner "ethnopsychoanalytischen" Analyse unterschiedlicher Kulturen, daß sich Ideologien ergeben aus dem geselschaftlich produzierten Unbewußten. Hiermit gelingt die Analyse von Ideologie als jeweils historisch typisches, aus den geltenden Gesellschaftsformationen resultierendes "falsches Bewußtsein („das) wieder herrschaftsstabilisiernd wirkt". (*Erdheim* 1984, S. 38) Insofern läßt sich die von *Erikson* angenommene Notwendigkeit der Ideologie für die Sozialisation Jugendlicher deuten als ein Faktor, durch den Jugendliche in gegebene Herrschaftsverhältnisse eingliedert werden, ohne daß diese Herrschaftsverhältnisse von den Individuen erkannt werden.

3.3. Der Ansatz an der Generationsspezifik

3.3.1. Der Generationsspezifische Zugang zu gesellschaftlicher Wirklichkeit

Wenn in diesem Kapitel von Generationsspezifik gesprochen wird, so geht dies auf eine Arbeit von Karl *Mannheim* zurück, der im Rahmen seiner Wissenssoziologie allgemein den Begriff der Generation und seine Bedeutungen für die gesellschaftliche Wirklichkeit analysiert hat; hierbei entstand eine Grundlage für jugendsoziologische Überlegungen, die zunächst kurz skizziert werden soll. *Mannheim* sieht in der Generation im Unterschied zu einer konkreten Gruppe von Individuen einen "bloßen Zusammenhang" von Menschen, der sich nicht aus einer gewollten Zugehörigkeit ergibt, sondern aus einer "Lagerung" im sozialen Raum (1964, S. 526), die "fundiert durch das Faktum des biologischen Rhythmus der Geburten und des Todes", jedoch nicht allein aus diesem ableitbar ist (S. 527). Vielmehr ergibt sich das Lagerungsphänomen der Generationen aus dem "gesellschaftlichen Miteinander der Menschen", aus einer bestimmten Struktur der Gesellschaft, aus "auf spezifisch gearteten Kontinuitäten beruhende(r) Geschichte" (S. 528). *Mannheim* führt in seinem Aufsatz ein Gedankenexperiment durch, wie eine Gesellschaft aus unsterblichen Individuen aussehen würde, und erhält so die folgenden Merkmale einer Gesellschaft mit Generationenwechsel: 1. Neueinsetzen anderer Kulturträger 2. Abgang früherer Kulturträger 3. Tatsache, daß die Träger eines jeweiligen Generationszusammenhangs nur an einem zeitlich begrenzten Abschnitt des Geschichtsprozesses partizipieren 4. Notwendigkeit des Tradierens der angesammelten Kulturträger 5. Kontinuität des Generationswechsels (S. 530)

Aus dieser allgemeinen Bedeutung des Generationswechsels lassen sich nun Konsequenzen für die Generationslage Jugendlicher bestimmen, dies allerdings auf dem sehr abstrakten Niveau einer prinzipiell für alle Gesellschaftsformen geltenden Überlegung. Das ständige Neueinsetzen von Kulturträgern bedeutet für diese, daß sie einen "neuartigen Zugang" zu akkumulierten Kulturgütern haben, der "potentiell viel radikaler ist" (S. 530f) als der "neue Zugang", der sich für ein Individuum durch soziale, aber individuelle Veränderung seiner Lage ergibt. Wenn also alle Individuen einer Gesellschaft prinzipiell mit der gleichen Wirklichkeit konfrontiert sind, so haben sie doch einen generationsspezifisch anderen Zugang zu ihr:

> Das 'Gegenwärtiger-Sein' der Jugend bedeutet also, der gegenwärtigen Problematik (infolge des 'potentiell neuartigen Zuganges' usw.) näher zu sein, das eben in Auflockerung Begriffene als primäre Antithese zu erleben und mit diesem kämpfend sich zu verbinden. Während die alte Generation bei ihrer früheren Neuorientierung verharrt. (*Mannheim* 1964, S. 539f)

Anders als *Rosenmayr* gelangt also *Mannheim* zu einer Beschreibung des Zusammenhangs zwischen Jugend und sozialem Wandel auf einer abstrakten Ebene, die einer Konkretion in Form einer realen Analyse gesellschaftlicher Prozesse bedarf. *Rosenmayr* dagegen, auf den in dieser Arbeit nicht näher eingegangen wird, hat mit der Formulierung seiner Thesen, die sich auf die bürgerliche Gesellschaft beziehen, dann später Mühe und irrt sich, wenn es um Vorhersagen der Jugendbewegungen geht, ebenso wie die meisten seiner Kollegen. (Vgl. *Rosenmayr* 1970, S. 223ff; 1971, S. 256f) Gesellschaftliche Wirklichkeit ändert sich eben nicht aufgrund des Generationswechsels, sondern der Generationswechsel wird inhaltlich bestimmt von gesellschaftlichen Prozessen. Demzufolge gibt es für *Mannheim* nicht zwangsläufig die Jugend einer bestimmten Gesellschaft, sondern klassen- oder geschlechtsspezifische Unterscheidungen sind in einer "Generationslagerung" dann auszumachen, wenn sie für die Gesellschaft insgesamt gelten:

> Dieselbe Jugend, die an derselben historischen Problematik orientiert ist, lebt in einem 'Generationszusammenhang', diejenigen Gruppen, die innerhalb desselben Generationszusammenhangs in jeweils verschiedener Weise diese Erlebnisse verarbeiten, bilden jeweils verschiedene 'Generationseinheiten' im Rahmen desselben Generationszusammenhanges. (*Mannheim*, a.a.O., S. 544)

Wenn wir im Folgenden über den generationsspezifischen Ansatz einen Zugang zum Verständnis der Sozialisation des Jugendalters bekommen wollen, so müssen wir demnach beginnen mit einer Realanalyse gesellschaftlicher Wirklichkeit, wie sie für Jugendliche in der spätkapitalischen Gesellschaft gilt. In einem weiteren Abschnitt soll dann untersucht werden, welche Formen der Verarbeitung dieser gesellschaftlichen Realität auszumachen sind.

3.3.2. Gesellschaftliche Wirklichkeit: Realsituation Jugendlicher in der BRD der 80er Jahre

3.3.2.1. Kein Recht auf Arbeit und Ausbildung

Die geburtenstarken Jahrgänge 1958 - 1967 drängten auf den Ausbildungs- und Arbeitsmarkt, für konservative Wirtschaftspolitiker der Grund der derzeitigen Berufsmisere Jugendlicher, die die 80er Jahre weitgehend bestimmte. Wir werden bei genauerem Betrachten feststellen, daß die geburtenstarken Jahrgänge *ein* Grund für die Lehrstellenmisere sind, daß aber darüberhinaus der Verkauf der Ware Arbeitskraft zunehmend schwieriger wird, da bei steigender Produktivität der Arbeit die Profitraten sinken; auch demographische Daten können nur vor dem Hintergrund der herrschenden Produktions- und Verwertungsmechanismen analysiert werden und haben für sich genommen kaum einen Aussagewert.

Tab. 1: Schüler an allgemeinbildenden Schulen nach Schulart, 1955 bis 1990 (in 1.000)

Jahr	Schüler insg.	Grundsch.	Hauptsch.	Realsch.	Gymnasien	Lernbeh.	Gesamtsch.
1955	6076,1	2721,5	1963,8	428,7	845,2	116,9	-
1960	6646,3	3096,9	2112,4	570,9	957,9	192,3	-
1965	7286,8	3453,2	2112,5	570,9	957,9	192,3	-
1970	8912,4	3977,3	2370,2	863,5	1379,5	322,0	-
1975	10028,2	3912,3	2512,8	1179,9	1863,5	393,8	165,8
1976	10025,3	3733,5	2544,0	1248,7	1913,9	398,2	186,9
1977	9903,7	3512,8	2506,3	1316,7	1971,7	398,0	198,2
1978	9676,9	3229,2	2488,9	1350,7	2013,4	387,8	206,9
Vorausberechnungen der KMK (Dokumentation 56)							
1980	8969,0	2764,7	2322,6	1292,7	2019,0	363,6	206,4
1985	7049,6	2367,2	1660,1	932,3	1590,5	291,3	208,2
1990	6411,8	2485,1	1456,1	760,2	1225,7	280,3	104,4

(aus: *Frackmann* u. a. 1981, S. 14)

An der Tabelle 1 ist erkennbar, daß für die Jahre 1970 bis etwa 1982 geburtenstarke Jahrgänge in das System der schulischen Bildung strömen und dort für eine quantitative Aufblähung sorgen; ersichtlich wird ebenfalls ein Trend zur "höheren Bildung" in Gymnasien und Realschulen, zahlenmäßige Darstellung des "Bildungsbooms", der Ende der 60er Jahre einsetzte und bis zur Mitte der 70er Jahre auch Anstrengungen in Gang setzte, das Bildungssystem auszuweiten und zu verbessern (vgl. *Frackmann* u. a. 1981, S. 13ff) Ausdruck des gesteigerten Interesses nach Bildung und der verbesserten Möglichkeiten, diese zu erlangen, gibt auch die Tabelle aus der "*Shell*-Studie" 1981:

Tabelle 2: Schulbildung der 15-24jährigen (angestrebt bzw. erreicht)
Vergleich der Studien 1953-1964-1981

	Jugendstudie 1953 Emnid in %	Jugendstudie 1964 Emnid in %	Jugendstudie 1981 psydata in %	
Volksschulbildung/Hauptschulbildung	77	71	45	
Mittelschüler/Mittlere Reife	12	16	29	
Oberschüler/Abiturient/Student	10	13	25	
ohne Abschluß	1	-	1	

(aus: Jugend '81, Bd. 1, S. 113)

Die mit der Ausweitung des Schulsystems verbundenen Hoffnungen auf gesicherte Positionen im späteren Berufsleben wurden jedoch teilweise enttäuscht, da die Situation an den Hochschulen (*numerus clausus*) und insbesondere auf dem Arbeitsmarkt nicht dem "Bildungsboom" entsprach, der sich in den allgemeinbildenden Schulen entwickelte, sodaß *Bourdieu* (1987, S. 241ff) von einer "geprellten Generation" spricht, die zwar mit Diplomen und formalen Zugangsberechtigungen zu gehobenen sozialen Positionen ausgestattet ist, ohne diese Positionen jedoch tatsächlich einnehmen zu können. (vgl. auch *Heinzen/Koch* 1985)

Die Einschätzung der Berufsmisere, die nun folgen soll, ist insofern schwierig, da die angestrebte Orientierung am Schwerpunkt "Jugendarbeitslosigkeit" in sich problematisch ist, weil es einen separaten Arbeitsmarkt für Jugendliche, der unabhängig vom allgemeinen Arbeitsmarkt wäre, nicht gibt. Eine isolierte Betrachtung von "Jugendarbeitslosigkeit" ist insofern problematisch. Ähnlich muß man für den Ausbildungsstellenmarkt argumentieren: Allein die Zahl der vermittelten Ausbildungsplätze gibt keine Auskunft über die Qualität der Ausbildung, und auch die beste Berufsausbildung ist nur dann sinnvoll, wenn die erworbene Qualifikation sich später auf dem Arbeitsmarkt auch realisieren läßt. Wir werden zunächst einen kurzen Überblick über die Lehrstellen- und Arbeitsplatzsituation für Jugendliche speziell geben, um dann die Entwicklungsperspektiven des Arbeitsmarktes insgesamt eingehender zu diskutieren. Nach Auskunft des für "Jugend" zuständigen DGB-Bundesvorstandsmitglieds, Ilse Brusis, waren im Juni 1985 eine halbe Million Jugendlicher unter 25 Jahren arbeitslos gemeldet, wobei 15 Prozent dieser Arbeitslosen über eine abgeschlossene Berufsausbildung verfügten; der Anteil der arbeitslosen Jugendlichen mit Gesellenbrief betrug 1982 "nur" 8,7 Prozent (*Süddeutsche Zeitung*, 21. 8. 1985). Demnach setzt sich ein Trend fort, der seit 1975 (mit Ausnahme von 1979) einen überdurchschnittlichen Anteil jugendlicher Arbeitsloser beinhaltet. (vgl. *Dörre/Schäfer* 1982, S. 37; *Frackmann* 1985, S. 70ff; *Heinz* 1985, S. 133ff) So kam auch bereits der *5. Jugendbericht* (1980, S. 61) zu der Feststellung, die Arbeitslosigkeit bestimme die Lebenssituation von Jugendlichen, sei "zentrale Problemlage der Jugendlichen heute". Auch die vielerorts aufgestellte Behauptung, die Arbeitslosigkeit Jugendlicher ginge seit 1985 zurück, hält einer genaueren Überprüfung nicht stand. Zwar gibt es leichte Entlastungen für die Gruppe der Jugendlichen bis 20 Jahre, die als "Jugendliche" in den Statistiken zusammengefaßt werden. Doch für die Gruppe der Jugendlichen unter 25 Jahren ergibt sich eine Stabilisierung der Arbeitslosenzahlen auf hohem Niveau (vgl. Schlegel 1986, S. 11). Aufgrund von Rationalisierungsprozessen ergibt sich für einen Teil der jugendlichen Berufsanfänger fast zwangsläufig ein Einstieg in einen "Arbeitslosigkeitsprozeß", eine negative Berufskarrieren. (*Heinz* 1985, S. 137) Für arbeitslose Jugendliche gibt es, hierin sind sie gegenüber älteren Arbeitslosen in einer noch schlechteren Situation, eine geringere soziale Sicherung, da ihnen oftmals weder Arbeitslosengeld, -hilfe oder Sozialhilfe zugestanden wird. (Vgl. *Von der Haar/Stark-Von der Haar* 1982: 65 % der Arbeitslosen unter 20 Jahren und 40 % der Arbeitslosen im Alter von 20 - 25 Jahren erhalten keine derartige Unterstützung; siehe auch *Frackmann* 1985, S. 79ff)

Ähnlich problematisch stellt sich die Ausbildungssituation für Jugendliche dar: Zwar verkündete die Bundesregierung jährlich einen neuen "Lehrstellenrekord", ohne daß hiermit tatsächlich alle Jugendlichen mit einem Ausbildungsplatz versorgt werden konnten; über die Qualität der Lehrstellen und die Deckung mit den Berufswünschen der Jugendlichen wird erst recht keine Aussage gemacht. (siehe z. B. die *FAZ* vom 24. 7. 1985)

Tabelle 3: Anteil der Einmündungen in andere als die gewünschten Ausbildungsstellen (in %)

Jahr	
1979	46,2
1980	44,3
1981	44,1
1982	48,2
1983	53,3

(Quelle: Berufsberatungsstatistik der Bundesanstalt für Arbeit; zit. nach *Aufschwung*, S. 38)

Hiermit zeigt sich, daß unabhängig von der nach wie vor zumindest regional bestehenden Misere für viele Jugendliche, überhaupt keinen Ausbildungsplatz gefunden zu haben, die Berufswirklichkeit sich in zunehmendem Maße nicht mehr mit den Berufswünschen deckt. Insbesondere werden Benachteiligungen der Mädchen weiter festgeschrieben; zwar ist eine Entwicklung absehbar, daß Mädchen stärker die vollschulische Ausbildung frequentieren und so zu höheren Bildungsabschlüssen kommen. Für den Bereich der beruflichen Bildung jedoch bleiben die Benachteiligungen trotz staatlicher Programme bestehen: Zwei

Drittel der Jugendlichen ohne Ausbildung sind Mädchen; ein Drittel der Jugendlichen in Ausbildungsverhältnissen sind weiblichen Geschlechts; nach wie vor sind viele Mädchen in minderqualifizierenden Kurzausbildungsgängen überrepräsentiert (siehe 5. *Jugendbericht*, S.19). Da sich die Benachteiligung der Frauen im "normalen" Erwerbsleben i. d. R. fortsetzt, kommen die Autoren des 5. *Jugendberichts* zu dem Schluß, daß trotz der Programme, die die Benachteiligung von Mädchen abbauen sollten,

> sich wenig geändert hat: Dem geringen Zuwachs an Mädchen in 'Männerberufen' steht eine massive Verdrängung der Mädchen in allen anderen Bereichen gegenüber. Die bildungsmäßig bessere und breitere Qualifikation der Mädchen und jungen Frauen hat auf dem Arbeitsplatz keine Honorierung gefunden. (S. 19)

Wir haben hier die Problematik der Jugendarbeitslosigkeit nur gestreift, hinzuweisen wäre noch auf die "Parkplätze" zur Verringerung der Anzahl jugendlicher Arbeitssuchender wie 10. Pflichtschuljahr, *BGJ, BVJ*, die wenig an Qualifikation vermitteln und an den Lerninteressen der Jugendlichen oft vorbeigehen (vgl. z. B. *Schlegel* 1986, S. 15ff; *Lessing* u. a. 1986, S. 93). Ich gehe jedoch davon aus, daß Jugendarbeitslosigkeit nicht isoliert, sondern als Bestandteil der Massenarbeitslosigkeit überhaupt diskutiert werden sollte, um dann anschließend zu untersuchen, ob Jugendliche anders reagieren als ältere Arbeitskraftverkäufer.

War in der Geschichte der BRD die Massenarbeitslosigkeit immer Bestandteil eines "Tiefs" im kapitalistischen Wirtschaftszyklus, so zeigt sich seit 1983 mit zunehmender Deutlichkeit, daß die heute vorherrschende Massenarbeitslosigkeit durch keinen Aufschwung beseitigt wird. Massenarbeitslosigkeit läßt sich nicht mehr so einfach als Zeichen der kapitalistischen Krise interpretieren, da die Gewinnlage ausgezeichnet ist; zumindest müßte man unter Krise etwas anderes verstehen als den konjunkturellen Abschwung, dem ein Aufschwung folgen wird: Wenn wir hier von Krise sprechen, so meinen wir eine strukturelle Krise im Verwertungsprozeß des Kapitals, bedingt durch die sich verändernde organische Zusammensetzung desselben. (Selbstverständlich sind konjunkturelle Krisen, in die mit nachfragestützenden Programmen eingegriffen werden kann, nur "Vorspiel" dieser Strukturkrisen.) Das, was sichtbar wird als Rationalisierung, Steigerung der Produktivität und Entlassung ist ein Mechanismus, hinter dem Überakkumulation des Kapitals, ständig steigender Anteil des konstanten Kapitals zuungunsten des variablen und somit ein tendenzieller Fall der Profitrate steht. Firmenzusammenbrüche, Massenarbeitslosigkeit und der ständige Versuch, Lohn und Arbeitsbedingungen zu verschlechtern, stehen auf der einen Seite; internationale Kapitalspekulation insbesondere gegenüber den "Entwicklungsländern", Kapitalkonzentration und Investitionsverzögerung stehen auf der anderen Seite.

Um zusammenzufassen und in unsere Überlegungen zum generationsspezifischen Zugang zu gesellschaftlicher Realität zu integrieren, läßt sich sagen, daß Jugendliche spätestens seit Mitte der achtziger Jahre mit einer insgesamt ungewissen Zukunft der Arbeit konfrontiert sind (vgl. etwa *Rosewitz* u. a. 1985, S. 119ff), die für sie insofern besondere Bedeutung hat, als sie eine andere Situation gar nicht aus eigener Anschauung kennen. Es ist schwierig und nicht auf lange Sicht auszumachen, wie diese Erfahrungen von den Jugendlichen verarbeitet werden; insbesondere ist hier eine klassen- und schichtspezifische Unterscheidung, evtl. auch eine Differenzierung nach Lebensräumen (Stadt vs. Land) und Regionen ("aufsteigende" Regionen in Süddeutschland etwa vs. Regionen mit Strukturkrisen) angebracht. Festzuhalten ist m. E. jedoch, daß aufgrund der ungewissen beruflichen Zukunft eine Labilisierung der sich in der Adoleszenz entwickelnden Identität gegeben ist. Zur den aktuellen subjektiven Verarbeitungsformen der Berufsmisere durch Jugendliche faßt Heinz die Ergebnisse diverser empirischer Studien zusammen, wobei er allerdings einschränkt, daß mit der standardisierten Fragetechnik "für komplexe Bewußtseins- und Motivationsgehalte wenig ertragreiche Ergebnisse" zu erzielen sind. (*Heinz* 1985, S. 140) Immerhin scheinen die Resultate den Schluß zuzulassen, daß von einem Wertewandel im Sinne einer Abkehr von der Arbeits- und Leistungsgesellschaft nicht auszugehen ist; im historischen Vergleichsmaßstab der letzten 30 Jahre sei vielmehr für die Mädchen und jungen Frauen sogar eine stärkere Berufsorientierung auszumachen. (ebd., S. 141ff) Mit der Einschränkung, daß sozialpsychologische Befunde aus dem vorhandenen empirischen Material nur eingeschränkt zu entwickeln sind, läßt sich für die Berufsorientierung Jugendlicher eine ambivalente Haltung annehmen:

> Einerseits werden Einkommens- und Karriereerwartungen als illusionär erkannt und Ansprüche auf Interessendurchsetzung und Selbstverwirklichung durch Arbeitsinhalte selten offensiv vertreten, andererseits werden alle sich bietenden Gelegenheiten auf dem Arbeitsmarkt als Berufschancen aufgegriffen. (S. 147)

Im Vergleich zu den Jugendlichen in den siebziger Jahren, deren Berufseinstellung geprägt war von den uneingelösten Versprechungen des "Bildungsbooms" und enttäuschten Erwartungen, hat sich in den 80er Jahren vordergründig eine Haltung durchgesetzt, die ich mit realistischer Bescheidenheit und pragmatischem Pessimismus umschreiben würde, wobei diese Beschreibung noch - wie oben angedeutet - klassen- und regionalbezogenen differenziert werden muß. *Lessing* u. a. vertreten eine Einschätzung zur subjektiven Verarbeitung der Berufsnot Jugendlicher, die über die bislang zitierte, aus Umfrageergebnissen gewonnene Interpretation hinausgeht und dieser auf den ersten Blick zu widersprechen scheint: Eine Verortung über eine gesicherte, "lebenslange" Berufslaufbahn ist für Jugendliche heute - anders als früher - nicht mehr möglich, die

"Erosion der kapitalistischen Leistungsgesellschaft und ihrer Normen bildet (...) die Basis (...) für das Auseinanderfallen zwischen individuellen Lebensentwürfen und den noch üblichen Vorbildern." (*Lessing* u. a. 1986, S. 33) Die zwangsweise und gewaltsame Ausgrenzung eines Teils der Jugendlichen aus dem Arbeitsprozeß - die Zwei-Drittel-Gesellschaft auch für die Generation der Jugendlichen, läßt den "Traum, von dem Zwang zur Lohnarbeit freigesetzt zu sein, (...) zur konkreten Utopie (werden), obwohl die Freisetzung noch Merkmal der Ausgrenzung ist." (S. 88) Die Verhaltensanforderungen der kapitalistischen Produktionsweise, insbesondere nach Zeit-Kontrolle (abstrakte Zeit), besitzen gleichzeitig noch gesellschaftliche Gültigkeit und werden für einen (stabil großen) Anteil der Bevölkerung, für die Langzeit-Arbeitslosen, unsinnig. Insofern zerstört die Arbeitslosigkeit subjektive Strukturen, die für einen eventuellen späteren Einsatz im Produktionsprozeß benötigt werden; um die "Reservearmee" der Arbeitslosen von deren subjektiven Strukturen her einsatzfähig, ihre Arbeitskraft im kapitalistischen Produktionsprozeß verwertbar zu erhalten, werden demnach Beschäftigungs- und Ausbildungsprogramme gerade für Jugendliche aufgelegt, um diese "über 'nutzlose' Beschäftigungen in Atem zu halten". (S. 93) Auf der anderen Seite lassen sich kulturelle Praxen Jugendlicher als Selbstausgrenzung deuten, die die tatsächliche Ausgrenzung bewußt aufnehmen, diese verstärken und somit den gesellschaftlichen, widersprüchlichen und für sie
unsinnigen Verhaltensanforderungen provokativ widersprechen: Die *Hippies* (siehe dazu auch die Annäherung III) und auch die *Punks* arbeiten "bewußt" und demonstrativ nicht, praktizieren öffentlich eine andere, gesellschaftlich nicht anerkannte, sondern verpönte (Zeit)-ökonomie. Neben und hinter der vordergründig und für die breite Mehrheit feststellbaren "Einfindung" in die herrschenden Verhältnisse, neben realistischer Bescheidenheit und pragmatischem Pessimismus deuten sich Versuche Jugendlicher an, die "Krise der Arbeitsgesellschaft" aufzunehmen und zu bearbeiten, den Protest gegen diese Gesellschaft zumindest kulturell zu inszenieren, ein Lebenszeichen der Jugend abzugeben, so der Titel der Arbeit von *Lessing* u. a.
Ein weiteres Problem, das sich aus der ungewissen Berufsperspektive heutiger Jugendlicher ergibt, soll hier kurz angesprochen werden: *Zinnecker* (1985) macht darauf aufmerksam, daß von Jugend als einem "psycho-sozialen Moratorium" oder als einer "pädagogischen Provinz" nicht mehr gesprochen werden könne, da u. a. die "Karrierezwänge des künftigen Erwachsenen (...) heute bereits in der Kinderstube und in der Schule - in jener pädagogischen Provinz also, die doch angeblich den pädagogischen Geleitschutz fürs Moratorium abgeben soll" (*Zinnecker* 1985, S. 41f) beginnen. Da der "Status des Erwachsenen" zum Lernen freigegeben sei, gerate die "Komplementarität der Rollen von Jugendlichen und

Erwachsenen" erheblich ins Wanken. (S. 43) Ähnlich argumentiert *Heinz*, der von einem "psycho-sozialen Laboratorium" spricht, "das im Hinblick auf die Arbeitswelt durch das Verfolgen begrenzter Handlungsalternativen charakterisiert ist" und nicht ein "Moratorium" i. S. eines "Entwicklungs- und Experimentierfeld(es) vor dem Einsteigen in die Verantwortung und Anforderungen der Berufswelt" darstelle. (*Heinz* 1985, S. 152, siehe auch *Böhnisch/Schefold* 1985, S. 91ff) Wesentlich scheint mir an diesen Argumenten zu sein, daß die Entwicklung einer beruflichen Identität, das Einfinden in den kapitalistischen Produktionsprozeß heute inhaltlich und formal bestimmt ist durch eine offensichtlich krisenhafte und widersprüchliche Entwicklung der "Arbeitsgesellschaft", also der Verwertungsmechanismen im Spätkapitalismus. Demnach ist "Jugend" heute einerseits eingegrenzt durch düstere Zukunftserwartungen, Pessimismus und Bescheidenheit oder andererseits flexibel durch die Anforderung, Perspektiven jenseits der kapitalistischen Arbeitsgesellschaft, ihrer Verhaltenszumutungen, ihrer (Zeit-)Ökonomie zu entwickeln.

3.3.2.2. Die Bedrohung der natürlichen Lebensgrundlagen

Die Existenz der Menschheit, die etwas "großkotzige" Wortwahl erfolgt hier bewußt, ist heute in zweierlei Hinsicht in Frage gestellt: 1) ist ein atomarer Konflikt jederzeit möglich, der diesen Planeten oder zumindest weite Teile davon unbewohnbar machen würde, 2) sind die natürlichen Ressourcen bald erschöpft, sodaß eine ökologische Kettenreaktion erwartet werden kann, die die Lebensgrundlage der Menschen zerstört; die spätkapitalistische Gesellschaft erscheint zunehmend als "Risikogesellschaft" (*Beck*) Es ist mir im Rahmen dieser Arbeit und meiner beschränkten Kenntnisse nicht möglich, beide Aussagen stichhaltig zu beweisen; es reicht jedoch für den Argumentationszusammenhang aus, daß die Möglichkeit beider "apokalyptischer" Entwicklungen angenommen wird, wie etwa in den Jugendstudien '81 (Bd. 1, S. 381ff) und '84 (*Jugendliche und Erwachsene* 1985a, S. 116ff) dargelegt wird.

Wenn wir ansetzen an *Eriksons* Überlegungen zum Jugendalter, so ergibt sich für Jugendliche heute folgendes Dilemma: In einer Phase, in der "Identität" gebildet werden soll, die sich auf die Zukunft des eigenen Lebens wie der Gesellschaft bezieht, erscheint die Zukunft fraglich, ist deren Ende möglich geworden. Es ist für die heutige Jugend nicht ohne weiteres gegeben, von einem Weiterbestehen der Gesellschaft, der Erde auszugehen; es ist zu überprüfen, wie sich die Bedrohung der menschlichen Existenz, die sicherlich für alle Menschen unabhängig von deren Alter gilt, speziell auf Jugendliche auswirkt. Ich gehe davon aus, daß hier zweierlei Brechungen zu berücksichtigen sind. Zum einen wird das Bewußtwerden einer allgemeinen Situation gebrochen durch die Orientierung auf das eigene Leben, auf das individuelle Schicksal; eine derartige Brechung existiert solange, wie es soziale Differenzierung mit individuellen Aufstiegsmöglichkeiten und Abstiegsbedrohungen gibt. Das Bewußtmachen der Bedrohung menschlicher Existenz ist somit, so ist zu erwarten, nicht klassenübergreifend gleich. Als zweite Brechung muß das Maß der Verdrängung einer übermächtigen und lebensbedrohenden Gefahr berücksichtigt werden. Es sei hier nur verwiesen auf den Aufsatz von Klaus *Horn* (1968) über den Zusammenhang zwischen Angst und politischer Apathie. Was hier für die verdinglichte gesellschaftliche Realität der kapitalistischen Industriegesellschaft formuliert ist, gilt für die Bedrohung durch atomaren Konflikt und Umweltzerstörung in gleichem Maße: Die Kompetenz der "Sachautorität" wird verabsolutiert, wodurch sich die Menschen in eine "verdinglichte Abhängigkeit" begeben (S. 63), das praktische Erkenntnisinteresse kommt zum Erliegen (S. 64), was als Entlastung empfunden wird. Ängste lassen sich nutzen zur "Identifizierung mit den von der Gesellschaft angebotenen marktgängigen Verhaltensmustern" (S. 73), sodaß die Angst vor der gesellschaftlichen Entwicklung, so paradox dies erscheinen mag, eben diese Entwicklung verstärken kann.

3.3.3. Aufgreifen gesellschaftlicher Wirklichkeit durch Jugendliche

Im folgenden werde ich versuchen, das Aufgreifen der gesellschaftlichen Wirklichkeit, wie sie oben beschrieben wurde, durch Jugendliche darzustellen. Hierbei werden drei verschiedene Ansätze gewählt und teilweise kritisch nebeneinander gestellt.
Zum einen sollen die Überlegungen zu einer speziellen "Jugendkultur", wie sie beispielsweise der Shell-Untersuchung 1981 zugrunde liegen, herangezogen werden. Diesen Überlegungen wird das Konzept von "Subkulturen", das sich stärker an Klassenwidersprüchen in kapitalistischen Gesellschaften orientiert, gegenübergestellt. Abschließend soll versucht werden, die breiten Protestbewegungen zu Beginn der achtziger Jahre, die unter bestimmendem Einfluß junger Menschen standen, in die Überlegungen mit einzubeziehen, wobei ich an einige Thesen aus meiner Diplom-Arbeit anknüpfen möchte.

3.3.3.1. "Jugendkultur"

Der Begriff der *Jugendkultur* ist ursprünglich im Zusammenhang mit der deutschen Jugendbewegung im Anfang dieses Jahrhunderts geprägt worden. Von den Förderern und Begründern dieser Jugendbewegung war es vor allem *Wyneken*, der ihn prägte.

> Die Forderung nach Jugendkultur steht historisch also in engem Zusammenhang mit einer Kritik am Charakter des kulturellen 'Ganzen' und enthält die Hoffnung, daß durch Partikularisierung, Rückkehr auf die produktive Kraft einer gesellschaftlichen Teilgruppe die Auswirkung schlechter gesellschaftlicher Verallgemeinerung eingeschränkt werden könnte. (*Hartwig* 1980, S. 65)

Bereits in der historischen Situation, der der Begriff enstspringt, ist offenbar in das Konzept eine Täuschung über die Realität der Gesellschaft als auch der "Jugendbewegung" miteingegangen: denn ebenso fraglich, wie die Vorstellung eines kulturellen Ganzen als homogenem Block ist die Beschreibung einer sozialen Bewegung als Jugendbewegung schlechthin. *Aufmuth*, der die Wandervogelbewegung untersucht, kommt zu dem Schluß, daß dieser Bewegung kein Generationskonflikt zugrunde liege (1979, S. 174)

> Welche Faktoren den Wandervogel auch immer prägten, sie waren in stärkstem Maße schichtspezifisch überformt, womit der Wandervogel in allen Bestimmungselementen genau genommen stets eine zutiefst (bildungs)bürgerliche Erscheinung blieb. (ebd., S. 237)

Ulrich *Linse* kommt zu einem ähnlichen Schluß, indem er die Jugendbewegung ableitet aus den gesellschaftlichen Schwierigkeiten der Schicht, aus deren Reihen die Jugendbewegten hauptsächlich stammten: das gesamte Bildungsbürgertum, nicht nur dessen Jugend, drohte zwischen den Fronten eines "'Mammonismus' des organisierten Kapitals und dem 'Materialismus' der organisierten Arbeiterschaft" (*Linse* 1976, S. 120) aufgerieben zu werden. Darüber hinaus gab es wohl in der Jugendbewegung bestimmte interne Motivationsstrukturen, die mit dem eher beschreibenden als analysierenden Instrumentarium "Jugendkultur" nicht erfaßt werden konnten, so zum Beispiel die verdrängte, jedoch wirksame homosexuelle Tendenz des Wandervogels. (vgl. *Jungmann* 1936) Wollte man versuchen, ein tatsächlich klassenübergreifendes Merkmal jugendspezifischen Verhaltens in den 20er Jahren dieses Jahrhunderts zu entdecken, so bleibt das Wandern als eine beliebte und wichtige kulturelle Praxis; allerdings zeigt eine nähere Betrachtung des Wander- und Naturverhaltens der Arbeiterjugendlichen in dieser Zeit, daß es hier starke Differenzen zum Wandern bürgerlicher Jugendlicher gab (vgl. *Lessing/Liebel* 1981). *Hartwig* schlägt als heute geltenden "organisatorischem Kern jugendkultureller Aktivitäten", quasi als Aktualisierung oder Modernisierung des Wanderns, die Popmusik vor (a. a. O.,

S. 72); Popmusik hier in aller Vielfalt der Musikarten, Produktions- und Konsumtionsvarianten und der mit verschiedenen Musikarten verbundenen Accessoirs populärer Musik. Denn gerade in den Differenzen der Spielarten liegt viel ihrer Bedeutung, ein Verständnis "der" Jugend läßt sich mit einem Konzept einer Jugendkultur, die sich um eine Art Popmusik organisiert, kaum gewinnen.

Die jüngere Jugendforschung verwendet m. E. in einer durchaus vorsichtigeren Weise das Konzept der Jugendkultur und setzt verschiedene Jugendkulturen in der Regel voraus. Allerdings sind, und hier liegt nach wie vor ein Schwachpunkt dieser Konzeption, die Abgrenzungskriterien der verschiedenen Kulturen hauptsächlich die Altersgruppen; ich werde im folgenden anhand der *Shell-Studie '81* darstellen, wieweit ein solches Jugendkulturen-Konzept hilfreich sein kann bei unserer Überlegung zu Sozialisationsfaktoren des Jugendalters. Insbesondere soll überprüft werden, wie die Aneignung gesellschaftlicher Realität durch dieses Konzept dargestellt und analysiert wird. Hierbei kann ich nicht auf die gesamte Studie eingehen, sondern ich beziehe mich vorrangig auf das Kapitel *Die Gesellschaft der Altersgleichen* von Jürgen Zinnecker (Jugend '81, Band 1, S. 422 - 673).

Die Studie geht davon aus, daß es in heutigen Gesellschaften ein System von Alterskulturen gibt, deren Besonderheit darin liegt, daß sie "von Altersgleichen selbst" ausgehen, "von ihnen selbst organisiert und kontrolliert" werden. (S. 422) Die Alterskultur "stiftet und festigt einen sozialen und kulturellen Zusammenhang zwischen den Personen, die den gleichen Lebenszusammenhang durchlaufen", wobei ähnlich wie von *Mannheim* argumentiert wird, daß die Beteiligten eine "historische Situation gemeinsam" haben, indem sie "in einem unverwechselbaren geschichtlichen Moment ins gesellschaftliche Leben" treten. Darüberhinaus ergibt sich der Altersgruppenzusammenhang aus dem eng beieinanderliegenden Stadium der körperlichen und geistigen Entwicklung der Individuen und den ähnlichen gesellschaftlich Verpflichtungen und Problemen, mit denen die einzelnen konfrontiert werden. Insbesondere ergeben sich die folgenden Aufgaben für die jugendliche Alterskultur: Dokumentation, daß der Übergang vom Kindheits- zum Erwachsenenstatus bewältigt ist; Umgang mit sozialen Institutionen, die Kontrolle und Fremdbeherrschung des eigenen Handelns ausüben; Teilhabe am gesellschaftlichen Warenangebot trotz relativ geringen Einkommens; optimale Nutzung des Handlungsspielraums, der sich aus der Freiheit von bestimmten Arbeitszwängen ergibt; Ausüben politischen und gesellschaftlichen Einflusses trotz relativer Einflußlosigkeit; Verhindern von Entscheidungen der gegenwärtigen Erwachsenengeneration, die dernachfolgenden Generation die Handlungsspielräume beschneiden (S. 423 f). Bereits aus diesem umfangreichen und anspruchsvollen Aufgabenkatalog ergibt sich die

Feststellung, daß die jugendliche Alterskultur nicht autonom ist gegenüber der Gesellschaft: die "lebensgeschichtlich benachbarte Alterskultur der Erwachsenen spielt behindernd wie fördernd eine entscheidende Rolle" (S. 427), wobei die tradierte Jugend-Feindlichkeit der Erwachsenen offenbar eher fördernd wirke (S. 428). Daß das gesellschaftliche Handeln der Individuen hauptsächlich von den Produktivkräften und den in Geld- und Kapitalverhältnissen verdinglichten gesellschaftlichen Beziehungen der Menschen untereinander bestimmt ist, wird hier nicht in die Argumentation mit einbezogen. Insofernist die Nennung der materialistischen Ansätze zur Beschreibung klassenspezifischer Subkulturen (S. 428 f), die ich weiter unten darstellen werde, inkonsequent und stellt keine Einbeziehung in das Konzept der *Shell-Studie* dar, was sich auch herausstellen wird, wenn einige Aussagen detailiert untersucht werden.

> Sechs Aspekte jugendlicher Alterskultur wurden für die Shell-Studie ausgewählt: 1) die Kultur der öffentlichen Wandsprüche, 2) die Kultur öffentlicher Gruppenstile (also z. B. Punks und Popper), 3) die Kultur der Alltagsflips (das sind Ausbrüche aus der täglichen Routine normierten Lebens), 4) die Kultur der Traumorte, 5) das soziale Netz der Altersgesellschaft und 6) die kulturelle Orientierung am Gegensatz der Generationen und Altersgruppen. Ich beziehe mich im folgenden auf den sechsten Aspekt, in dem die Jugendzentrismus-Skala behandelt wird, weil hierin die Altersgruppenbezogenheit und damit der wichtigste Bestandteil des Jugendkulturkonzepts behandelt wird. Jugendzentrismus beschreibt eine Haltung der Jugendlichen, ihre eigene Welt und Lebensauffassung gegen diejenige der Erwachsenen abzugrenzen, gesellschaftlichen Autoritäten zu mißtrauen, die sie von Erwachsenen bestimmt werden und auf ihrem Recht zubeharren, eigene Erfahrungen zu machen, da die Erfahrungen der Erwachsenen zur Lösung der eigenen Probleme nicht tauglich sind. (...) Gekoppelt mit diesen Auffassungen sind Gefühle von Machtlosigkeit und Aggressivität gegenüber der 'Erwachsenenwelt'. (S.38) <2>

Demgegenüber zeichnet sich der erwachsenenzentrierte Jugendliche aus durch eine positive Ausrichtung auf die Erwachsenengeneration, er sucht die "Koalition, möchte sich den Angehörigen dieser Kultur anvertrauen" (S. 605), wobei zu betonen ist, daß der Erwachsenenzentrierte nicht unbedingt unkritisch und angepaßt ist (S. 632).

Jugend- bzw. Erwachsenenzentrismus wird in fünf verschiedenen Teilskalen erfaßt, wodurch die Skala insgesamt verfeinert wird und sich inhaltliche Schwerpunkte getrennt untersuchen lassen: 1) Gefühl der Diskriminierung Jugendlicher durch gesellschaftliche Autoritäten; 2) Akzeptieren des Erfahrungsvorsprungs und der Vorrechte Erwachsener; 3) Persönliches Vertrauen und Dankbarkeit gegenüber Erwachsenen/Eltern; 4) Fremdheitsgefühle und Unab-

hängigkeitsforderungen gegenüber Erwachsenen und 5) Erwachsene/Eltern als Verständnislose und Übermächtige. <3>
Wenn man sich die einzelnen Aussagen, die die *Shell-Studie* zu jugendzentrierten Einstellungen macht, ansieht, so fällt auf, daß sich oft größere Differenzierungen innerhalb einer Gruppe (also der Jugend- oder Erwachsenenzentrierten) ergeben, die korrelieren mit sozialem Status, Bildungssituation oder Alter der Jugendlichen. Beispielsweise wird das Provozieren von Erwachsenen, "angsteinjagende Manöver", von nur 20 % der Jugendzentrierten betrieben, von den Erwachsenenzentrierten so gut wie gar nicht. Diese 20 % rekrutieren sich vor allem aus Jugendlichen aus der "Unterschicht" und solchen mit "geringem schulischem Bildungsniveau" (S. 631). Begründet wird dieses Verhalten nicht, der Sinn von Provokation, die besondere Bedeutung von Spaß und *Action* für Arbeiterjugendliche wird nicht in einen Zusammenhang mit der Kultur der Arbeiterklasse gestellt, da er offensichtlich nicht in das Schema "Jugendzentrismus" schlüssig hineinpaßt und eine klassenspezifische Kulturanalyse in der *Shell-Studie* nicht geleistet wird.

Ein weiterer kritischer Punkt, der in den einzelnen Analysen immer wieder zu Tage tritt, ist die Frage, ob sich Einstellungen zu Erwachsenen ergeben aus deren Alter, wie es der Ansatz der Studie und die Fragestellungen nahelegen bzw. suggerieren, oder aus deren gesellschaftlicher Stellung. So zur Frage, ob Erwachsene von Jugendlichen etwas lernen können:

> Jugendzentrierte deuten in ihren Lernvorschlägen an, daß sie selbst sich weniger als Hüter, denn als Kritiker des gängigen Fortschritts ansehen. Sie wünschen sich Erwachsene, die gleich ihnen eine alternative Ethik leben, die in der vorfindlichen Zivilisation zu kurz kommt: Abkehr vom Materiellen, Friedensbereitschaft, Solidarität, Menschlichkeit. (S. 632)

Wenn bei Jugendzentrierten das ganze "Universum der Autoritäten ins Wanken geraten ist" (ebd.), dann ist dies sicherlich keine - nicht einmal vorrangig - Frage von Alterskonflikten. Daß sich eine Distanz zu einem gegebenen Gesellschaftssystem auch ausdrückt in einer Distanz zu den Erwachsenen, die schließlich die bestimmenden Positionen in dieser Gesellschaft innehaben, dürfte folgerichtig sein, nur ist fraglich, was letztendlich die Ursache dieser Distanz ist. Wenn die gleichen distanzierten oder "jugendzentrierten" Jugendlichen vermeiden, ein Erwachsener zu werden, so ist dies vor dem Hintergrund ihrer Kritik an den Handlungsmöglichkeiten und Verhaltenszumutungen, die die Gesellschaft den Individuen, in allen Konsequenzen aber nur den erwachsenen Individuen zugesteht bzw. auferlegt, verständlich. Dies erklärt auch das Paradoxon, daß sich jüngere Jugendzentrierte in ihrer Entfaltungsmöglichkeit eingeschränkt fühlen und sich mit dem Status des Heranwachsenden nicht bescheiden wollen, während ältere Jugendzentrierte in der Situation, wo der Übertritt ins Erwachsenenlager ansteht, vor dem Erwachsenen-Status zurückschrecken (S. 634). Daß insgesamt die nachgefragten Einstellungen unmittelbar und für die Jugendlichen selbst vielleicht nicht bewußt von ihrer sozialen Situation abhängen, zeigt die Analyse, daß sich hinsichtlich der Einschätzung, inwiefern die Probanten sich erwachsen fühlen, "die Unterschiede zwischen Jugend- und Erwachsenenorientierten (...) nur bei Jugendlichen mit Haupt- und Realschulbildung nachweisen (lassen). Bei Befragten mit Gymnasialbildung treten sie nicht auf. (...) Erwachsenenzentrierte mit Gymnasialbildung oder aus der oberen Mittelschicht fühlen sich nicht erwachsener als die sozial gleichgestellten Jugendzentrierten." (S. 635) Die Aussagekraft des Konzeptes "Jugendzentrismus" erscheint insofern fraglich, als zumindest für die OberschülerInnen lediglich deren tatsächlicher sozialer Status, deren realtive Ferne vom Erwachsenenstatus mit

abgeschlossener Berufsausbildung zum Tragen kommt, weniger jedoch die angenommene "Jugendzentriertheit".

Was die soziale Herkunft der "Jugendzentrierten" anbetrifft, so sind die Erklärungen in den Angaben der Studie m. E. nicht zureichend:

> Wir schließen daraus (aus der Überrepräsentanz gew. Berufsgruppen, K.H.), daß begünstigte Berufspositionen geeinet erscheinen, den Anteil derer, die sich jugendzentriert ausrichten, zurückzudrängen; oder: daß Jugendzentrierte seltener in privilegierte Berufslaufbahnen gelangen. In der sozialen Realität dürften beide Ausleseprozesse zusammenwirken. (...) Die Kultur jüngerer Arbeiter steht - jedenfalls bis zum Alter von 24 Jahren - der jugendzentrierten Orientierung recht nahe, wie sie überhaupt mit Aspekten männlich gefärbter Alterskultur enge Tuchfühlung hält. (S. 648)

Es fehlt eine inhaltliche Begründung des Zusammenhangs, der hier mit "Tuchfühlung" nicht zufällig eher unbeholfen beschrieben wird: eine inhaltliche Begründung, die auf die konkrete Arbeit eines Arbeiters und Angestellten ebenso eingeht wie auf die strukturellen Bedingungen von untergeordneter Lohnarbeit im Kapitalismus.

Besonders problematisch werden die Aussagen zum Jugendzentrismus, wenn dieser in Zusammenhang gebracht wird zur Autoritarismus-Skala der Untersuchung. <4> Hier besteht zunächst nur eine äußerst schwache Korrelation zwischen beiden Skalen, sowohl Nähe als

auch Ferne zu autoritär-nationalen Sprüchen sind bei Jugendzentrierten vorhanden. Unterteilt man die Jugendzentrierten jedoch nach Altersgruppen, so läßt sich feststellen, daß die Jüngeren sich relativ "autoritär" orientieren, während die älteren die Autoritarismus-Skala besonders deutlich ablehnen (S. 670). Dieses Ergebnis dürfte zunächst überraschen, es existieren denn auch gleich zwei verschiedene Erklärungsmuster: Es mag sein, daß jüngere und ältere Jugendzentrierte die im Prinzip gleichen Personen sind, die nur in unterschiedlichen Entwicklungsphasen stecken; jüngere Jugendliche sind dann "in einzelnen Fragen noch stark an die meist eher konservativen Vorstellungen der Eltern gebunden" (*Bruder-Bezzel/Bruder* 1984, S. 50). Oder es könnten die älterern Jugendzentrierten "eine andere Sozialgruppe" sein (Jugend '81, S. 666):

> Wir können uns gut vorstellen, daß es zwei typische 'Karrieren' für Jugendzentrierte entsprechend dem vorgestellten Modell gibt: Jugendliche, die sich früh jugendzentriert orientieren und mit dem frühen Ende ihrer Jugend diese Orientierung aufgeben; und Jugendliche, die erst später zum Jugendzentrismus stoßen, und zwar im Rahmen einer postadoleszenten Lebenspraxis. (ebd., S. 667)

Dies allerdings würde bedeuten, daß das Konzept vom Jugendzentrismus den klassenspezifischen Differenzen in der Jugendphase nicht gerecht wird, da eine kurze (und dann jugendzentrierte) Jugendphase typisch für Arbeiterjugendliche ist, die kaum eine postadoleszente Lebenspraxis im Alter von 21 - 24 Jahren entwickeln dürften. Die Autoren gehen allerdings von erstem Erklärungsmodell aus, weisen aber darauf hin, daß diese ihre Annahme nicht abschließend bewiesen ist.

Resümierend läßt sich zu den Aussagen der *Shell-Studie* sagen, daß die Erklärungsmuster in einigen Punkten nicht überzeugen, was nach meinem Dafürhalten an dem letztlich unzureichenden Konzept der Altersgruppenkultur liegt. Die gesellschaftlichen Hintergründe für Verhalten und Einstellungen der Menschen lassen sich nur analysieren vor dem realen gesellschaftlichen Hintergrund: Dieser ist eben nicht primär bestimmt von Generations-, sondern von Klassenkonflikten und spiegelt die realen gesellschaftlichen Widersprüche, nicht jedoch intergenerative "Beziehungsprobleme". Der Ansatz an der Altersgruppenkultur verhindert die Analyse, in welchem Maße und auf welche Weise Jugendliche sich gesellschaftliche Wirklichkeit aneignen. Die realen Probleme von Menschen in kapitalistischen Gesellschaften können nicht in die Untersuchung mit einbezogen werden, zumindest nicht auf der zentralen Untersuchungsebene, sodaß sich eine inhaltlich begründete Stellungnahme verbietet; es bleibt bei einer tatsächlichen Distanz der Autoren gegenüber dem gesellschaftlichen Geschehen, das "analysiert", eigentlich nur beschrieben wird. Lediglich die Kritik der Jugendfeindlichkeit und eine daraus resultierende gewisse Sympathie gegenüber Jugendlichen, zumal diese "Opfer" einer auf Skandale erpichten Presse sind, reduziert diese Distanz. Weil die Skepsis vieler Jugendlicher gegenüber der vorhandenen Gesellschaft nicht inhaltlich begründet wird, ist permanent die Gefahr eines moralisierenden Qualifizierens jugendlichen Verhaltens gegeben, was sich am Konzept des Jugendzentrismus bereits andeutet; Jugendzentrismus erscheint dann wieder einmal als Folge einer mangelnden Sozialisationsleistung insbesondere der Unterschichtsfamilien. Diese Haltung ist den Forschern, besonders Jürgen *Zinnecker*, sicherlich nicht zu unterstellen, meiner Meinung nach sind aber die Ergebnisse der Shell-Studie teilweise geeignet, derartige Haltungen zu unterstützen.

> Wo die Väter selbständigen Berufen nachgehen, auch wenn es sich dabei keineswegs um privilegierte Selbständigkeit handelt, herrscht bei den Jugendlichen die erwachsenenzentrierte Orientierung vor. Auf der anderen Seite sind es die wenig privilegierten Lohnabhängigen unter den Vätern, unter deren Kindern vermehrt Jugendzentrierte zu finden sind. (...) Mehr auf den Binnenraum der Familie bezogen dürfen wir unterstellen, daß Jugendzentrierte weniger in das soziale Netz der Familie einbezogen sind als Erwachsenenzentrierte. (...) Im Bereich der psychischen Hilfeleistungen, die wir mit zwei Fragen anschnitten, stellen sich um so deutlichere Unterschiede ein. Jugendzentrierte geben seltener als Erwachsenenzentrierte an, daß ihre Eltern ihnen helfen. (S.648 f)

Um es nochmals zu sagen: Es wird den Autoren nicht unterstellt, daß sie lediglich ein gewisses Verhalten, das teilweise als "abweichend" qualifiziert wird, nur auf eine eventuell mangelnde Sozialisationsleistung von Unterschichtfamilien zurückführen wollen, aber ihr unzulängliches, weil klassenunspezifisches Konzept der Altersgruppenkultur würde solche Schlüsse zulassen. (Vgl. auch *Bruder-Bezzel/Bruder* 1984, S. 51)

Während ich ein Konzept von Jugendkultur, das sich letztlich auf die Annahme einer Altersgruppengesellschaft stützt und die spezifischen Widersprüche der kapitalistischen Gesellschaft nicht als solche bearbeitet, ablehne, führe ich in der Annäherung III ein - allerdings theoretisch anders begründetes - Konstrukt der Jugendkultur ein, das diese in Abhängigkeit von klassenspezifisch ausgebildeten Sub- bzw. Gegenkulturen Jugendlicher und der Kulturindustrie definiert.

3.3.3.2. "Subkultur"

Unter dem Begriff "Subkultur" soll in diesem Abschnitt zunächst ein anderes, den Überlegungen zu einer Jugendkultur überlegenes Konzept vorgestellt werden, das jugendkulturelle Äußerungen ableitet aus dem Klassencharakter bürgerlicher Gesellschaften, der sich in Alltagskulturen widerspiegelt. Danach wird eine Studie über Arbeiterjugendliche im "Schulwiderstand" referiert, in der der Ansatz praktisch angewendet wird. <5>

Ich beziehe mich im folgenden hauptsächlich auf die Studien des *Centre for Contemplorary Cultural Studies (CCCS)*, das seit 1964 existiert und sich vorrangig mit Forschungen zur Kulturanalyse, Medienwissenschaft und zu Subkulturen befaßt. Vom *CCCS* wurden Arbeiten insbesondere zur Subkultur vorgelegt, die nicht von der "Soziologie abweichenden Verhaltens", sondern von einer umfassenden Kulturanalyse abgeleitet sind (vgl. *Brake* 1981). Subkulturen sind hier

> generationsspezifische Subsysteme klassenspezifischer Stammkulturen (...) Damit wird ein zweiter Schritt zur Auflösung der skizzierrten falschen Dichotomie - entweder Generation oder Klassen - getan. Es wird deutlich, daß die Klassenlage der Jugendlichen zu Problemen, Konfliktlagen, Verarbeitungsformen und 'Lösungen' führt, die für die Klasse als ganze, deren Subsystem die Jugendkultur darstellt,

charakteristisch sind. Zugleich aber ist den Jugendlichen eine generationsspezifische Erfahrung gemeinsam, die sie von ihren Eltern unterscheidet. (Rolf *Lindner* in *Clarke* u. a. 1979, S. 10)

Kultur wird definiert als "Praxis, welche das Gruppenleben in sinnvoller Form realisiert oder objektiviert" (*Subkulturen, Kulturen und Klasse*, im folgenden *Subkulturen...*, S. 41) Daraus ergibt sich, daß es in einer Klassengesellschaft, in der es verschiedene, im Gegensatz zueinander stehende Gruppen gibt, auch verschiedene Kulturen geben muß, die wiederum in einer Rangfolge stehen nach Maßgabe ihrer Macht, ihres Reichtums und darüber hinaus in Herrschafts- und Unterordnungsverhältnissen (a.a.O., S. 42). Allerdings ist die herrschende Kultur durchaus nicht homogen strukturiert, sondern entspricht den verschiedenen Interessen innerhalb der herrschenden Klasse (S. 44).

Kulturen können als "Stammkulturen" nun wiederum das Potential sein, aus dem sich die Subkulturen bilden. "Subkulturen gewinnen also aufgrund distinkter Akitivitäten und 'Kristallisationspunkte' der Gruppen Gestalt. Sie können lockere oder feste Bindung aufweisen." (S. 46) Wichtig ist, daß eine Theorie über Jugendsubkulturen nicht einfach gleichgesetzt werden kann mit einer Theorie der Arbeiterklasse oder ihrer Jugend, denn "die große Mehrheit der Arbeiterjugend schließt sich niemals direkt einer fest umrissenen, kohärenten Subkultur an." (S. 49; vgl. auch Thien/ Reichwein 1985, S. 350f) *Murdock* und *Mc Cron* begründen darüber hinaus, weshalb subkulturelle Studien keine globale Aussagefähigkeit besitzen können: Die meisten der Studien beschäftigen sich fast ausschließlich mit dem Freizeit- und Konsumbereich, was zu der "paradoxen Situation" führte, daß "eine Methode, die es explizit darauf anlegt, die Verbindungen zwischen Klassenlage und sozialem Bewußtsein aufzuzeigen, einer adäquaten Analyse der stärksten und beharrlichsten Vermittlung von Klassenbewußtsein ermangelt - nämlich der Arbeitssituation." (*Murdock/Mc Cron* 1979, S. 34)

Subkulturen entstehen aus Stammkulturen, eine Verbindung bleibt immer erkennbar; die Kulturen entwickeln "Lösungen" der Klassenprobleme, die nichts ändern an den materiellen Gegebenheiten (*Subkulturen ...*, S. 47) Weil die Erfahrungen der verschiedenen Generationen einer Klasse unterschiedlich sind, ändern sich Stile, entstehen immer wieder andere Subkulturen. Wir finden hier die Argumentation *Mannheims* wieder:

> Aber oberhalb und jenseits dieser gemeinsamen Klassensituation gibt es doch so etwas wie eine spezifisch generationsbedingte Erfahrung der Jugend. Das ist vor allem dadurch bedingt, daß die Jugendlichen der Problematik ihrer Klassenkultur in Institutionen und Erfahrungen begegnen, die sich von denen ihrer Eltern unterscheiden; und wenn Jugendliche die gleichen Strukturen vorfinden, so begegnen sie ihnen an ganz anderen Punkten ihrer biographischen Laufbahn. (*Subkulturen...*, S. 97)

Die Funktion bürgerlicher Gesellschaften setzt eine Klassenspaltung voraus; die antagonistischen Widersprüche können nicht verschwinden in dieser Gesellschaftsformation. Allerdings kann auch die Unterdrückung der einen Klasse, der Arbeiterklasse, niemals total sein, sodaß Arbeiterkultur gänzlich verschwände; im Unterschied zu Theoretikern der *Frankfurter Schule* (siehe zur Kulturkritik weiter unten in der Annäherung III) und deren Nachfolgern ist die gleichgeschaltete bürgerliche Gesellschaft für die Autoren des *CCCS* unmöglich: "Bei kapitalistischer Produktionsweise kann die Gesellschaft niemals, auch wenn es so scheinen mag, eindimensional sein." (S. 85, vgl. hierzu auch die Ausführungen im ersten Abschnitt dieser Arbeit, die auf die bewußtseinsmäßige Funktion konkreter, kooperativer Arbeit eingehen.) Teilweise hat sich die Arbeiterklasse Räume erobert, sodaß innerhalb des kapitalistischen Systems "herrschende und untergeordnete Kultur in der gleichen sozialen Formation überleben, aber auch gegeneinander kämpfen." (S. 86) Die Form dieser Kämpfe kann unterschiedlich sein, sie ist abhängig von ökonomischen, sozialen und historischen Formen von Klassenbewußtsein, dessen entwickelte und organisierte Form nur eine Möglichkeit sei, welche man nicht als "abstraktes Schema" einer jeweiligen "historischen Realität" überzustülpen versuchen sollte. Es komme statt dessen darauf an, "verstehen (zu) lernen, wie und unter welchen Umständen die Klasse fähig war, ihre materiellen und kulturellen Ressourcen zu nutzen, um ein weites Spektrum von Reaktionen zu konstruieren". (S. 91)

Die Aussagekraft und Tragfähigkeit des Subkultur-Konzepts will ich an einer konkreten Studie von Paul *Willis* darstellen, in der gezeigt wird, *how working class kids get working class jobs,* so der Untertitel, der mit dem deutschen Titel Spaß am Widerstand. Gegenkultur in der Arbeiterschule ziemlich unzulänglich wiedergegeben wird. Es geht hierbei nicht um *die* Reaktion *der* Arbeiterjugend auf die kapitalistische Realität, sondern um eine mögliche Form, die sich allerdings nicht zufällig ergibt, sondern aus den Erfahrungen in der Klassengesellschaft resultiert.

Willis beobachtet und analysiert eine Gruppe von männlichen Arbeiterjugendlichen in einer englischen Industriestadt, die ihm als informelle Gruppe in einer modern school Beispiel für eine Subkultur ist; diese "Gegen-Schul-Kultur", die *lads*, wie sich die Jugendlichen selber nennen, sind

> Meister der getarnten Auflehnung, die stets kurz vor der offenen Konfrontation haltmacht. Im Klassenzimmer sitzen sie so eng wie möglich als Gruppe beisammen (...) Beim individuellen Studium zeigen manche offen ihre Verachtung, indem sie mit der Wange auf dem Pult schlafen, andere kehren dem Tisch den Rücken zu und starren aus dem Fenster oder gar gedankenverloren an die Wand. Es herrscht eine ziellose Stimmung der Auflehnung, stets bereit zu fadenscheinigen Rechtfertigungen und unmöglich festzunageln. (*Willis* 1982, S. 26f)

Die getarnte Auflehnung, die versteckte Opposition enspricht der Kultur der erwachsenen Klassengenossen in den Betrieben. <6>

> Sie (die Arbeiter, K.H.) gebrauchen ihre Fähigkeiten und suchen Freude in ihrer Aktivität selbst da, wo sie am schärfsten von anderen kontrolliert werden. Paradoxerweise durchziehen sie eine tote Arbeitserfahrung mit einer lebendigen Kultur, die alles andre ist als ein einfacher Reflex auf die Niederlage. Dies ist der gleiche Vorgang, wie wir ihn in der Gegen-Schulkultur und ihrem Versuch finden, das industrielle Gewebe mit einem Streifen Abwechslung zu durchweben. Diese Kulturen sind nicht einfach Polsterschichten zwischen den Menschen und dem Unangenehmen. Sie sind selbständige Aneignungsvorgänge, Ausübung eigener Fähigkeiten, Bewegung, Aktivitäten im Dienst bestimmter Ziele. (ebd., S. 84)

Das Zeichen dazuzugehören ist nicht ein Zeichen der Besiegten. In einer Situation objektiver Unterdrückung ist es ein Signal, daß man "doch noch da ist", ein Versuch, Kontrolle über die Situation zu erlangen, und zwar nicht, indem man diese Situation offen umstrukturiert - dies erscheint wohl unmöglich -, sondern indem man sie unterwandert. Dazu gehört das "Organisieren" von Werkstoffen und Werkzeug, das "Abstauben" ebenso wie der Ausstoß von Verrätern. Die Organisationseinheit ist die informelle Gruppe. Hier gilt, wie in weiten Teilen der Arbeiterklasse, daß die Praxis wichtiger ist als die Theorie. (S. 91) Spaß und Aktion im Sinne von Streichen, die man sich selbst und dem "Gegner" spielt, sind wichtige Bestandteile dieser Gruppen.

Willis gelingt es, seine These auszuführen, daß die Schul-Subkultur der Vorbereitung auf die spätere Berufstätigkeit der *lads* dient, wobei im Gegensatz zur formellen Vorbereitung etwa des Berufskundeunterrichts eher von der Interessenslage der Arbeiterklasse ausgegangen wird. Die Subkultur stellt eine teilweise konsequente Reaktion auf erlebte Wirklichkeit dar. So bestreitet diese Subkultur, daß die Qualifizierung der Arbeitskraft für die Arbeiterklasse sinnvoll sei, was insofern nur folgerichtig ist, da Qualifikation niemals zur Emanzipation der gesamten Klasse führen kann. Tatsächlich kann Bildung nur den Status von Individuen verändern.

> Keine noch so große Anzahl von Diplomen unter der Arbeiterklasse wird eine klassenlose Gesellschaft schaffen oder Industrielle und Arbeitgeber - selbst, wenn sie dazu fähig wären - davon überzeugen, daß sie mehr Arbeitsplätze schaffen sollten. (S. 197)
> Die Gegen-Schulkultur und andere kulturelle Formen der Arbeiterklasse enthalten Elemente einer profunden Kritik der in unserer Gesellschaft herrschenden Ideologie des Individualismus. (S. 200)

Die jugendliche Subkultur der *lads* enthält also ein wesentlich realistischeres gesellschaftliches Wissen als die Reden der meisten Politiker, in denen verbreitet wird, die Massenarbeitslosigkeit sei ein Problem der Berufsausbildung; ob diese Politiker selbst wissen, daß ihre Aussagen gar nicht stimmen, ist nicht Thema meiner Untersuchung. So erlernen die *lads* eine gewisse Auffassung von Arbeitskraft, die auf Selbstkontrolle zielt, die die herrschenden ideologischen Nebelbildungen und Verdinglichungen (etwa der Lohnform, des Kapitalfetischismus, vgl. Annäherung I) durchbricht; dies geschieht allerdings eher "instinktiv", als daß der besondere Warencharakter von Arbeitskraft rational erkannt würde (S. 204). Dadurch, daß den lads relativ gleich ist, welchen Job sie konkret bekommen, zeigen sie, daß sie eine "Vorstellung" von abstrakter Arbeit (vgl. *Marx* 1962, S. 58 ff) besitzen. Ihr Verhalten entspricht der Tatsache, daß die Ausbeutung von Arbeitskraft und damit ihr Verkauf auf Seite des Arbeiters, nicht aber die jeweils konkrete Arbeit das entscheidende Moment des Produktionsprozesses im Kapitalismus ist.

Allerdings läßt sich nicht das gesamte subkulturelle Verhalten der lads derartig klassifizieren. Subkulturen der Arbeiterkasse sind ambivalent, sie bereiten nicht nur auf den Widerstand gegen das System vor, sondern enthalten notwendigerweise daneben eine Vorbereitung auf funktionales Arbeitersein im System, auf Reproduktion des Systems durch die Annahme der Funktion des Arbeiters, der sozialen Rolle, wie es anderswo heißen würde.

> Wie die Dinge in der Welt nun tatsächlich liegen, wird die halbe Ablehnung und kulturelle Durchdringung der gegenwärtigen Gesellschaftsorganisation durch die Gegen-Schulkultur stets eine provisorische, leere, skeptische und letztendlich doch akzeptierende Anpassung an den Status quo sein. (S. 215)

Neben den Durchdringungen, also dem "in einer Kulturform bestehenden Impuls zur kognitiven Aneignung der Existenzbedingung ihre Mitglieder und deren Position innerhalb des gesellschaftlichen Ganzen" (S. 184f) wird Gegenkultur auch gekennzeichnet durch Begrenzungen. Durchdringungen werden durch tiefe, desorientierende Trennungen gehindert, ihr volles Potential zu entfalten. <7> Als eine solche Trennung macht *Willis* die zwischen körperlicher und geistiger Arbeit und zwischen den Geschlechtern, auch einen verbreiteten Rassismus, aus. Diese Trennungen wirken systemstabilisierend. (S. 217) Ein dichotomes Bewußtsein (*Negt*), also die irrige Annahme, daß "die unten" in der Gesellschaft weniger befähigt sind als "die oben", ist zum Teil auch bei den *lads* festzustellen. Kompensiert wird dies durch die Umwertung der gesellschaftlichen Bewertung von Kopf- und Handarbeit, die möglich wird durch patriarchalische Vorstellungen, wobei manuelle Tätigkeit mit Männlichkeit, geistige Arbeit mit Weiblichkeit gleichgesetzt wird (S. 221). Der rationale Kern, der in einer Abwertung von geistiger Arbeit liegt, die - allerdings abnehmende - Trennung zwischen "aufstiegsorientierten" Angestellten und körperlich arbeitenden, solidarisch orientierten Arbeitern, wird zu einem anachronistischen, gesellschaftliche Erkenntnis behindernden Stereotyp, das die "Proletarisierung" der meisten Angestelltenberufe und die gleiche Interessenslage von Arbeitern und Angestellten verleugnet. Die Abwertung der Arbeit, die von Immigranten gemacht wird, als "schmutzige Arbeit" (S. 228) funktioniert als "feindselige Abgrenzung gegen den je 'Tieferstehenden'" (*Brückner* 1981, S. 152), dient der eigenen Aufwertung. Hierbei hat die herrschende Ideologie eine unterstützende Funktion (*Willis* 1982, S.233). Ideologie heißt in diesem Zusammenhang, den anderen Klassenstandpunkt in sich zu tragen; dies widerspricht der eigenen Kultur nicht unbedingt:

> Die Kultur sagt zwar zum Einzelnen 'Das ist richtig für mich', aber sie scheint hinzuzusetzen, 'auch wenn es im allgemeinen falsch sein mag'. (ebd., S. 242)

Die Kultur der Arbeiterklasse wie deren Subkulturen enthalten also zwei Elemente: ein emanzipatorisches, der tägliche und beständige Kampf um Freiheit und Selbstbestimmung, als auch ein systemstabilisierendes, die resignative Anerkennung der Ausbeutung.

> Wenn es Momente gibt, da die kulturellen Formen reale Durchdringungen der Welt leisten, dann besteht - gleich welche Verzerrungen folgen - die Möglichkeit, diese Basis zu verstärken und auf ihr weiterzuarbeiten. (S. 253)

3.3.3.3. Protestbewegungen und Jugendliche

Etwa ab Mitte der achtziger Jahre hat sich einiges beruhigt, was die Jugendszene angeht; zu Beginn der 80er Jahre sah die Situation anders aus, da mischten sich Massenbewegungen ein und hatten tragende Rollen, so schien es, inne: Vor allem die Jugend schien die Opposition zu sein, sie brachte die Themen ein, schien zumindest teilweise die Tagesordnung zu bestimmen. Die von Zürich ausgehende Jugendbewegung (*Züri brennt*) und Randale bei Rekrutenvereidigungen seit Bremen 1979, der Häuserkampf zunächst in West-Berlin, dann fast überall, das waren vor allem Aktionen Jugendlicher. Daneben die Friedensbewegung, die ungeheure Massen auf die Straßen brachte, auch hier vor allem Jugendliche. Die Politik sah sich genötigt, durch den Dialog mit der Jugend diese wieder einzubinden. (vgl. *Thien/Reichwein* 1985, S. 357f) Anfangs der 80er Jahre steckte ich in meiner Diplom-Arbeit über diese Bewegungen, die ich unter neue Jugendbewegung zusammenzufassen versuchte. Mit einer größeren Distanz kann heute an diese Arbeit angeknüpft werden unter der Fragestellung, welche sozialisatorischen Bedeutungen jugendbewegte Protestbewegungen hatten und haben.

Die Problematik bei der Einschätzung der neuen Jugendbewegung war die Frage, ob es sich primär um soziale Bewegungen handelte, oder es Jugendbewegungen waren. Besonders bei der Friedensbewegung, aber auch der Alternativbewegung, fiel diese Einschätzung schwer. Ich stelle die These auf, daß in bürgerlichen Gesellschaften gesellschaftliche Widersprüche von sozialen Bewegungen aufgenommen werden können, daß diese Bewegungen Widerstand organisieren und Alternativen durchsetzen wollen, und daß Jugendliche aufgrund ihrer biographischen und gesellschaftlichen Situation besonders aufgeschlossen und empfindsam gegenüber sozialen Veränderungen und historisch möglichen Alternativen sind. Ob eine soziale Bewegung nun als "Jugendbewegung" im engeren Sinn zu verstehen ist, hängt wesentlich von den gewählten Aktionsformen, teilweise auch von den Inhalten der Bewegung ab.

Um die These näher zu begründen, sollen die Hausbesetzer-, die Friedensbewegung und die Äußerung eines allgemeinen Unmuts über gesellschaftliche Isolation und Erfahrungsarmut der Menschen ("Weg mit dem Packeis"/"Schade, daß Beton nicht brennt"/"Wir haben nichts zu verlieren als unsere Angst") untersucht und in Beziehung zueinander gesetzt werden. Die Vermutung ist begründet, daß die Gruppen insgesamt 1981 bei der absoluten Mehrzahl aller Jugendliche bekannt war, und daß ein Anteil von über 50 % aller Jugendlichen mit ihnen sympathisierte (vgl. *Jugend '81*, S. 488 ff), wobei dies Sympathie, mindestens jedoch Akzeptanz sowohl für Inhalte als auch für Aktionsformen der Bewegungen voraussetzt.

Was nun die inhaltliche Seite aller Bewegungen betrifft, so läßt sich feststellen, daß sie radikal die Lebensmöglichkeiten der Menschen einklagen und verbessern wollten, sich in der Regel nicht mit "Kleinigkeiten", mit Detailproblemen befaßten: Die Friedensbewegung stellte ihren Kampf gegen die US-Raketen eindeutig unter das Motto, das Überleben müsse gesichert werden, die Züricher und die ihr nachfolgende Jugendbewegung (fast) überall stellt eindeutig die gesamte "Lebensqualität" in Frage (vgl. *Hermansen* 1982, S. 74ff), und auch die Hausbesetzer machten nicht die Wohnungsnot zum alleinigen Thema ihres Widerstands, sondern den ganzen Stadtteil, die Tendenz, Lebensräume zu zerstören zugunsten von Geschäftsräumen.

Die Aktionsformen der Bewegungen waren sich in einer Hinsicht gleich: Sie waren auf ein konkretes Ziel bezogen bzw., wenn dies nicht möglich war, äußerten sie sich in direkter Aktion. Die Friedensbewegung in der Zeit ihrer "Hochkonjunktur" war bestimmt von der geplanten Stationierung der US-Raketen; seit dieser Stationierung hat sich die Friedensbewegung auf ihr "Normalmaß" reduziert, wird eher von Institutionen und Verbänden getragen als von einer großen Anzahl "Unorganisierter". Jede Demonstration der Friedensbewegung war vor der Stationierung in dem Sinne eine direkte Aktion, als sie sich bezog auf das Stationierungsdatum; die Auseinandersetzung schien, was ihre Länge anging, begrenzt. Die Züricher Bewegung als solche und vergleichbare andere lokale Aktivitäten bestanden, was ihre sichtbare Seite angeht, nur aus Aktion; sie drückte sich aus im Kampf um ein bestimmtes Objekt (etwa das Autonome Jugendzentrum), durch Störung und Zerstörung von konkreten Symbolen jener Verkrustetheit der Gesellschaft, die einem "die Luft zum Atmen" nahm und durch hingesprühte, spontane Kommentare. Die Kraft lag in der Sprache der Sprüche und Parolen und in einer Tendenz zur Gewalttätigkeit als Gegengewalt zu alltäglicher struktureller Gewalt (vgl. a.a.O., S. 79ff und 86 ff). Die Hausbesetzer, die mehr meinten als den Kampf um ein bestimmtes Haus, brauchten dieses konkrete Gebäude, machten die Häuser zu Fixpunkten ihrer Aktion und waren sich zum Teil durchaus bewußt, daß die Häuser ihren Stellenwert eher als Symbol denn als Wohnung hatten. Die jugendbestimmten Bewegungen waren, um es zusammenzufassen, radikal und global in ihren Zielsetzung und auf konkrete Aktionen und Objekte bezogen in ihren Äußerungen. Aus diesem Grunde wurden sie vorrangig von Jugendlichen getragen und erreichten auch unbeteiligte Jugendliche, die mit ihnen sympathisierten. Ihre Aktionsorientierung bedingt, daß sie nach einem bestimmenden Mißerfolg auseinanderfallen müssen, sogar, daß sie eine Auseinandersetzung über einen zu langen Zeitraum nicht aushalten können. Sprüche, Parolen und Aktionen nützen sich ab, laufen irgendwann ins Leere.

Wenn abschließend überlegt werden soll, welche sozialisatorische Bedeutung jugendbestimmten Protestbewegungen zukommt, so ist hier zunächst zu unterscheiden zwischen Jugendlichen, die sich direkt an solchen Bewegungen aktiv und umfangreich beteiligen und solchen, die mit diesen sympathisieren oder sie nur am Rande aktiv unterstützen; die zweite Gruppe ist sicherlich wesentlich größer und soll deshalb hier vorrangig interessieren. Jugendbestimmte Protestbewegungen lassen sich, so meine ich, in einer Hinsicht direkt gleichsetzen mit anderen jugendlichen Sub- oder Gegenkulturen: Sie sind Quelle von Kultur, von Stil, es lassen sich bestimmte Musikgruppen, Kleidungsstücke und Symbole einer jeden Protestbewegung zuordnen (Latzhose oder Lederjacke, lila Halstuch, peace-Zeichen und der Hausbesetzer-Blitz). Dies gilt unabhängig von der direkten Teilnahme an der Bewegung, die Accessoires einer noch so oppositionellen Bewegung werden verbreitet und verfügbar gemacht als Waren, hierzu mehr in der dritten Annäherung. Gerade für diejenigen, die sich nicht aktiv beteiligen (können, wollen, dürfen), sind diese Zeichen wichtig: Sie zeigen eine Zugehörigkeit an, und da ist ein gekritzeltes Friedens-Täubchen auf dem Schulheft u. U. ein wichtiges Symbol, für die eigene Person und für andere. Der Unterschied zu den Sub- und Gegenkulturen dürfte in den konkreten politischen und gesellschaftlichen Inhalten und in der Tatsache, daß Entscheidungen jetzt ("subito" hieß es in Zürich) verlangt sind, liegen; Protestbewegungen sind, zumal als Massenbewegungen, im Zentrum der gesellschaftlichen Auseinandersetzung, können wohl auch nur da existieren. Sie stehen damit unter einem anderen Erfolgszwang, müssen sich beweisen in ihren konkreten Äußerungen und in Erfolgen.

3.4. Der Ansatz an der Lebensgeschichte

3.4.1. Psychoanalyse als kritische Interaktionstheorie

Die Entwicklung des Individuums hat in der psychoanalytischen Sichtweise immer einen endogenen Faktor, eine biologische Grundlage. Allerdings bestimmt nicht diese biologische Komponente den Entwicklungsprozeß, sondern das Zusammenspiel von inneren Bedürfnissen, die sich in reiner Form kaum untersuchen und in sprachlichen Systemen ausdrücken lassen, und der Umwelt ist Bedingungsfaktor der Entwicklung. Wenn hier als Umwelt zunächst die den Säugling pflegenden und aufziehenden Personen verstanden werden, deren Verhaltensweisen allerdings sozial geprägt sind, läßt sich Psychoanalyse demnach als *Interaktionstheorie* auffassen. Diese hat den Anspruch, allgemeingültige, über jeweils historische Formationen hinausgehende Aussagen zu machen; das setzt voraus, den konkreten Menschen einer historischen und sozialen Formation nicht in falscher Abstraktion als "den Menschen" schlechthin aufzufassen; wenn überhaupt, so kann nur ein eher vorsichtig formuliertes "Menschenbild" zugrundegelegt werden. Wenn *Marx* den Menschen schlechthin als "werkzeugerzeugendes Tier", einer Definition von *Franklin* folgend, charakterisiert, so ist bei *Freud* die Bezeichnung als "Lustsucher" entsprechend (vgl. hierzu *Dahmer* 1973, S. 124 - 192, bes. S. 161 f). Ein genauer gekennzeichnetes Menschenbild ergibt sich erst durch die Analyse der Krankheits- und Entwicklungsgeschichte konkreter Menschen in den jeweils konkret geltenden historischen sozialen Bedingungen. *Schneider* (1973) dagegen sieht die soziologische Stärke der Psychoanalyse gerade in "ihrem blinden historischen und soziologischen Gehalt", in "ihrer individualistischen Borniertheit", die einen wissenschaftlichen "Reflex der Psychologie des bürgerlichen Individuums, des 'vereinzelten Einzelnen'" (S. 36), ermögliche. Inwiefern die Psychoanalyse geschichtliche und soziale Faktoren als solche begreift, ist deshalb umstritten und dürfte global nicht entscheidbar sein. Im Zusammenhang dieser Arbeit wird Lustgewinnung, Lustunterdrückung als jeweils historisch verschiedene Ausformung eines anthropologischen Tatbestandes - die Menschen als Lustsucher - verstanden. Als allgemeine Theorie bewahrt die Psychoanalyse, als Ausnahme dieser Regel sind beispielsweise Aussagen von Erikson zu nennen (siehe weiter oben), eine kritische Distanz gegenüber der Kultur, der Gesellschaft; Ideologie, insbesondere die Religion werden in ihrer Geschichtlichkeit analysiert (vgl. *Dahmer*, a.a.O.) Hiermit ist zunächst begründet, weshalb psychoanalytische Überlegungen in diese materialistisch orientierte Untersuchung mit eingehen: Neben der Kritik der Politischen Ökonomie als Theorie der gesellschaftlichen Verhältnisse, die aus der Produktionsweise der Menschen resultieren, ist die Psychoanalyse zumindest potentiell eine kritische Theorie der Interaktion, der Sprache, damit des Bewußtseins. *Seve* spricht von der möglichen Assimilation psychoanalytischer Begriffe durch den historischen Materialismus, verneint aber die Möglichkeit, daß die Psychoanalyse die "vom Marxismus verlangte Theorie der Persönlichkeit oder nur deren Grundlage" sein könne, was er damit begründet, daß die gesellschaftliche Arbeit in der Psychoanalyse nicht berücksichtigt sei (*Seve* 1973, S. 167). Im Sinne einer Assimilation psychoanalytischer Theorie durch den historischen Materialismus soll die theoretische Verknüpfung beider Modelle versucht werden.

Es kann hier nicht ungesagt bleiben, daß mit dieser Verknüpfung Probleme auftreten, die seit Jahrzehnten diskutiert werden in einer mitlerweile fast unüberschaubaren Menge an Literatur. Diese konnte nur teilweise bearbeitet werden <8>, ein kleinerer Teil wird hier im Text herangezogen, wo dies sinnvoll erscheint. Es gibt Versuche, eine Sozialisations-, Sprach- oder Bewußtseinstheorie ohne Heranziehen der Psychoanalyse zu entwerfen, was scheinbare Widersprüche vermeidet, methodisch einsichtig, insgesamt "schnittiger" wirkt <9>. In den für diese Arbeit zentralen Komplexen der Sozialisation und Kulturproduktion bzw. -rezeption scheinem mir psychoanalytische Überlegungen jedoch unverzichtbar zu sein: die Entwicklung der Sexualität, der interpersonalen Beziehungen, die Beziehung zu Objekten bzw. deren Besetzung mit (Lust-) Gefühlen, die Entwicklung von Identität und Sprache läßt sich mit einem "rein" marxistischen Instrumentarium nur unzureichend beschreiben - es entstehen Analysen, die der Wirklichkeit nicht gerecht werden. Ein Insistieren auf "rein" marxistische Analyse kann dazu führen, daß diese Analyseinstrumente stumpf werden in der Kulturkritik, daß die Ergebnisse derartiger Untersuchungen langweilig und "platt" werden. <10>

In den folgenden Abschnitten werden ausschnittartig psychoanalytische Überlegungen hinzugezogen: Sozialisation wird als Interaktionsprozeß zwischen "Mutter" (oder einer äquivalenten Bezugsperson) und Kind betrachtet (3.4.2., unter Berücksichtigung der Überlegungen von *Krovoza* und *Lorenzer*). Zur Sozialisation des Jugendalters wurde *Eriksons* Konzept bereits weiter oben referiert und kritisiert (3.2.3.), eine Fortsetzung dieser Kritik ergibt sich in dem Abschnitt 3.4.3. bei der Formulierung des lebensgeschichtlichen Zugangs zu einer Sozialisationstheorie des Jugendalters, in der die Beschreibung eines "neuen" narzißtischen Sozialisationstyps und das Konzept der "repressiven Entsublimierung" als Folge einer neuartigen Ich-Entwicklung (bzw. Ich-Ideal-Bildung) dargestellt werden.

3.4.2. Reproduktion durch Interaktion

Um grundlegend die Notwendigkeit und Wirkungsweise von Sozialisation bestimmen zu können, ist zunächst eine historische Differenzierung notwendig. *Krovoza* (1976) stellt die These auf, daß Sozialisation im "geläufigen Sinne" erst in kapitalistischen Gesellschaften auffindbar ist als "kritischer Prozeß", in dem der einzelne unter "divergierende Anweisungsstrukturen und Verhaltenszumutungen" (S. 34f) gerät. Sozialisation als "Metaebene gegenüber der Einübung konkreter Techniken und Verhaltensweisen, die sich gleichwohl durch sie vermittelt" (S. 38), wird bei kapitalistischer Produktionsweise zu einem "labilen Prozeß" durch die "Sozialstruktur, auf die er bezogen ist." (ebd.)

> Die Widersprüchlichkeit und Zerissenheit der bürgerlichen Gesellschaft macht gesamtgesellschaftlich 'sekundäre Homogenisierung' und soziale Integration notwendig, wofür intrapsychisch 'funktionale Äquivalente' ausgebildet werden. (S. 48)

Zur "psychischen Ermöglichung" kapitalistischer Produktionsverhältnisse war - historisch im Übergang zur bürgerlichen Gesellschaft - das Aufbrechen überschaubarer Sozialgebilde und kontinuierlicher Lebenszusammenhänge notwendig. Persönliche Abhängigkeitsverhältnisse wurden zu Verhältnissen des freien Tausches unter "Gleichgeltenden", Produkte zu Waren (*Krovoza* 1976, S. 50). In kapitalistischen Gesellschaften entsteht somit "Sozialisation als lebensgeschichtlich identifizierbare, partiell absichtsvoll betriebene, von alltäglichen Lebensäußerungen und Sozialvollzügen unterscheidbare, subkulturell und institutionell verselbständigte Dauernotwendigkeit" (S. 67). Allerdings, so *Krovoza*s zweite Hauptthese, kann sich Sozialisation nur durchsetzen durch Gebrauchswertorientierung, sodaß gesamtgesellschaftliche Widersprüchlichkeit keinesfalls kompensiert werden kann (S. 69). Faßt man, um einen geschichtsmaterialistischen Begriff von Sozialisation zu erhalten, diese als "Produktion von Identität, Erfahrungs- und Verkehrsformen, i. e. Produktion 'subjektiver Strukturen' mit dem spezifischen Produktionsgegenstand 'innerer Natur'" (S. 94) auf, so erhält man einen Widerspruch zwischen dem "nicht-kumulativen" (S. 74) Produktionsprozess subjektiver Strukturen innerhalb einer Gesellschaft, die bestimmt ist durch kumulative, also nicht zyklische Produktion. Sozialisation erscheint als ein notwendiger Anachronismus, so könnte fast gesagt werden. Allerdings ist ein weiter Produktionsbegriff notwendig, wenn Sozialisation als Produktion aufgefaßt werden soll: statt einer Reduzierung auf technisch-instrumentelles Handeln, das lediglich der Reproduktion dinglicher Voraussetzungen des Gattungslebens dient, muß hier Produktion als "Hervorbringung und Veränderung der gesellschaftlichen Beziehungen und des gesellschaftlichen Zusammenhangs" verstanden werden, als "Prinzip von Geschichte selbst" (S. 104). Eine so verstandene Produktion von Verhaltensweisen, Einstellungen und Orientierungen unterliegt anderen Notwendigkeiten als die Produktion materieller Güter:

> Ohne ein offenbar nicht unterschreitbares Minimum an Wechselseitigkeit, Bedürfnisbefriedigung, Gebrauchswertorientierung und mimetischem Verhalten, die gemessen am gesellschaftlichen Realitätsprinzip ontogenetisch wie phylogenetisch Regressionsstufen darstellen und herrschender Verdrängung abgewonnen werden müssen, scheitert Sozialisation sensu 'Bearbeitung' innerer Natur, wie die psychoanalytische Kleinkindforschung überzeugend dargelegt hat. (S. 110)

Als in diesem Sinne erste "Produktionsstätte" ist die Familie zu nennen, die zugleich der Produktion und Vorqualifizierung der Ware Arbeitskraft, der psychischen Zurüstung für Herrschaftsverhältnisse und der Ausbildung von Organisationsmodi von Subjektbedürfnissen dient. Da der Rahmen der bürgerlichen Kleinfamilie zu eng gesteckt ist, um auf die komplizierten gesellschaftlichen Anforderungen allein vorzubereiten, bedarf es über die Familie hinaus weiterer Sozialisationsinstanzen und -institutionen, entstehen durch die unvermeidlichen Brüche im Übergang zwischen diesen "Traumatisierungen, Frustrationen projektiver Hoffnungen und Erfahrungsverlust" (S. 124). Wir werden später die Jugendphase als eine durch diese Übergangsspanne charakterisierte Periode näher beleuchten.

Die erste Sozialisationsinstanz, theoretisch noch weiter reduziert auf die "Mutter-Kind-Dyade", untersucht *Lorenzer*, wobei angemerkt ist, daß hier "Mutter" verstanden wird als die erste und hervorragende Bezugs- und Pflegeperson des Kindes. Der Entwicklungsprozeß wird als ein dialektischer aufgefaßt (1972, S. 29), die Mutter-Kind-Beziehung stellt keine einseitige Prägung dar (S. 38). Der "Ansatz des Subjektes (ist) der Niederschlag der Interaktionsformen" (S. 46); ein gesellschaftlicher Bezug ist insofern gegeben, als die Interaktionsformen der Mutter Ausdruck ihrer Erfahrungen sind und ihr Verhalten kulturspezifisch bestimmt ist (S. 47). *Lorenzer* bemüht sich, mütterliches Erziehungsverhalten gleichzusetzen mit der "Auseinandersetzung des Arbeiters mit der 'äußeren Natur'"; ist beim Arbeiter "die Form der Produktion und die Form des Produktes Resultat der Arbeit, so ist in der Mutter-Kind-Dyade die Interaktionsform (und letztendlich die Form der subjektiven Struktur des Kindes) das Ergebnis der mütterlichen Leistung." (S. 51) *Krovoza* (1976, S. 96ff) weist darauf hin, daß diese Homologisierung problematisch ist, da der "Stoffwechselaspekt" gegenüber dem Aspekt "wechselseitiger Bedürfnisbefriedigung" überbetont werde und von der Eigenaktivität des Kindes abstrahiert würde. (Vgl. zur Kritik an *Lorenzers* Analogisierung von mütterlicher Leistung und Arbeit auch *Ottomeyer* 1973, S. 40 ff) Lorenzer selbst allerdings schränkt ein, daß er hier einen abstrakten und ideellen Arbeitsbegriff von selbstbestimmter Arbeit zugrunde legt (S. 53).

In der weiteren Analyse der Mutter-Kind-Beziehung untersucht *Lorenzer* die Entstehung der Sprache als der deutlichsten Unterscheidung zwischen Mensch und Tier (S. 56, vgl. auch *Orban* 1973, S. 34 ff). Der Wahrnehmungskomplex des Wortes, von der Mutter in die Situation eingebracht, verschmilzt mit dem Wort; die "bestimmte Interaktion" und die Benennung dieser bildet die Einführungssituation des Wortes (S. 63f). Die Sprache ist das grundlegende Moment menschlicher Freiheit gegenüber tierischer Festgelegtheit, da "das gegliederte System der Objekt- und Subjektsymbole (...) die Welt instrumentell zugänglich" macht und somit kommunikationsgeregelte Praxis des einzelnen und der Gesellschaft (in Abgrenzung zu "kommunikationslosem Hantieren") ermöglicht (S. 81f). Durch ein "metasprachlich ersteigbares System der Bedeutungen" wird "Reflexion auf eigene Interaktionsformen" möglich, schließlich die Diskussion mit anderen Subjekten und damit die Einigung über geltende Handlungsnormen, "die allein man sinnvoll mit dem Begriff Freiheit verbinden kann". (ebd.)

Was bisher über die Mutter-Kind-Situation gesagt wurde, hat, um dies nochmals zu betonen, eine gesellschaftliche Basis, ist nur durch diese zu verstehen; systematische Brüche ergeben sich demnach für die Mutter-Kind-Dyade in einer widersprüchlichen Gesellschaft. Die größte Bedeutung hat hier die Entstehung von Klischees, die sich aus der Widersprüchlichkeit mütterlicher Praxis ergibt durch "Interaktionsformen, die unter Zwang aus der Sprache ausgeschlossen, zugleich aber als Interaktionsformen fixiert werden". (*Lorenzer* 1972, S. 133) Durch das unbewußte Verhalten der Mütter, durch das Gegenüberstehen symbolvermittelten und klischeehaften Verhaltens (S. 135) findet eine Vermittlung "gesellschaftlich gültiger Formeln des Interaktions- und Sprachspiels" (S. 141) statt:

> Die Sozialisationspraxis der Mütter ist Realisierung von Handlungsentwürfen, die sich in gesellschaftlicher und d. h. historisch-materieller Praxis bilden. Was für die Vermittlung von 'unproblematischen' Interaktionsformen gilt, gilt in verstärktem Maße noch für die Vermittlung von Widersprüchlichkeiten, die dem klischeebestimmten Verhalten zugrunde liegt. Gerade die Blindheit klischeebestimmten Verhaltens beim Kind und - vorangehend - bei der Mutter weist ja ausdrücklich darauf hin, wie sich über die Köpfe der Subjekte hinweg objektive Strukturen durchsetzen: als unbegriffene Widersprüche in Interaktionsformen und zugehörigen Symbolen und als Dissonanz zwischen dem Sprachspiel und den unbewußt anhängenden Klischees, die zusammen die herrschende Interaktionspraxis ausmachen." (ebd.)

Gerade die Unbewußtheit von Verhaltensklischees ist Ursache ihrer "fatalen" Wirkung: Sie machen die Subjekte disponibel im Dienst einer bestehenden Ordnung, blockieren Diskussionen über die Handlungsnormen, die dem betreffenden Verhaltenskomplex angehören und verhindern somit eine Verbindung zum bewußten Verhalten. Auf höherer Abstraktionsstufe läßt sich sagen, daß "der Widerspruch zwischen klischeebestimmtem Verhalten und symbolisch vermitteltem Handeln (...) ausbeutbar (ist) als ein die bestehende Ordnung zementierender Sozialisationsfaktor." (143)

3.4.3. Aktuelle Sozialisationsbedingungen: Der narzißtische Sozialisationstyp

Wenn wir unser Bemühen fortsetzen, den lebensgeschichtlichen Zugang zu einer Sozialisationstheorie zu gewinnen, so orientieren wir uns in diesem Abschnitt stärker an den Arbeiten, die sich mit der Entwicklung von Triebzielen, Befriedigungsmodi, mit psycho-sexueller Entwicklung also, beschäftigen; in gewisser Weise werden die Überlegungen von *Lorenzer* und *Krovoza*, die gesellschaftliche Entwicklungsbedingungen von Subjektivität im allgemeinen ableiten und (etwa mit dem Theorem des Klischees) Deformationen von Sprache und Erkenntnis begründen, hiermit konkretisiert, weil die gesellschaftliche Basis, auf der jede Lebensgeschichte zu analysieren ist, hier konkreter betrachtet werden soll. Andererseits wird aber in diesem Abschnitt ein anderer Schwerpunkt gewählt: weniger die Entwicklung von Begriffen, der kognitive Aspekt, vielmehr die Entwicklung der internen "Antriebspotentiale", Orientierungsmuster und emotionalen Grundstrukturen werden hier betrachtet. Der theoretische Grundansatz allerdings bleibt der selbe: Sozialisation wird aufgefaßt als ein Interaktionsgeschehen, das sich zuerst abspielt in der Kernfamilie, die funktional abhängig ist von gesellschaftlichen Prozessen. Als das zentrale Thema dieses Interaktionsgeschehens wird die Entwicklung der Triebe betrachtet. "Knotenpunkt menschlicher Sozialisation und darum 'Kernkomplex der Neurosen' ist die Brechung der ödipalen Triebwünsche." (*Dahmer* 1973, S. 74) Psychoanalyse ist insofern "klassische" Sozialisationstheorie, als sie in der therapeutischen Rekonstruktion von Kindheit und Kindheitserlebnissen ihr Behandlungsmodell und ihr theoretisches Gerüst sieht (vgl. ebd., S. 76 ff). In ihrem Zentrum steht die Triebtheorie, wobei die Triebe eine eigenartige Zwischenposition einnehmen:

> Den Trieb, den wir wohl spüren als Drängen wie als 'Widerstand', können wir gleichwohl nicht 'an sich' fassen; er bleibt Sendbote aus dem 'inneren Ausland', das für uns nur indirekt sich erschließen läßt. (...) Ist der 'Trieb' ein Grenzwesen, so ist die 'Psyche' selbst ein Intermedium. Den intermedialen Charakter des Psychischen, worin Menschennatur Geschichte, Geschichte 'zweite Natur' wird, reflektie-

> ren die leitenden Begriffe der *Freud*schen Metapsychologie. Die Inkonsequenz im
> Gebrauch des Triebbegriffs hat ihr fundamentum in re. (*Dahmer* 1973, S. 82f)

Der Trieb ist demnach nicht, wie es oft verkürzend heißt, eine im "Es" angesiedelte, quasi naturgegebene Energie, er wird wirksam auf dem "Wege von der Quelle zum Ziel" (*Freud*, GW XV, S. 103, zit. nach Dahmer 1973, S. 84). Insofern ist der Trieb offen für eine Modifizierung durch Erfahrung, wird ihm sein Schicksal aufgeprägt; erfahrene Befriedigung macht ihn konservativ und läßt ihn nach Wiederholung streben. Die Struktur menschlicher Triebe ist das Ergebnis von Sozialisation, in ihr werden Triebziele mit tradierten Normen verlötet, indem sie auf ihre Objekte stoßen. "Der Trieb erfährt vom Objekt her seine Bestimmung, das Bedürfnis erwächst erst an seinem Gegenstand." (ebd., S. 85, vgl. auch *Lorenzer* 1972, S. 87)

Eben das dialektische Verhältniss zwischen "Es" und Gesellschaft, das sich in den Trieb"schicksalen" der Menschen niederschlägt, ist der Untersuchungsgegenstand kritischer psychoanalytischer Sozialisationsbetrachtungen; inwiefern gesellschaftliche Entwicklungen sich niederschlagen in Objektbesetzungen, inwiefern die somit produzierte Subjektivität der Menschen funktional ist für eine gegebene, also für die bürgerliche Gesellschaft, soll hier untersucht werden. Hierzu soll kurz der soziologische Hintergrund der *Freud*schen Untersuchungen dargestellt werden, vor dem dann die aktuellen Untersuchungen referiert werden. *Freud*s Patienten entstammten in der überwiegenden Mehrzahl der Wiener Oberschicht zu Beginn dieses Jahrhunderts; Mitglieder der Arbeiterklasse und der unteren Mittelschicht konnten sich eine psychoanalytische Kur schlicht nicht leisten (vgl. *Schneider* 1973, S. 93, *Dahmer* 1973, S. 195 ff), wodurch in die Analysen *Freud*s bereits eine "Filterung" durch seine Klientel einfloß. *Dahmer* stellt darüberhinaus inhaltlich fest, daß für *Freud*s Theorie "das moderne bürgerliche Individuum als Naturkategorie, nicht als soziale" (1973, S. 200) galt. Das Verhältnis der Individuen zueinander war für *Freud* nicht gesellschaftlich bestimmt, erschien vielmehr als Privatsache, die "psychologistische Gesellschaftsinterpretation ist die Anschauung des *common sense*, wie sie an der Erfahrung des Tauschverkehrs sich bildet." (S. 206) Das starke bürgerliche Individuum war Patriarch in der eigenen Familie und unabhängiger Unternehmer in einer Zeit, die noch von Konkurrenzkapitalismus, ursprünglicher Akkumulation des Kapitals und überschaubaren Unternehmensstrukturen bestimmt schien; insbesondere der Handel war nicht in Händen von Monopolen. Die typisch-bürgerlichen Tugenden, vor allem die Sparsamkeit, hatten noch eine materielle Basis in ihrer materiellen Notwendigkeit:

> Die von Max *Weber* als Inbegriff kapitalistischer Vergesellschaftung kenntlich gemachte Tendenz zur kalkulatorischen Rationalisierung aller Lebensbereiche setzt sich auch in den Menschen selbst durch: ihre Seele wird 'Kaufmannsseele', das

Ich ein Buchhalter, die Psychologie zur Betriebswirtschaftslehre des individuellen Lebensbetriebs, zur seelischen Ökonomie. (*Dahmer* 1973, S. 222)

Eine starke Vaterposition innerhalb der Familie, daraus resultierende, deutlich wahrnehmbare und ausgelebte Ödipus-Komplexe, ein eher anal geprägter Sozialisationstyp, so läßt sich in Schlagworten die für die *Freud*sche Analyse grundlegende Ausgangslage beschreiben; die Schlagworte sollen gefüllt werden durch die Charakterisierung eines anderen Typs, der sich aus der aktuellen gesellschaftlichen Situation der Menschen eher zu ergeben scheint als der "klassische".

Ende der siebziger Jahre wurde in einschlägigen Kreisen vehement der von Thomas *Ziehe* postulierte "Neue Sozialisationstyp", kurz NST genannt, diskutiert. Allerdings waren grundlegende Überlegungen von *Ziehe* gar nicht so neu; so haben bereits *Horkheimer* und Mitarbeiter 1956 einen Wandel der innerfamiliären Position des Vaters diskutiert, 1964 ähnlich von *Mitscherlich* (vgl. den kurzen Überblick in *Richter* 1969 (Original 1963), S. 63ff), 1964 erschien vom selben Autor *Auf dem Weg zur vaterlosen Gesellschaft* (vgl. auch den Überblick in *Horn* 1972, S. 40 ff). In all diesen Arbeiten wurde ein Autoritätsverlust des Vaters konstatiert, der aus der veränderten gesellschaftlichen Lage, aus einem "Schrumpfen von Konkurrenz und freiem Unternehmertum" (*Horkheimer* et. al., *Soziologische Exkurse*, Bd. IV 1956, zit. nach *Richter*, a.a.O., S. 65) begründet wurde. Auch Herbert *Marcuse* geht in seinen Überlegungen zur "repressiven Entsublimierung", die hier referiert werden, von einem veränderten soziologischen Hintergrund für psychoanalytische Untersuchungen aus. *Marcuse* legt zugrunde, daß Sublimierungen, also Triebumlenkungen und Triebverzicht zugunsten kulturschaffender Aktivität in der Menschheitsgeschichte notwendig sind, um die Beherrschung der Naturkräfte weiterzuentwickeln (*Marcuse* 1968 b, S. 9); er erhält damit einen qualitativen und quantitativen Maßstab, mit dem er Sublimierungen qualifzieren kann. Die Entwicklung der Produktivkräfte, die immens entwickelte Produktivität der Arbeit läßt Sublimierungen in modernen Gesellschaften zu einem Großteil überflüssig werden. Allerdings wird der geschaffene Reichtum nicht zu einer Verringerung der Sublimierungen genutzt, vielmehr wird der Konsum künstlich angeheizt in einer "gesellschaftlich notwendigen Verschwendung" (*Marcuse* 1967, S. 69), weil die Struktur einer "kranken" Gesellschaft eine rationale Nutzung der produktiven Möglichkeiten nicht zuläßt:

> Eine Gesellschaft ist krank, wenn ihre fundamentalen Institutionen und Beziehung (d. h. ihre Struktur) so geartet sind, daß sie die Nutzung der vorhandenen materiellen und intellektuellen Mittel für die optimale Entfaltung der menschlichen Existenz (Humanität) nicht gestatten. Je breiter die Kluft wird zwischen der möglichen und der tatsächlichen menschlichen Verfassung, desto größer wird das Bedürfnis nach dem, was wir 'zusätzliche Repression' genannt haben, das heißt: Triebunterdrückung, die nicht der Bewahrung und Entfaltung der Kultur dient, sondern dem

sanktionierten Interesse am Fortbestand der etablierten Gesellschaft. (*Marcuse* 1968a, S. 11)

Vor diesem Hintergrund ist die Vorstellung einer "repressiven Entsublimierung" zu sehen: Ein reiner Konsum um des Konsums willen, der von jeglicher individuellen Sinnhaftigkeit befreit ist, bloßer "Konsumfetschismus" ist ebenso unter den Begriff zu subsumieren wie eine zwanghafte sexuelle Aktivität. Die repressive Entsublimierung ist gekennzeichnet von der Unfähigkeit des Bedürfnisaufschubs, sie "besteht (...) im Abbau der Ich-Leistungen, von denen aus das Individuum überhaupt erst über seinen Triebapparat verfügen könnte (...) Die Entscheidungen darüber werden an dieselben Instanzen abgegeben, die auch die kontrollierte Entsublimierung vornehmen und nunmehr anordnen, wie sich die Person von Augenblick zu Augenblick zu verhalten hat (...)" (*Reiche* 1971, S. 138 f). Klaus *Horn* hat in der Einleitung zu *Gruppendynamik und der 'subjektive Faktor'* (1972) eine inhaltliche Verbindung zwischen repressiver Entsublimierung und zunehmenden narzißtischen Tendenzen offengelegt. Repressive Entsublimierung sei die Tatsache, daß zwischen geleistete produktive Arbeit und (schichtspezifisch eingeschränkte) Möglichkeiten der Wunschbefriedigung kein "vom Subjekt her gestifteter kommunikativer, praktischer, d. h. politisch wirksam werdender Sinnzusammenhang treten darf" (*Horn* 1972, S. 38). Sowohl mit dem Begriff der repressiven Entsublimierung als auch mit dem Konzept eines narzißtischen Sozialisationstyps ist eine Einschränkung der Ich-Funktionen bei gleichzeitiger Übermacht eines "veräusserlichten und fragmentierten Über-Ich" (*Reiche*, a.a.O., S. 139) gemeint.

Ziehes Überlegungen zu einem Neuen Sozialisationstyp versuchen, das von Psychoanalytikern beobachtete vermehrte Auftreten narzißtischer Störungen und Schwierigkeiten im Umgang mit Jugendlichen (Untertitel der Arbeit: *Sind Jugendliche entpolitisiert?*) in Zusammenhang mit der Sozialisation unter akutellen Bedingungen zu bringen. Vor dem Hintergrund der Sozialisationsbedingungen im "ganzen Haus", einem vollständigen Haushalt, der nicht nur Reproduktions- sondern auch Produktionsaufgaben wahrzunehmen hatte und in dem mehr als zwei Generationen zusammenlebten, zeichnet *Ziehe* zunächst den Umbruch zur Kleinfamilie auf und leitet somit die historischen Ursachen für die Entstehung von "Jugend" ab. In einem weiteren Kapitel werden die besonderen Situationsbedingungen der Subjekte im Spätkapitalismus analysiert: Legitimationskrise des Staates, unmittelbare Bedürfnisbefriedigung durch reichhaltiges Warenangebot, infrastrukturelle Mängel im Reproduktionsbereich (Wohnen, Verkehr etc.) führen in der Konsequenz zur einem erweiterten Legitimationsbedarf bei gleichzeitiger Schwächung der "klassisch bürgerlichen Motivationsbasis"; das sich ergebende "Orientierungs-'Vakuum'" wird ausgefüllt durch "neue, triebstrukturell fundierte Bindung an die Welt der Konsum-

waren" (*Ziehe* 1975, S. 101). An aktuell sich entfaltenden Widersprüchen in spätkapitalistischen Gesellschaften stellt *Ziehe* heraus:
- ständig erhöhte Tauschwertproduktion und Intensivierung der Arbeitsbelastung
- wachsende materielle Möglichkeit zum Warenkonsum bei gleichzeitiger psychischer Unmöglichkeit für die Konsumenten, ihre sinnlichen und geistigen Fähigkeiten zu entfalten
- steigende Ansprüche an die infrastrukturelle Versorgung im Reproduktionssektor und gleichzeitige Verschlechterung dieser
- "Labilisierung des Kapitalzusammenhangs" und "Labilisierung der Widerstandsfunktion", die bisher nicht den Kapitalinteressen untergeordneten Lebensbereichen entstammt (a.a.O., S. 103)

> Die Widersprüchlichkeit der gezeigten Veränderungen ist nicht nur eine zwischen umfassenden gesamtgesellschaftlichen Entwicklungsrichtungen, sondern sie setzt sich bis in die Subjekte hinein fort und droht sie selbst zu 'zerspalten'. Am spürbarsten dürfte sich dies als Widerspruch zwischen dem Muster disziplinierten Verhaltens im Arbeitsprozeß und laßziven Verhaltens im Konsumbereich niederschlagen. (S. 104)

Der von *Ziehe* beschriebene gesellschaftliche Hintergrund seiner Theorie ist hier nur stark verkürzt wiedergegeben worden, weil an dieser Stelle insbesondere das konkrete Sozialisationsgeschehen von Interesse ist. Allgemein gesprochen wird die These aufgestellt, daß die elterliche Verunsicherung sich auf die Primärsozialisation der Kinder in der Weise auswirkt, daß ein neuer Sozialisationstyp in gesellschaftlich relevanter Zahl unter den Kindern entsteht, der sich insbesondere durch eine große Flexibilität auszeichnet, die ihm erlaubt, sich auf gesellschaftliche Veränderungen einzustellen (S. 109). In der Rezeption von *Ziehes* Arbeit war gerade die Frage, wie diese Flexibilität einzuschätzen ist, von besonderer Bedeutung (vgl. *Ziehe* 1979 b, S. 119), was nicht erstaunlich ist, da *Ziehe* selbst eine eher ambivalente Beschreibung des *NST* durchgängig aufrechterhält: Anpassungsfähigkeit an veränderte gesellschaftliche Bedingungen und somit die Möglichkeit von Weiterentwicklung des tradierten Normengefüges wird im gleichen Zusammenhang mit fehlenden "Elementen einer bislang stabilen Charakterstruktur" (1975, S. 109) umschrieben. Unabhängig von der Bewertung des *NST* wird dessen Entstehung aus der Analyse der Binnenstruktur der Familie gewonnen (S. 112), wobei natürlich gesellschaftliche Erfahrungen der Eltern, "vor allem Versagungen und der Mangel an Selbstbestätigungsmöglichkeiten im Arbeitsprozeß" (S. 113) in das familiale Interaktionsgeschehen hineinspielen. *Ziehe* nimmt an, daß die Abhängigkeit der Eltern vom Kind, der Versuch einer Kompensation von Versagungen und Verunsicherungen, insbesondere von der Mutter ausgeht: kleinere Familien, die Abwesenheit des Vaters durch dessen Berufstätigkeit, das gesellschaftlich niedrige "Prestige" von Hausarbeit, die i. d. R. geltende Abqualifizierung von weiblicher Lohnarbeit als bloßer "Zuarbeit" und die Isolation durch "urbane Zersiedlung" stellen ein hohes Maß psychischer Belastung für die Mutter dar, sodaß sie auf das Kind als affektive Stütze angewiesen ist (S. 115 ff). Diese "objektiven" gesellschaftlichen Ursachen der mütterlichen Dominanz für das Kind werden weiter unten unterstützt durch psychoanalytisch orientierte Aussagen zur Mutter-Kind-Dyade. Die Schwäche der Mutter, die sich aus deren gesellschaftlicher Verunsicherung ergibt, läßt verschiedene Ausprägungen des Mutter-Kind-Verhältnisses zu (*overprotection* als Möglichkeit, eine besondere Tüchtigkeit zu zeigen oder überzogen liebevolles Verhalten, um Schuldgefühle zu kompensieren, die aus mütterlicher Bindungsunfähigkeit gegenüber dem Kind resultieren), die jedoch eine ähnliche Konsequenz für das Kind, nämlich narzißtische Fixierungen, haben:

> Beide Interaktionsmodelle haben aufzeigen sollen, daß eine Mutterschwäche die Prädispositionen dazu schafft, daß sich die biopsychisch notwendige Mutter-Kind-Dyade als Bindungszwang auswirkt. (S. 119)

Im Stadium des ursprünglichen, primären Narzißmus, den *Grunberger* (1982, S. 29 ff) ableitet von der "paradiesischen" fötalen Phase, in der Versorgtsein, Sicherheit und Triebregulierung sich quasi automatisch ergeben, ist die kindliche Wahrnehmung beschränkt auf a) die Selbstwahrnehmung Wohlgefühl versus Mangel und b) die Wahrnehmung einer Abhängigkeit von der Mutter, wobei diese nicht personales Objekt, sondern als "gewährleistende Instanz eines Zustands, der dem intrauterinen nahekommt" (*Ziehe* 1975, S. 122), gesehen wird; in der Annahme einer Einheit zwischen Kind und Welt (besonders Mutter), in einem "ozeanischen" (*Freud*) Verbundenheitsgefühl kann das Kind den Verlust des fötalen Paradieses kompensieren. Das sich entwickelnde Selbst des Kindes hat hier seinen Ursprung und wird hier primär mit Energie besetzt, das "archaische" Grössenselbst zeichnet sich zunächst aus durch Wahrnehmungsverzerrung, durch die Unfähigkeit, Objekte zu erkennen, die erst durch die libidinöse Besetzung von Partialobjekten allmählich abgelöst wird (*Ziehe* 1975, S. 123). Eine oben begründete Angst der Mutter vor einer Lösung der Symbiose überträgt sich auf das Kind und behindert diesen Prozeß, wodurch eine ähnliche Konsequenz entsteht wie bei einem traumatischen Verlust des Mutterobjektes oder einer sonstigen traumatischen Unterbrechung des Prozesses, wie sie von *Kohut* (1975, S. 65) als Entstehungsbedingung narzißtischer Störungen angesehen wird, nur daß keine psychotische Entwicklung durch die Unterbrechung der Triebentwicklung, sondern eine spezifisch "narzißtische" (*Ziehe* 1975, S. 125) in Gang gesetzt wird. Die primärnarzißtischen Repräsentanzen des Mutter- "objekts" werden im Es quasi in ihrer archaischen Form konserviert, wobei die enge Beziehung zum Selbst erhalten bleibt. Da jedoch nicht alle Energien von dieser Beziehung Kind-Mutter absorbiert werden, kann Libido für die Besetzung von Objekten zur Verfügung gestellt werden, sodaß sich das Mutterobjekt verdoppelt

> in ein archaisches, primär-narzißtisch wahrgenommenes Mutterobjekt und in ein vom Selbst getrenntes, libidinös besetzbares Mutterobjekt. Das erste (...) bildet dann die Folie für die zukünftige Charakterentwicklung, wobei darüber hinaus mit Hilfe des zweiten Mutterobjekts eine Triebentwicklung grundsätzlich möglich ist. (ebd., S. 126)

Die geringere libidinöse Besetzung der Objekte - hier vor allem der Mutter - bewirkt neben der schwächeren Rolle des Vaters ein Ausbleiben der Ödipus-Situation, zumindest in der Schärfe der "klassischen" Sozialisation: Das Aufgeben ödipaler Impulse erfolgt eher aus einer Strategie der Vermeidung von Unlustgefühlen als aus der Anst vor der Rache des Vaters, der ödipale Konflikt bleibt unabgeschlossen. Somit werden die "Ziele" dieses Konflikts nur unzureichend erreicht: eine unbewußte Mutterbindung bleibt als primär-narzißtisch fundierte bestehen, die Identifizierung mit dem Elternteil gleichen Geschlechts findet nur unvollkommen statt, sodaß sich hieraus nicht die "erwünschte" Geschlechtsrollenidentität ergibt, und die Über-Ich Bildung kann nicht an der Bewältigung des Ödipus-Komplexes ansetzen, wodurch das Über-Ich "seine Strenge behält und dennoch an Einfluß verliert; d. h. der Konflikt zwischen den Forderungen des strengen Überichs und dem realen Ich-Verhalten verschärft sich." (S. 131)

Die oben dargestellen Probleme und Konstellationen der Primärsozialisation werden "akut" in der Phase der Adoleszenz, deren Aufgabe in der "klassischen Sozialisation" die Zusammenfassung der Partialtriebe unter dem Primat der Genitalität, die sekundäre Objektfindung und die Integration der Genitalität zu einem Ich-gerechten Charakterbestandteil ist. In der Voradoleszenz als direkter Folgephase der psycho-sexuell relativ ereignislosen Latenzphase bereiten die rasch erstarkenden Triebimpulse zunächst eine aus dem Konflikt mit dem Überich resultierende Angst, die sich bei Jungen in der Regel durch Angst vor dem anderen Geschlecht, bei Mädchen durch jungenhaftes Verhalten zeigt; dem verstärkten Triebdruck stehen noch keine neuen Triebziele gegenüber. Insgesamt erhalten die peers in diesem Alter eine besondere Bedeutung, der Verzicht auf die Eltern als Liebespartner wird vorbereitet. In der Frühadoleszenz vertieft sich die stärkere Orientierung an den Gleichaltrigen, feste, idealisierte und schwärmerische Freundschaften sind Ausdruck hiervon, die energetische Besetzung der Elternrepräsentanzen wird abgezogen. Die eigentliche Adoleszenz bringt zunächst einen Bruch mit den kindlichen Liebespartnern und ein Umlenken der Energie auf die eigene Person mit sich; erhöhter Selbstwahrnehmung steht eine verringerte Realitätswahrnehmung zur Seite, Empfindlichkeit und Egozentrismus sind Ausdruck der besonderen Bezogenheit auf die eigene Person, das Körper-Selbst erlangt eine gesteigerte Bedeutung. Die Umlenkung der Energien auf die Liebe zum anderen Geschlecht stellt den Abschluß dieser Phase dar; die Festigung der vollzogenen Entwicklung und die heterosexuelle Objektwahl ist die Aufgabe der Spätadoleszenz. (Vergl. zu diesem Komplex *Bopp* 1983, S. 41 ff; *Erikson* 1970, S. 131 ff; *Blos* 1973)

Der "Neue Sozialisationstyp", so steht zu vermuten, bringt diese "klassische" Adoleszenz in Unordnung, sodaß sich folgende Fragen stellen:
- die Frage der Bindung an das präödipale Mutterobjekt (bei der 'klassischen' Adoleszenz bezogen auf die Präadoleszenz);
- die Frage der Ablösung von den Eltern ('klassischerweise': Frühadoleszenz);
- die Frage der Besetzung des Selbst ('klassischerweise': eigentliche Adoleszenz);
- die Frage der nicht-inzestuösen Objektbeziehungen ('klassischerweise': Spätadoleszenz) (*Ziehe* 1975, S. 156)

Für den Neuen Sozialisationstyp läßt sich die phasenmäßige Einteilung der "klassischen" Adoleszenz in dieser Rigidität kaum durchhalten: die Mutterbindung ist keine an das aktuelle, sondern an das präödipale Mutterobjekt; eine Loslösung erscheint demnach nur teilweise möglich, die Energie bleibt z. T. gebunden und steht für die Ich-Bildung nicht zur Verfügung (a.a.O., S. 181), weshalb sich das Ich-Ideal auch weniger aus dem Ich als aus dem "grandiosen Selbst" bildet: es bleibt gegenüber dem Ich fremd, die Distanz kann nur überwunden werden durch eine phantastische Versöhnung, die herbeigeführt wird
 durch sekundäre narzißtische Besetzung des Selbst, durch Größenphantasien, mittels deren die archaisch-großartigen Forderungen ausgeglichen werden sollen. Der Konflikt kann auch mit Hilfe idealisierter Elternimagines abgewehrt werden, die in Gestalt realer oder imaginärer Führer sich repräsentieren. (*Horn* 1972, S. 56)

Triebunterdrückung, analer Zwangscharakter und daraus resultierende Autoritätshörigkeit sind, so scheint es, keineswegs die einzigen Charaktergrundlagen von möglichen faschistoiden Persönlichkeiten. *Ziehes* Überlegungen zu einer Verschmelzungsphantasie mit parasitär-aggressivem Charakter gehen in eine ähnliche Richtung: Übertragungen aus der archaischen Vorstellung der "bösen" Mutter, die Unlust vermittelte, auf die aktuelle Realität sind prinzipiell möglich, indem narzißtisch gebundene Aggressionen auf bestimmte Objekte projiziert, deren aggressive Züge dann introjiziert werden, um an der "aggressiven Allmacht teilhaben zu können." (S. 184f; vgl. auch iTrescher 1979, S. 97)

 Die Verschmelzung der aggressiven Züge des Ichideals mit den allmächtigen Objekten gibt dieser Form aggressiven Abwehrverhaltens im Extremfall einen stärker elementaren und archaischen Grad an Unterwerfung unter die Aggressoren und an eigener parasitärer 'Rücksichtslosigkeit' gegen 'Feinde', als dies beim autoritären Charakter der Fall gewesen ist. (*Ziehe* 1975, S. 185)

Es entsteht eine Ausbeutbarkeit des neuen Sozialisationstyps durch eine "Pseudo-Politisierung qua Regression", die zumindest als Potential im Auge behalten werden muß. Inwieweit hiermit ein Erklärungsansatz für die faschistoiden Anzeichen einiger Jugendkulturen (vor allem der "Skins") gegeben ist, kann an dieser Stelle nicht abschließend untersucht werden. Es scheint mir jedoch, daß der "klassische" Ansatz von Reich zur Analyse der psychologischen Massenbasis des Faschismus (*Reich* 1980), der ja im wesentlichen die Sexualunterdrückung in einer von kleinbürgerlichen Moralvorstellungen geprägten Gesellschaft thematisiert, in Bezug auf neofaschistische Tendenzen heute erweitert werden muß. (Vgl. z. B. auch *Paul* 1979, S. 165 f.)

Die zweite Art von Verschmelzungsphantasien, die *Ziehe* aufzeigt, ist weniger spektakulär, dafür hat sie eine gegenwärtig höhere Relevanz: Das Ich phantasiert "Allmachtsqualitäten" und versöhnt sich auf diese Weise mit dem Ich-Ideal, Konfliktabwehr durch Introjektion. Diese Abwehrform ist als Hintergrund zu "bestimmten Symbolen und Aspekten des warenästhetisch aufbereiteten Konsumangebots" und der "Beat- und Drogenszene" zu sehen (S. 186). Wir finden hier die Argumentation von *Reiche* zur repressiven Entsublimierung, die weiter oben aufgeführt wurde, wieder: Unter Umgehung der Vermittlungsleistungen des Ich findet die Verortung der Individuen im sozialen Raum und die Aneignung von Verhaltensweisen direkt statt; inwiefern dies vermittelt wird durch angeeignete Objekte - und das sind i. d. R. auch Waren - , inwiefern man also von einer Fernlenkung durch Verschmelzung mit "Warenbotschaften" sprechen kann, soll in der nächsten Annäherung untersucht werden. Es spricht jedoch einiges dafür, daß eine gewisse Disposition für diese Lenkbarkeit, *Ziehe* spricht von einer Tendenz zu Außenleitung, durchaus gegeben ist.

Neben der "Lösung" des Konflikts zwischen phantastischem und unrealistischem Ich-Ideal und schwachem Ich durch Verschmelzungsphantasien steht noch die "Lösung" durch Vermeidung von Unlust-Situationen als Möglichkeit an: indem genitale Beziehungen durchaus eingegangen werden, diese aber nicht eigentliche Objekt-Beziehungen werden, sondern an der Oberfläche verbleiben, wird die Gefahr vermieden, ein Objekt wieder zu verlieren, was für das unstabile Selbst des *NST* eine zu große Gefährdung wäre. Die Objektlosigkeit ist in diesem Sinne der denkbar beste Schutz vor dem Objektverlust, Beziehungslosigkeit schützt vor Beziehungsverlust. (vgl. *Ziehe* 1975, S. 161 ff)

Für den von *Ziehe* beschriebenen Sozialisationstyp erhält die Gruppe der Altersgleichen eine andere, noch stärkere Bedeutung als für den "klassischen" Typ: eben weil sein aus dem Größen-Selbst (und nicht aus dem Ich gebildetes) Ich-Ideal sich mit dem Ich kaum vereinbaren läßt, sind dauernde Introjektionen zur Stärkung von Größen- und Verschmelzungsphantasien notwendig; andererseits muß eine gewisse Unverbindlichkeit der Situation bestehen bleiben, um Konflikte zu vermeiden, die man nicht durchzustehen meint (vgl. S. 188 ff). Für den narzißtischen Sozialisationstyp stellt die peer-group einen "sozialen Uterus" dar: sie ist die Kulisse für die eigenen Auftritte, die anderen sind "Spiegel", in denen man sich selbst noch finden kann. Die Kultur der peer-group bietet mit ihren Kommunikationsmustern gleichermaßen Emotionalität, Subjektivität und Metakommunikation:

> Emotionalität, indem die Subkultur stark expressive Kommunikation toleriert und auch fördert; Subjektivität, indem der Kommunikation über eigenes Erleben ein absoluter Vorrang vor sog. 'sachlichen' Themen zukommt; Metakommunikation, indem man sich daran gewöhnt, eigenes Verhalten intersubjektiv zu interpretieren und zu kritisieren. (S. 193)

Wir werden in der folgenden Annäherung die Bedeutung von Musik für die Kulturen Jugendlicher näher beleuchten und auf diese Gedanken zurückkommen. An dieser Stelle soll noch auf die veränderte Sexualitätsentwicklung des NST gegenüber seinem Vorgänger eingegangen werden. Die allgemein beobachtbare Tendenz zu früheren ersten koitalen Kontakten, zu größerer sexueller Angstfreiheit interpretiert *Ziehe* vor dem Hintergrund seiner Annahme, der Neue Sozialisationstyp sei weniger an orgastischen Lusterlebnissen denn am Erleben symbiotischer Nähe interessiert:

> Angesichts der gesamtgesellschaftlichen Sexual-'Atmosphäre' und angesichts der psychischen Struktur des 'neuen Sozialisationstyps' ist Sexualität hier in ungleich stärkerem Maße mit unbewältigten Triebbedürfnissen, Verdrängungen, Ersatzhandlungen und Sublimierungen verbunden, als dies in der 'klassischen' Adoleszenz der Fall war. Sexualität ist nun weit eher als ein 'Mittel' zur Erreichung symbiotischer Aufgehobenheit und Gruppenanerkennung zu verstehen, wiewohl sie in ihrer Genitalität einer gesellschaftlich vorgegebenen Formbestimmung unterliegt und genügt. (*Ziehe* 1975, S. 200)

Die narzißtische Verklammerung jugendlicher Paare, die gegenseitige Stabilisierung suchen, sei häufiger zu bemerken als der von *Reiche* angenommene "Don-Juanismus" (S. 201); Angst vor Trennung und damit verbundener Selbstwertkränkung bestimme jugendliche Liebe. Eine verstärkte Reflexion auf die eigene Person, die leicht in dauerhaftes "Grübeln" übergehe, ein daraus resultierendes Verwertungsinteresse jeder Tatsache gegenüber, die darauf befragt wird, was sie der eigenen Person bringt, bestimmt die Motivationsstruktur des neuen Sozialisationstyps. Diese Charakterstruktur enthält sicherlich positive Aspekte: Die Orientierung an den eigenen Interessen, an der eigenen Person ist eben auch eine geringere Unterwerfung unter fremdbestimmte gesellschaftliche Interessen: *Schneider* (1973, S. 331) unterstreicht, daß der orale Charkter zwar unbefriedigter und der Warengesellschaft ausgelieferter sei als der anale Zwangscharakter, doch setze er dem repressiven Leistungsprinzip einen "oralen" Widerstand entgegen; die "Frustrationsintoleranz", die Unfähigkeit zum Triebaufschub, könne als Anzeichen einer neuen, "proletarischen Triebmodellierung" aufgefaßt werden, weshalb sich gerade Marxisten vor einer vorschnellen, die dem oralen Charakter innewohnenden Möglichkeiten ignorierenden Beurteilung des narzißtischen Sozialisationssyps hüten sollten. In diesem Sinne hinterfragt auch *Ziehe* die Definition von Ich-Stärke: hierunter sei auch eine

Annäherung II

Anpassung an gesellschaftliche Anforderungen gefaßt, die Ich-Stärke sei als eine Starre, die der Starrheit gesellschaftlicher Verhältnisse entspricht, in der Konzeption der Ich-Psychologie definiert. (*Ziehe* 1975, S. 215, vgl. auch die ähnliche Argumentation bei *Bruder-Bezzel/Bruder* 1984, S. 162 ff.) Auch *Reiche* hat in seinem Vorwort zur Taschenbuchauflage von Sexualität und Klassenkampf eigene Thesen zur Ich-Schwäche hinterfragt, indem er sein Konzept der "repressiven Entsublimierung" zurückführt auf die "Trauer um die Zerstörung des bürgerlichen Charakterideals" (*Reiche* 1971, S. 9). Es überwiegen jedoch auch bei *Ziehe* zunächst die negativen Aspekte der Ich-Schwäche, deren Chance in einer Aufarbeitung durch eine Gruppensituation liegt, in der die Beschränkung auf narzißtische Selbstspiegelung durchbrochen werden kann (*Ziehe* 1975, S. 223), wobei ein Rückgriff auf die "analytische Therapie narzißtischer Störungen" (S. 224) notwendig ist. Hiermit zeigt *Ziehe* klar, daß beim narzißtischen Sozialisationstyp eher von einer "Defektlage" (*Trescher* 1979, S. 95) als von einer zukunftsweisenden Chance ausgegangen werden muß.

> Es kann eine historische Situation konstatiert werden, in der die erörterten Gefahren der Identitätserstarrung und der Identitätsdiffusion ihre Wahrheit behalten - allerdings vorwiegend behalten auf zwei verschiedenen Ebenen; die Diffusionstendenz auf der 'gesamtgesellschaftlichen Ebene' treibt die Subjekte gerade in eine Gruppenabhängigkeit, die eine neue Erstarrungsgefahr auf der Gruppenebene zeigt. Gesamtgesellschaftlich ist die Situation durch die Erfahrung von kulturellen Brüchen, auf der Gruppenebene durch die Erfahrung von Verschmelzungserlebnissen bestimmt; gesamtgesellschaftlich handelt es sich um eine desorientierende Diffusionierung, gruppenbezogen um eine narzißtisch-angstbesetzte Erstarrung.(*Ziehe* 1975, S. 222)

Abschließend soll kurz auf die Kritik am hier referierten Modell *Ziehes* eingegangen werden, wobei die gesamte Fülle der vorliegenden Arbeiten nicht berücksichtigt werden kann. *Ziehe* selbst nimmt den umstrittenen Begriff vom Neuen Sozialisationstyp aus der Diskussion, weil dieser Mißverständnisse provozierte. (*Ziehe/Stubenrauch* 1982, S. 71)

> Die Narzißmusdiskussion handelt, in psychoanalytischer Begrifflichkeit, vom Selbst. Es geht um die Frage, ob es bei der individualgeschichtlichen Ausbildung eines Selbst zu einer historisch-kulturellen Verlagerung gekommen ist - einer Verlagerung, die der präödipalen Entwicklungsdimension des Selbst ein höheres Gewicht gibt als der ödipalen und nachödipalen Dimension. (ebd., S. 73)

Die Annahme einer prägenden Bedeutung der "präödipalen", also frühkindlichen Phase für die Jugendzeit ist Ansatzpunkt einer Kritik an *Ziehes* Überlegungen, die hier kurz referiert werden sollen, um die Mißverständnisse aufzuzeigen, die m. E. typisch sind für viele Kritiken: *Erdheim* begründet die Bedeutung der Adoleszenz in "heißen" Kulturen, d. h. von Hierarchien und ökonomischer bzw. militärischer Dynamik bestimmten Gesellschaften aus den unterschiedlichen Strukturen von Familie und Gesellschaft, analog etwa zu den Überleungen *Krovozas* und mit Einschränkungen auch Eisenstadts. Er wirft

Ziehe vor, für ihn stelle "die Adoleszenz eine bloße Wiederholung der frühen Kindheit dar" (*Erdheim* 1984, S. 283) und polemisiert:

> Der Übergang von der Familie zur Gesellschaft stellt sich ihm (*Ziehe*, K.H.) bruchlos dar: Der Spätkapitalismus produziert mit Hilfe der Familie die von ihm gebrauchten Charakterstrukturen und "wußte" folglich schon anfangs der sechziger Jahre, was in den Siebzigern vonnöten sein würde. (...) Die "Jugendunruhen" sind nicht auf die frühkindliche Erziehung zurückzuführen, und schon gar nicht auf narzißtische Schäden, sondern auf die Widersrprüche zwischen der Dynamik der Adoleszenz und den gesellschaftlichen Verhältnissen. Deshalb sind sie charakteristisch für alle Gesellschaften. (ebd.)

Demgegenüber ist m. E. festzustellen, daß für den narzißtischen Charakter eine spezifische, qualitativ zum klassisch-autoritären Charakter unterschiedliche libidinöse Besetzung des (Größen)-Selbst und eine relative Schwäche der Ich-Strukturen festzustellen ist, die aus der frühen Kindheit resultiert und die die emotionale Basis darstellt für die Ausformung der Adoleszenz. Die "eigentlichen" Aufgaben der Adoleszenz, die Bildung eines Weltbildes, die Identitätsfindung, die sexuelle Definition und Praxis der Individuen werden auf dieser Basis "gelöst", ohne daß die frühkindlichen Erfahrungen eine solche Lösung bereits darstellen würden; die Dynamik der Adoleszenz bleibt mithin auch für den *Neuen Sozialisationstyp* bestehen. Ebenso treten den Individuen die gesellschaftlichen Widersprüche in einer für die Adoleszenz spezifischen Schärfe (s. o.) gegenüber, wobei allerdings, so die These *Ziehes*, der Neue Sozialisationstyp anders auf sie reagiert, mithin eben nicht passiv bleibt als reines und alleiniges Produkt der frühen Kindheit. Gerade auch die "Jugendunruhen" zu Beginn der achtziger Jahre, etwa in Zürich, enthalten Momente einer Reaktion auf gesellschaftliche "Kälte", die als narzißtische Kränkung aufzufassen ist. Es geht also m. E. nicht um die Alternative prägende frühkindliche Erfahrung oder eigenständige Adoleszenz. Ebensowenig soll mit der Konzeption des *NST* behauptet werden, die gesellschaftlichen Widersprüche seien eliminiert, bestimmten die Adoleszenz nicht mehr. Auf die Frage "Sind Jugendliche entpolitisiert?" kann die Antwort nur heißen: Die Politisierung des Neuen Sozialisationstyps erfolgt nach anderen Organisationsformen, als dies für den "klassisch-autoritären Charakter" galt, oder sie erfolgt nicht:

> Unsere These ist: Gegen die zweckrationale, manipulative, beherrschende Weise menschlicher Tätigkeit im Umgang mit Natur und Gesellschaft, tritt eine - wie auch immer diffuse - Bewegung an, in der Welt- und Selbsterklärung - und nicht der missionarische Impetus der Fremdaufklärung- und Fremdrettung - bestimmende Prinzipien sind. Unmittelbarkeit, analogische, empathische, dialogische, erlebnisbestimmte Umgangsformen mit sich und der Welt werden angestrebt und ihre Behinderung wird als tiefe Verletzung empfunden. (*Ziehe/Stubenrauch* 1982, S. 274)

3.5. Zusammenfassung: Sozialisation im Spätkapitalismus

Die gesellschaftliche Realität ist heute in kapitalistischen Gesellschaften geprägt von Unsicherheit: Es ist für Jugendliche in der Ausbildungsphase kaum möglich, sich eine gesicherte berufliche Zukunft vorzustellen oder diese irgendwie geplant zu erreichen; darüber hinaus scheint die Existenz menschlichen Lebens überhaupt ungesichert zu sein. Allerdings betrifft die ungewisse berufliche Zukunft nicht alle Jugendlichen gleichermaßen: die Abstammung aus bestimmten gesellschaftlichen Schichten und Klassen und die damit verbundene schulische Qualifikation entscheiden mit darüber, wie schlecht die Zukunftsaussichten sind. Die Zukunft sieht bei aller Unterschiedlichkeit jedoch auch für die besserqualifizierten Jugendlichen aus den Mittelschichten nicht gerade rosig aus; auf einem anderen Niveau herrscht auch hier Verunsicherung: Eine "freie Berufswahl", die Verwirklichung im "Wunschberuf" ist heute für Jugendliche mit abgeschlossener Gymnasial oder/und Hochschulbildung nicht gegeben. Auch die klassischen Angestelltenberufe im Dienstleistungsbereich sind nicht "zukunftssicher": die Technisierung des Büros wird in den nächsten zwei Jahrzehnten gerade in diesen Bereichen menschliche Arbeitskraft weitgehend überflüssig machen. "Klassische" Sozialisation als Bestandteil sicherer und planbarer beruflicher Karrieren scheint es für Arbeiterjugendliche und auch für Jugendliche aus bürgerlichen Kreisen nicht mehr als alleinige und vorrangige zu geben. Neben der Vorbereitung auf die "Maloche" im Betrieb, wie in der zitierten Studie von *Willis* analysiert, sind andere sozialisatorische Grundbedingungen anzunehmen und werden, so steht zu vermuten, in neuartigen Sozialisationsabläufen sichtbar: Die Vorbereitung auf dauernde Ungewißheit, eine Orientierungslosigkeit, die ihre Schatten voraus wirft; dies gilt für fast alle Jugendlichen. Es steht zu erwarten, daß diese Situation verschiedenartig verarbeitet wird: Hauptschüler, die nur noch in die Schule gehen, um ihren Spaß zu haben und gleichzeitig Gymnasiasten, die besonders "motiviert" um Punkte ringen, um es klischeehaft zu umschreiben. Daß sich die aktuellen und gleichzeitig dauerhaften Krisenerscheinungen der spätkapitalistischen Gesellschaften in einer veränderten psychischen "Grundausstattung" der Menschen niederschlagen, wird sich noch zeigen.

Um den hier beschriebenen gesellschaftlichen Hintergrund für jugendliche Verhaltens- und Einstellungsmuster theoretisch zu bewältigen, ist das Konzept der Subkultur dem einer "Jugendkultur" vorzuziehen, da ersteres die klassenspezifischen Brechungen des Generationszuganges zur Realität eher aufarbeiten kann in einem differenzierteren und realistischeren Kultur- und Gesellschaftsverständnis.

Die Analyse der Lebensbedinungen Jugendlicher in der spätkapitalistischen Gesellschaft ermöglicht allein noch keine befriedigende Analyse von Sozialisation, da die Problematik der Produktion von Subjektivität nicht befriedigend erfaßt werden kann; hier erweist sich die psychoanalytische Theorie als kritische Interaktionstheorie als hilfreich: Ein wechselseitiger Bezug zwischen der individuellen Entwicklung und den gesellschaftlichen Rahmenbedingungen ist hier herzustellen; Sozialisation erscheint somit als Produktion subjektiver Strukturen unter den bestimmenden herrschenden "Produktionsbedingungen" eines zunehmend krisenhaften kapitalistischen Wirtschafts- und Gesellschaftssystems. Aus dem besonderen Produktionsgegenstand "subjektive Strukturen" bedingt sich ein nicht-kumulativer Produktionsprozeß, der sich in Widerspruch befindet zur kumulativen Produktionsweise in kapitalistischen Gesellschaften. Die Reproduktion der bürgerlichen Gesellschaft durch Sozialisation funktioniert aus diesem Grunde nur vermittelt; gesellschaftliche Strukturen setzen sich fort über die psychischen Strukturen der Eltern und die Interaktionsstruktur in der Familie. Mit dem Spracherwerb erschließen sich dem Kind Bedeutungen und damit Deutungsmuster; aus der Sprache ausgeschlossene Interaktionsformen lassen sich bewußt nur schwierig erfassen, klischeebestimmtes Verhalten verweist auf Widersprüchlichkeiten der gesellschaftlichen wie familialen Struktur.

Für die emotionale Grundstruktur des Kindes entscheidend ist die Besetzung des Selbst und anderer Objekte mit Lust- oder Unlustgefühlen. Wir können davon ausgehen, daß sich aufgrund der gewandelten gesellschaftlichen Stellung sowohl der Väter als auch der Mütter die vormals "klassische" bürgerliche Familienkonstellation und damit Sozialisation auf breiter Linie verändert hat: ein Bindungszwang im Mutter-Kind-Verhältnis und die relative Schwäche des Vaters lassen eine ödipale Konfliktsituation entweder gar nicht erst entstehen oder schwächen eine solche doch ab. Die primär narzißtische Energie wird ersetzt durch den Aufbau eines grandiosen Größen-Selbst und die Annahme eines übermächtigen Selbst-Objektes, zunächst der Eltern-Imago. Diesen archaischen, nicht "verarbeiteten" Strukturen steht ein relativ schwaches Ich gegenüber.

Zwar ist davon auszugehen, daß die mit dem Theorem des narzißtischen Sozialisationstyps beschriebenen Charakterstrukturen nicht für alle Jugendlichen gelten; das Bild einer narzißtischen Jugend wäre sicherlich falsch, zumal deutlich unterschieden werden muß von narzißtischen Erkrankungen, bei denen alle Energien narzißtisch besetzt bleiben, sodaß die Persönlichkeitsentwicklung insgesamt verhindert wird. Ich nehme jedoch an, daß sich durchaus als Tendenz für die charakterliche Disposition Jugendlicher einige Eigenschaften vermuten lassen, die in die kulturelle Praxis Jugendlicher dann auch als massenhaftes Phänomen Eingang finden dürften.

Die Verbindung der Theorien zum neuen Sozialisationstyp, die wesentlich aus der Analyse der familiären Sozialisationsbedingungen resultieren, mit der Analyse des generationsspezifischen Zugangs zur gesellschaftlichen Realität im Spätkapitalismus erweist sich als möglich und sogar sinnvoll: Es lassen sich vier Merkmale forumulieren, die die Jugendphase im Spätkapitalismus hauptsächlich charakterisieren.

1) Die *gesellschaftliche Unsicherheit* im Spätkapitalismus korrespondiert mit der *Auflösung "klassischer" Persönlichkeitsstrukturen*. Jugendliche befinden sich in einer Zwischenposition, in der sie real nicht unabhängig sind (Inferiorität), aber sich auf ein Unabhängig-Sein vorbereiten müssen. Diese Zwischenposition bedingt ein Suchen nach (lokalen und sozialen) Lebensräumen, in denen sie ohne Fremdbestimmung sein, die Unabhängigkeit vorweg nehmen können. Hieraus ergibt sich u. a. die besondere Bedeutung der Gleichaltrigen-Gruppen oder peer-groups. Bei dem Versuch, eine persönliche Perspektive zu entwickeln, werden Jugendliche heute mit der Schwierigkeit konfrontiert, daß die Zukunft von (Lohn-) arbeit ungewiß ist; das Entwickeln einer beruflichen Perspektive wird zunehmend unmöglich, was insbesondere für Jugendliche aus der Arbeiterklasse zurifft. Eine realistische "Bescheidenheit" und gleichzeitiger pragmatischer Pessimismus sind ebenso mögliche Konsequenzen wie langfristig die Verweigerung gegenüber den Verhaltenszumutungen der "Arbeitsgesellschaft". Parallel zur und teilweise als Resultat der Ungewißheit von Zukunft nimmt die Zukunftsorientiertheit der Jugendlichen ab: Die für den eher anal orientierten Charakter geltenden "Tugenden" wie Sparsamkeit und die Fähigkeit zu Bedürfnisaufschub, ja sogar zu Bedürfnisverdrängung sind nicht nur gesellschaftlich disfunktional geworden, sondern finden sich in der charakterlichen Grundausstattung Jugendlicher kaum noch wieder.

2) Sowohl der Versuch einer generationsspezifischen Verarbeitung der gesellschaftlichen Realität als auch die problematische Libido-Bindung an das eigene Ich *verstärken die Orientierung auf die peer-group*. Jugendliche werden mit gesellschaftlichen Problemen aufgrund ihres generationsspezifischen Zugangs zu gesellschaftlicher Realität in besonderer Schärfe konfrontiert; sie sind insofern auf die peer-group, die Altersgleichen-Kultur angewiesen, um gesellschaftliche Probleme zu bearbeiten, als die anderen Generationen anders, weniger oder gar nicht betroffen erscheinen. Auch Problemlagen, die alle Altersgruppen und Klassen einer Gesellschaft betreffen, werden durchaus generationsspezifisch unterschiedlich "bearbeitet", sodaß sich der Bezug zunächst auf die Altersgleichen verstärkt, insbesondere wenn sich neuartige Probleme ergeben. Auch aus

der eher oralen Organisation vieler Jugendlicher ergibt sich eine größere Bedeutung der peer-group, die sich allerdings nicht direkt in verstärkter Gruppenbildung niederschlagen muß, da an die Gruppe durchaus widersprüchliche Anforderungen gestellt werden: Zum einen soll die Gruppe die Funktion des "sozialen Uterus" erfüllen. In der Gruppe muß die permanente Lustzufuhr gesichert sein, sie muß Darstellungsmöglichkeiten des grandiosen Selbst bieten, muß Wärme, Zuneigung, ansatzweise Objektbeziehungen ermöglichen; die starken Ängste vor Verletzung des schwachen Ich, die narzißtischen Vermeidungsstrategien verhindern jedoch gleichzeitig tendenziell die Gruppenbildung und "echte" Objektbeziehungen bzw. bewirken Pseudo-Gruppenbildungen und Pseudo-Beziehungen. Es ergibt sich also das Paradoxon eines gesteigerten Bedürfnisses nach der Gruppe insbesondere der Altersgleichen (als Konsequenz sowohl des Generationszusammenhangs als auch der "narzißtischen" Bedürfnisse), das einhergeht mit einer gleichzeitigen Belastung dieser Gruppenzusammenhänge: Einerseits ist die Relevanz der peer-group für die Bewältigung gesellschaftlicher Problemlagen gering, andererseits lassen die narzißtischen Bindungsängste gerade komplexe Gruppenprozesse immer wieder scheitern. Vor diesem Hintergrund ist im weiteren vorrangig die Musik als ein mögliches "Bindemittel", das Gruppenbildungen dennoch ermöglicht oder sie zumindest simuliert, zu betrachten: Musik kann die symbolische Bewältigung der gesellschaftlichen Realität ausdrücken bzw. eine relativ angstfreie Annäherung der Jugendlichen ermöglichen, so sei hier vorweggreifend formuliert.

3) Sowohl aus der gesellschaftlichen Zukunftslosigkeit als auch aus der oralen Orientierung entsteht für Jugendliche eine verstärkte *Angewiesenheit auf Angstreduktion und Sinnstiftung*, die (scheinbar) von Ideologien und durch Konsum geleistet werden. Jugendliche sind um ein konsistentes Weltbild bemüht, das ihnen eine Verortung im sozialen Raum gestattet; dieses Weltbild ist in dem Maße instabil, wie die Zukunft schlechthin gefährdet ist, wie apokalyptische Visionen Realitätsgehalt gewinnen. Jugendliche sind (in kapitalistischen, "undurchschaubaren" Gesellschaften) auf eine Ideologie (*Erikson*) angewiesen, die inhaltliche und formale Bedingungen (Idole, Möglichkeit uniformierten Auftretens etc.) erfüllen muß. Sie muß aus der Existenzgefährung resultierende Angstgefühle verarbeiten oder verdrängen können. Der auf ständige Lustzufuhr angewiesene "orale Charakter" ist anfällig für Konsumanreize einer sexualisierten Warenwelt, auf "Sinnbotschaften". Hierdurch besteht permanent die Gefahr einer Außensteuerung.

4) Sowohl die zugespitzten Widersprüche im Spätkapitalismus als auch die zunehmende orale Orientierung Jugendlicher erfordern und ermöglichen alternative Orientierungen Jugendlicher, verlangen nach einer *Neudefinition von Lebenszielen und Lebensräumen*. Die Aneignug von Lebensräumen dokumentiert

sich auch in der Entwicklung gruppenspezifischer Interaktionsformen, einer eigenen Sprache und eines besonderen Stils, die informelle Gruppe ist hierfür die vorrangige Organisationsform. Die Interaktionsformen ermöglichen, Lebensräume zu besetzen und die gesellschaftliche Auseinandersetzung zu suchen; Provokation Andersdenkender, Action, Spaß ermöglichen auch in fremdbestimmten Lebensräumen wie Schulen, Einkaufszonen und Jugendzentren die Wahrung und Gewinnung einer eigenen Identität. Damit diese kulturellen Äußerungen jedoch eine politische Qualität erreichen können, bedürfen sie gesellschaftlicher Zielperspektiven und konkreter Ansatzpunkte und Aktionsformen. Auch die orale Orientierung auf unmittelbare Bedürfnisbedfriedigung, auch die "Ich-Schwäche" des "oralen Charakters" ist in diesem Kontext nicht nur negativ zu bewerten: Gerade die Verzichtsideologie und Umlenkung unterdrückter Triebenergie beim "analen Charakter" war ein probates Herrschaftsinstrument, und Ich-Stärke sowie abgeschlossene Identitätsbildung kann verweisen auf Starrheit der Persönlichkeit und Erstarrung im Denken. Die Labilität der Ich-Strukturen und das - derzeit sicherlich schlecht aufgehobene - Bedürfnis nach Lustzufuhr, nach Wärme kann jedoch auch Grundlage einer neuen Orientierung sein, die in der Überwindung der Arbeits- und "Leistungsgesellschaft" entsteht und entstehen muß und die Herrschaftsfreiheit und gegenseitige Bedürfnisbefriedigung als Prinzipien einer nachkapitalistischen Gesellschaft "psychisch" ermöglicht.

3.6. Exkurs: Liebe im Vakuum

> Denn wir sagen uns:
> In diesem traurigen Leben
> Ist die Liebe
> immer das Sicherste doch
> Und wir wissen ja:
> Es wird sie nicht immer geben
> Aber jetzt scheint der Mond
> über Soho noch
> B. *Brecht*

> Ich habe Augen
> weil ich dich sehe
> Ich habe Ohren
> weil ich dich höre
> Ich habe einen Mund
> weil ich dich küsse.
>
> Habe ich dieselben Augen und Ohren
> wenn ich dich nicht
> sehe und höre
> und denselben Mund
> wenn ich dich nicht küsse?
> E. *Fried*

Abends am Schreibtisch ist nichts zu schwer: In diesem Exkurs, der das Kapitel über die sozialisatorischen Bedingungsfaktoren heutiger Jugend abschließt, wird versucht, die Liebe zu behandeln. Zwar sträubt sich da manches: Hat dieses Thema in einer solchen Arbeit etwas zu suchen, was soll das mit Jugend, was mit Sozialisation zu tun haben? Und wenn auch der Zusammenhang klar ist, dann bleibt doch die Frage: Ist dieser Komplex hier überhaupt zu bewältigen? Ich kann die Einwände kaum entkräften, doch besteht nicht auch die Notwendigkeit, beim Versuch über jugendkulturelle Praxis die Liebe mit einzubeziehen? Welcher Lehrer, Jugendgruppenleiter, Sozialarbeiter wird nicht die Liebe, das Liebesbedürfnis unter Jugendlichen kennen, oft als Problem? Welches Thema wird bei Inhaltsanalysen massenmedialer Produkte, besonders der Musikindustrie, wohl an erster Stelle liegen? Es hilft nichts, hier müssen wir ran, auch wenn wir ein, dem Thema übrigens nicht unangemessen flaues Gefühl im Bauch haben. Glücklicherweise gilt für theoretische Arbeiten: Auch der gescheiterte Versuch ist nicht strafbar.

Zum Begriff der Liebe: Ich möchte mich in diesem Zusammenhang nicht auf den verkürzten Begriff der Sexualität einlassen, auch wenn dieser sicherlich bestimmter ist. Nur deckt er sich nicht mit "Liebe". Es ist mir andererseits nicht möglich, eine Definition für "Liebe" zu geben, auch sind solche Definitionen durchaus nicht unbedingt sinnvoll (vgl. z. B. *Sigusch* 1984). Ich bemühe mich jedoch um eine Eingrenzung, indem ich zwei Bedeutungsmomente des Wortes, deren Spannung untereinander für die Analyse fruchtbar ist, hier bereits andeute: Erstens steht "Liebe" für eine Befriedung der Menschen mit der sie umgebenden Welt, mit der Gesellschaft, die sie tagtäglich selbst reproduzieren. Die Liebe macht diese Welt erträglich, schafft eine "Überlebensmöglichkeit" durch Ignorieren und Ausgrenzen genau jener, gesellschaftlicher Faktoren, die zu erkennen, zu bearbeiten, zu verändern notwendig ist. Zweitens liefert der Begriff Liebe, jenes für die bürgerlichen Gesellschaften so typische Konzept, die Idee eines lebenswürdigen, schönen, "humanen" Lebens der Menschen, ist Liebe Utopie; eine Utopie allerdings, die nicht die zwei Liebenden alleine verwirklichen können. Liebe weist in diesem Sinne über die Liebenden, ja über die Liebe selbst hinaus. Liebe ist Durchdringung und Begrenzung.

Da hier nicht der Raum ist, in einer umfassenden, historischen Untersuchung zu diskutieren, wie sich Lebensformen der Menschen, etwa der Zusammenhang von Sexualität, Kinderaufzucht, Produktion und Reproduktion auf der einen und die ideologischen Entsprechungen, also Konzeptionen von Liebe, Treue, Familie etc. auf der anderen Seite entwickelt haben, müssen wir den Versuch wagen, die aktuellen Bedürfnisse und Befriedigungsmodi Jugendlicher zu beschreiben, und zwar im herrschenden gesellschaftlichen Zusammenhang, unter Berücksichtigung der herrschenden massenmedialen und warenästhetischen Prägungen des Begriffs und Konzepts "Liebe".

Dieses Kapitel wurde mit "Liebe im Vakuum" überschrieben, weil hierin der gesellschaftliche Zusammenhang angedeutet werden soll. Das Begriffspaar steht für Erfüllung versus Leere, Leben versus Tod, notwendige Abgrenzung gegen sonst lebensbedrohende Diffusion. Die Liebe, und in diesem Zusammenhang wird hierunter zunächst nur das auch sexuelle Verhältnis zwischen Menschen als gleichberechtigten Partnern gefaßt, ist damit ausgestattet mit dem Privileg der Einzigartigkeit, dieses "Privileg" allerdings wird der Liebe, so wird weiterhin behauptet, in der Konsequenz zum Verhängnis.

Als Charakteristikum der Jugendphase wurde das Bemühen um Identität, um ein geschlossenes Weltbild genannt, ein Weltbild, das die Frage nach dem Sinn beantworten können muß. Gerade dies ist jedoch zunehmend unmöglich geworden, weil erstens von einer sich verschärfenden Legitimationskrise bürgerlicher Gesellschaften (siehe *Habermas* 1975, vgl. dazu auch *Ziehe* 1975, S. 62ff) ausgegangen werden muß. Die Arbeit spielt eine, zeitlich gesehen, immer geringere Rolle, die Diskussion um eine angebliche Freizeitgesellschaft ist längst entfacht und weist hierauf hin. *Marcuse* benennt die Gefahren einer derartigen Freizeitorientierung im bestehenden System; die "Verlagerung des Lebenssinns in die freie Zeit" sei unter den herrschenden Verhältnissen ein unerträglicher Gedanke, mit der Konsequenz eines "massiv organisiert(en) Treiben(s) und

Umhertreiben(s) im immer engeren Raum, verwaltete Freiheit, verwaltete Kreativität" (*Marcuse* 1968a, S. 15). Die Schwierigkeit in der Wertsetzung und Sinngebung, damit in der Entwicklung eines funktionsfähigen, also geschlossenen Weltbildes, besteht zweitens gerade für Jugendliche, wie in den Überlegungen zum generationsspezifischen Ansatz dargelegt wurde. Indem die Gesellschaft als "Sinn-Vakuum", als Nicht-Heimat ohne gesicherte Perspektive, sowohl persönlich als auch global für die Menschheit schlechthin, erscheinen muß, wird Orientierung in der privaten Sphäre gesucht, wobei diese private Orientierung allerdings einer Wertehierarchie bedarf: Das höchste Ziel, etwa als "Glück, glücklich sein" zu umschreiben, braucht die Konkretion durch Liebe, Reichtum, Gesundheit, Sicherheit. Hierbei düften sich Jugendliche, erklärbar aus der adoleszenten Lebensphase, eher an der Liebe als Maßstab für gelungenes, glückliches Leben orientieren, als an Gesundheit, die in jungen Jahren ja in der Regel nicht gefährdet ist, oder an Sicherheit und Reichtum, die für Jugendliche direkt nicht erreichbar scheinen und die deshalb weniger greifbare Auswirkungen auf jugendkulturelle Praxis haben dürften.

Um die Begriffswahl weiter zu verdeutlichen, soll auf die beiden Aspekte personale Wahrnehmung und Privatheit versus Öffentlichkeit im folgenden näher eingegangen werden. In der Schule Klaus *Holzkamps* nimmt die Psychologie der Wahrnehmung eine zentrale Position ein - im ersten Kapitel wurde dies bereits teilweise referiert. Für die personale Wahrnehmung beschreibt *Holzkamp*, daß in bürgerlichen Gesellschaften die Menschen einander als Konkurrenten nach Maßstab ihrer "Leistungsfähigkeit" sähen und erlebten (*Holzkamp* 1976, S. 242ff), eine Wahrnehmung, die nur durch das begreifende Erkennen durchbrochen werden könne. Dieser personalen Wahrnehmung, die sich aus dem Produktionsbereich, jedoch auch aus Schule und Berufsausbildung ergibt, stellen die Menschen eine "rein private" personale Wahrnehmung entgegen, die sich auf persönliche Zuneigung, Sympathie, auch Liebe stützt. Diese stellen eine, zumindest gebrochene, Negation der Bedeutungen des produzierenden Menschen dar, das heißt, daß sie in ihrem Wesen nach kriterienlos und leer sind. Sie sind in ihrer Begründung angewiesen auf sekundäre, sachlich letztendlich beliebige äußerliche Kriterien wie Mode, Sprechweise etc. (a.a.O., S. 251). Die Beliebigkeit, die "materiell" unzureichende Basis dieser Sympathie-Gefühle macht, so *Holzkamp* thesenhaft, die Ähnlichkeit zwischen dem Subjekt und dem Objekt der personalen Wahrnehmung zur Voraussetzung von Sympathie, sodaß eine Zirkularität, ein wechselseitiges Sich-Bestätigen angenommen wird. Auch wenn ich diese These nicht teile, das Sprichwort von den sichanziehenden Gegensätzen, auch die Überlegung, daß ich mich an der Andersartigkeit eines sympathischen Menschen reiben, erkennen, profilieren, bestätigen kann, sprechen gegen die Annahme einer ausschließlich wirkenden Zirkularität, so ist doch der

Annäherung II 121

grundsätzlichen Behauptung Holzkamps zuzustimmen: Im scheinhaften Privatbereich fußt die personale Wahrnehmung auf einem wesentlich diffusen Konzept der Sympathie oder Liebe, wobei dieses Bindemittel als Basis für jahrzehntelanges Zusammenleben bei der Gründung einer Familie etwa ausreichen muß. Daß dies nicht gelingen kann, daß ein Scheitern von Beziehungen oder zumindest eine erhebliche Belastung dieser nicht vermeidbar ist, daß "Familie" damit ständiger ideologischer Unterstützung bedarf, daß darüber hinaus Befriedigung im Konsum, im Existenzaufbau oder in einer Fetischisierung der Sexualität gesucht werden muß, ist klar, denn unter dem

> Kreuz des Warenfetischs, unter der Diktatur des Tauschprinzips sind die gesellschaftlichen Beziehungen der Menschen wie Beziehungen von Ding zu Ding, von Sache zu Sache. In einer solchen Gesellschaftsformation sind die mitmenschlichen Beziehungen nicht einfach solidarisch, anständig, harmonisch, menschlich. Im schlechten Allgemeinen können die Beziehungen von Mensch zu Mensch nicht einfach gut sein." (*Sigusch* 1980a, S. 14)

Der Liebe, der Sympathie in der personalen Wahrnehmung haftet somit das Private an: Es gelten andere, private Kriterien und Normen gegenüber den "öffentlichen". Liebe ist privat, Arbeit ist öffentlich; in der Liebe zählt "das Herz", in der Öffentlichkeit das Hirn, die Macht, das Geld. Nicht, daß hier hochmütig geurteilt werden sollte, dazu bietet auch die Lebensgeschichte des Verfassers keinerlei Anlaß, vielmehr ist es doch so, daß mit dem "privaten Bereich" der Liebe für viele Menschen der spätkapitalistischen Gesellschaft die einzige Sphäre gegeben ist, die scheinbar überschaubar, verständlich ist und in der der einzelne Mensch überhaupt, als Subjekt wie Objekt, vorkommt, ungeteilt vorkommt. Die "private Sphäre" der Liebe bietet den einzigen Bezug des Individuums, der konkret faßbar und manipulierbar erscheint, wohingegen das gesellschaftliche Umfeld, Produktions-, Zirkulationssphäre, auch große Teile des Reproduktionsbereichs, denken wir nur einmal an das Wohnumfeld, an staatliche Verwaltungstätigkeit, wie ferngesteuert oder mit eigener Seele ausgestattet wirken, als "Megamaschine" existieren. Indem Liebe auf Sympathie setzt, indem die personale Wahrnehmung also in der "privaten Sphäre" nach anderen Gesetzen organisiert ist als im "öffentlichen" Bereich, ist die Gefahr gegeben, daß die Liebes-Sphäre als völlig losgelöst, als ein gegenüber der Außenwelt abgeschotteter, schutzwürdiger Schonraum erscheint, als Biotop in der Wüste. *Brückner* spricht von der "Härte im sizilianischen Alltag einer warenproduzierenden Nation", über den die "emotionalisierte Ehe, als 'Intimbereich' stilisiert", hinwegzutäuschen versucht (*Brückner* 1981, S. 39). Die Abschottung wird maßgeblich unterstützt vom veröffentlichten Bild der Liebe, das die Massenmedien alltäglich reproduzieren: Eine neue Liebe ist da gleich ein neues Leben, wie es ein Schlager wissen will, und es gibt viele ähnliche Beispiele.

Der pseudo-totale Charakter der Liebe wird weiterhin ermöglicht durch ihr bürgerliches Konzept: Liebe als Verkoppelung von Seele und Sinnlichkeit

(*Marcuse* 1973, S. 247); gleichzeitig werden so Seele (Synonym hier für Sinn, Streben nach Sinnhaftigkeit) und Sinnlichkeit (hier für Sexualität, Streben nach möglichst direkter Bedürfnisbefriedigung) entschärft, indem sie in einen rein privaten Zusammenhang gestellt werden. Die Ansprüche an die gesellschaftliche Totalität werden umgelenkt auf die private Schein-Totalität, die eine "falsche Totalität" ist, "in der das wirkliche Subjekt durch ein mythologisiertes Subjekt ersetzt wird" (*Kosik* 1967, S 58), das "System" objektiver Beziehungen", das das Subjekt bestimmt (ebd., S. 64), wird ausgeblendet. Ähnlich läßt sich das Konzept einer "universalistischen Liebe" kritisieren, die die Welt bewegen solle; ein Konzept, das sich als "Liebesgefühl, das selber nicht von Erkenntnis erleuchtet ist", an "seiner eigenen Vortrefflichkeit" sättigt; anstatt von Liebe zu den Opfern, vom Haß gegenüber den Tätern bestimmt zu sein, Parteilichkeit und daraus resultierende Praxis zu ermöglichen, wird die universalistische Liebe etwa zur "Menschheit" "zum Dunst eines neuen scheinaktiven Selbstbewußtseins", wie *Bloch* (1985a, S. 316) in seiner Kritik an *Feuerbach* formuliert:

> Er (*Feuerbach*, K.H.) entspannt die Liebe zur allgemeinen Gefühlsbeziehung zwischen Ich und Du, er offenbart den Ausfall jeder gesellschaftlichen Erkenntnis auch hier durch einen Rückzug auf lauter bloße Individuen und ihre ewig schmelzende Beziehung. (ebd.)

Gesellschaftliche Totalität ist über Liebe nicht erfaßbar, gesellschaftliche Harmonie nicht herstellbar, vielmehr geht die Widersprüchlichkeit "mitten durch" den liebenden Menschen: Zweigeteilt erscheint der Mensch *Puntilla*, zerissen im Widerspruch zwischen Seele (Liebe, Sexualität) und Geschäft (vgl. *Schneider* 1973, S. 198f), und in dieser Zweigeteiltheit wird er von *Brecht* vorgeführt, seziert. Zweigeteilt erscheint auch (in den Folgen des Jahres 1986 zumindest, für die Zukunft bleibt abzuwarten), jener bekannte *J. R. Ewing* aus der Serie *Dallas*, doch wird er hier kaum seziert, eher wird das Publikum hin und her gerissen, ebenso wie die arme *Sue Ellen*, oder war am Ende alles doch nur ein Traum? Die Verkoppelung von Seele und Sinnlichkeit als Konzept für Liebe, die "individuelle Geschlechtsliebe" als "freie Übereinkunft autonomer Individuen, die Gegenliebe beim geliebten Menschen voraussetzt und den sexuellen Umgang nur danach bemißt", in der "Liebesbeziehungen als Gewissensbeziehungen mit einer Intensität und Dauerhaftigkeit" verlangt sind (*Sigusch* 1980a, S. 12), ist ein Konzept, das erst in der kapitalistischen Gesellschaft entstehen konnte, ohne daß es hier einlösbar ist. Es ist den Menschen jedoch Desiderat, sie sind auf Liebe als Ausgleich von Verdinglichung und Entfremdung angewiesen (a.a.O., S. 15), doch mißlingt auch die Sexualität, an den gesteigerten Ansprüchen sich messen lassend, zunehmend. Die Entwicklung der Bedürfnisse und ihre Befriedigung ist ein historisch-gesellschaftlicher Prozeß, der für die Sexualität analog dem Hunger bestimmend ist (vgl. *Sigusch* 1980b, S. 120; *Marx/Engels* 1958, S. 28ff). Wenn sich Sexualität und Ware imer mehr angleichen, Waren sexualisiert auf dem Markt erscheinen, Sexualität als Ware in den Beziehungen der Menschen sich entfaltet (vgl. z. B. *Schneider* 1973, S. 283ff), wenn Menschen miteinander als "generalisierte Geschlechtswerkzeuge" umgehen und so Sexualität und Sinnlichkeit entmenschlichen (*Sigusch* 1980a, S. 19), so deutet dies alles auf ein Mißlingen von Sexualität und Liebe hin; doch sollte dennoch "die utopischemanzipatorische Dimension von Liebe und Treue in der Gattungsgeschichte der Menschen" von Belang sein (ebd.).

Und so ist bislang in diesem Exkurs weitgehend versäumt worden, das "hohe Lied" der Liebe anzustimmen, das utopische Moment herauszuarbeiten: Liebe "ist ohne Angst, Leere, Zwang und Scham. (...) Sie rettet Verlorenes als Gegenwart und schafft Zukunft aus dem Verlust. Nichts ist befreiender für die angespannte Seele, nichts belebender für die verhärtete, nichts stärkender für die kranke. Die Liebe macht die kleine Seele groß." (*Sigusch* 1980a, S. 11) Liebe ist nicht genuin privat, vielmehr kann sie als Prinzip nur ungeteilt existieren: privat und gesellschaftlich.

Soweit die Versuche, Liebe in der spätkapitalistischen Gesellschaft faßbar zu machen. Es bleibt die Notwendigkeit, den Bezug zur Jugend herauszuarbeiten. Wir haben es hier, zumindest in der massenmedialen Sphäre, mit einer engen Koppelung von "Jugend" und "Liebe" zu tun. Bei aller Jugendfeindlichkeit, die sporadisch sich artikuliert oder latent vorhanden ist, ist eine wechselseitige Idealisierung von Jugend(lichkeit) und Liebe auszumachen. Dies hat sicherlich eine Basis in der Adoleszenz als Phase der Integration von Trieben und Befriedigungsmodi in eine Persönlichkeit. Das erste Verliebtsein, die erste Liebe fallen in der Regel in diese Altersphase, Jugend wird erhöht durch die Liebe, und indem im Konzept von Liebe ein Anspruch auf Einmaligkeit steckt, wird Liebe in gewisser Weise auf diese Altersphase beschränkt. Hiermit wird Jugend als Jugendlichkeit zumindest tendenziell verpflichtend für alle - Jugendlichkeit läßt sich verkaufen (Mode, Kosmetika, Frischzellen etc.), und mit Jugendlichkeit läßt sich fast jede Ware aufwerten (wie die jugendlichen Darsteller von Werbung demonstrieren). Zum "lebensgeschichtlichen" Druck auf die Jugendlichen, Liebe zu finden, kommt somit ein normativer Druck aus der Verkaufsförderung hinzu.

War diese Erwartungshaltung noch vor einigen Jahren eher gebrochen, durch die charakterliche Disposition des analen, Bedürfnisbefriedigung eher aufschiebenden Charakters und durch eine Sexualitätsfeindlichkeit und Tabuisierung schlechthin, so scheinen den Jugendlichen heute alle Pforten ins Reich der Sinnlichkeit geöffnet: Verhütungsmittel sind erreichbar, nicht-eheliche Sexualität wird weniger tabuisiert, Bedürfnisbefriedigung wird im Jetzt verlangt. Doch diese Beschreibung reicht nicht hin, denn auch die Bedüfnisse scheinen sich gewandelt zu haben. Das Primat der Genitalität, mit fast normativer Kraft auch von fortschrittlichen Sexualwissenschaftlern teil- und zeitweise vertreten (vgl. z. B. *Reiche* 1971), scheint in Frage gestellt; die Entsublimierung ist repressiven Charakters. Zwar vermeidet der narzißtische Sozialisationstyp - die Typisierung ist hier vereinfachend vorgenommen, dient der Verständlichkeit, weniger einer umfassenden Beschreibung der Realität - nicht die genitale Sexualität, vielmehr erfolgen im gesellschaftlichen Durchschnitt die ersten koitalen Erfahrungen früher (vgl. *Ziehe* 1975, S. 199). Aber Sexualität ist hier weniger Abbau genitaler Spannunstendenz als "'Mittel' zur Erreichung symbiotischer Aufgehobenheit und Gruppenanerkennung", die aufgrund gesellschaftlicher Normierung der genitalen Formbestimmung unterliegt (a.a.O., S. 200). Sexualität wird hiermit tendenziell nicht-befriedigbar; das sicherlich fragwürdige Primat der Genitalität sicherte temporäre Befriedigung und Entspannung, wo bei narzißtischer Sexualität Lustzufuhr und Befriedigung der maßlosen Ansprüche des Über-Ich Dauernotwendigkeit bleiben. Die Liebesbeziehung läuft so Gefahr, zu einer permanenten narzißtischen "Verklammerung" (ebd., S. 201) zu werden. Die Tendenzen zur Absonderung des Liebespaars, die weiter oben aufgezeigt wurden, können hierdurch u. U. verstärkt werden. Andererseits existiert die starke peer-group-Orientierung fort, erscheint mir bis in die Phase der klassischen Spät-Adoleszenz wirksam, sodaß der Bezug auf die "Zweierbeziehung" nicht ungebrochen, zumindet nicht isoliert steht.

Der Sexualisierung der Warenwelt ist der narzißtische Charakter tendenziell sogar noch stärker ausgeliefert als sein "Vorgänger": Dies begründet sich zum einen mit der ständigen Angewiesenheit auf Lustzufuhr, welche die Ware und deren Erwerb gestatten. Dies liegt zweitens an der kulturellen Praxis der peer-Gruppen, sich über Waren-Gebrauch auszudrücken; verstärkte peer-Orientierung ist auch verstärkte Konsumorientierung. Drittens ist hier das gebrochene Primat der Genitalität aufzuführen; Sexualität ist mehr denn je Notwendigkeit, allerdings ist sie diffuser organisiert, leichter umlenkbar.

So können wir diesen Exkurs dann beenden mit dem Versuch, den ideologischen Gehalt von Liebe zusammenzufassen. Die Liebe gehört zu dieser Gesellschaft als Norm und zwangsweise unerfüllte Notwendigkeit hinzu, als Notwendigkeit, mit der sich besonders Jugendliche konfrontiert sehen. Sie enthält ein Versprechen eines besseren Lebens, ein utopisches Moment, geht über das Bestehende hinaus. Liebe ist damit bestens geeignet, als zentraler Inhalt der kulturindustriellen Produkte auf den Markt gebracht zu werden, ebenso als Bestandteil des "Phantasiewerts" einer jeden Ware deren Absatzmöglichkeit zu steigern. "Liebe" ist hiermit ein zentraler Begriff im ideologischen Gerüst der spätkapitalistischen Gesellschaft.

4. Annäherung III: Kulturindustrie

4.1. Zur Methode

In der dritten Annäherung dieser Arbeit will ich mich der "Kulturindustrie" zuwenden und ihre Funktion in Bezug auf die Sozialisation Jugendlicher analysieren. Hierbei wird zunächst der Begriff der "Kulturindustrie" beleuchtet, der der kulturkritischen Analyse von *Horkheimer* und *Adorno* entstammt, wobei dieses Konzept als unzureichend für die Erfassung der massenkulturellen Produktion mit der Zielgruppe Jugendlicher angesehen wird. Aus diesem Grund werden in weiteren Schritten die Analyse der "Kulturproduktion" auf Grundlage der Überlegungen von Negt/Kluge zur bürgerlichen und proletarischen Öffentlichkeit und die Studien des *CCCS* zur Theorie von Sub- und Gegenkulturen im Kontext von herrschender und unterdrückter Kultur herangezogen.

Der Zusammenhang von Kulturindustrie und der kulturellen Praxis Jugendlicher wird zunächst exemplarisch untersucht anhand der Rockmusik, die für kulturelle Praxen Jugendlicher als besonders herausragend angesehen wird. Schließlich sollen die Ergebnisse der Untersuchung zur Rockmusik in einem weiteren Schritt verallgemeinert werden, um so die "Sozialisationsfunktionen" von jugendlicher kultureller Praxis in der Vermittlung durch die Kulturindustrie herauszuarbeiten.

Den Abschluß dieser Annäherung bildet ein Exkurs, in dem ich mich mit der Zeit beschäftigen werde: abstrakte Zeit, Trennung von Arbeits- und Freizeit lassen sich für die Verhältnisse der spätkapitalistischen Gesellschaft als problematische Mechanismen der Zeitzerstörung bzw. Entleerung darstellen, denen unterschiedliche Versuche der Menschen, Zeit zu bewältigen, besonders in der arbeitsfreien Zeit entgegengestellt sind.

4.2. Der Begriff "Kulturindustrie"

> bei adorno diskutieren *horkheimer, pollock, adorno, marcuse, eisler, stern, reichenbach* über *huxleys brave new world*. den *h(uxley)* beunruhigen einige phänomene der neuzeit. er stellt ein absinken der kulturellen bedürfnisse fest. je mehr *iceboxes*, desto weniger *huxley*. wenn man die körperlichen Bedürfnisse allzusehr befriedigt (...), leiden die geistigen bedürfnisse. das leiden hat die kultur geschaffen; so wird wohl barbarei entstehen, wenn das leiden abgeschafft? dr. *pollock*, der ökonom des instituts für sozialforschung (...) ist der überzeugung, der kapitalismus könne sich durchaus krisenfrei machen (...) - *eisler* und ich, etwas erschöpft durch den strich, werden leicht ungeduldig und 'setzen uns ins unrecht', in ermangelung einer andern sitzgelegenheit.
>
> Bertolt Brecht, Arbeitsjournal, 13. 8. 42

4.2.1. "Kulturindustrie" bei Horkheimer/ Adorno

Dem Begriff "Kulturindustrie" ist mit einer Definiton nicht beizukommen, weil in ihm ein komplexes gesellschafts- und kulturtheoretisches Konzept steckt; er ist deshalb nur in der Diskussion dieses Konzeptes zu entfalten. Dem soll eine Definition zumindest zur eingrenzenden Bezeichnung des Gegenstandes vorangestellt werden. In Anlehnung an die Formulierung im "kulturpolitischen Wörterbuch" (1978, S. 396) umschreibe ich "Kulturindustrie", hier noch ohne konkrete Bennennung ihrer gesellschaftlichen Bezüge, als *jene Branchen des Kulturbetriebes einer warenproduzierenden Gesellschaft, die vorrangig mit der industriemäßigen Produktion und Verbreitung geistig-kultureller Erzeugnisse beschäftigt sind.*

Der Begriff geht zurück auf das Fragment "Kulturindustrie. Aufklärung als Massenbetrug" von Max *Horkheimer* und Theodor W. *Adorno* im 1947 erstmals erschienenen Band *Dialektik der Aufklärung* (*Horkheimer/Adorno* 1971, S. 108 ff) und steht für eine Kulturkritik, die den Lauf der Diskussion in der BRD wesentlich beeinflußt hat.

Horkheimer/Adorno bestimmen die Kulturindustrie als eine Ursache der zunehmenden Ohnmacht der Menschen gegenüber dem Apparat, die die spätkapitalistische Gesellschaft kennzeichnet. Die "Hebung des Lebensstandards der Unteren" geht einher mit dem Zergehen des Geistes, dessen eigentliches Anliegen die Negation der Verdinglichung sei. Mit der Zerstörung der Vergangenheit sei die Einlösung der vergangenen Hoffnung, die der Wert der Kultur für die Aufklärung ist, gefährdet. (*Horkheimer/Adorno* 1971, S. 4) Die Glücksgüter werden zu "Elementen des Unglücks", zum "ideologischen Vorhang, hinter dem sich das reale Unheil zusammenzieht". (S. 5)

Ökonomisch begründet sich die Kulturindustrie in der Abhängigkeit der "Kulturmonopole" von den "mächtigen Sektoren der Industrie", deren Machthabern sie es "recht zu machen" versucht, mit denen sie auf vielfältige Weise verfilzt ist. (S. 110) Ebenso wie die Produkte verschiedener Automobilkonzerne unterscheiden sich die Erzeugnisse der Kulturindustrie nur scheinhaft, der eigentliche "Maßstab des Wertes besteht in (...) der zur Schau gestellten Investition". (S. 111)

Die angestrebte Einheit der Produktion bewirkt eine Standardisierung der Inhalte, der sich an den "starren Typen von Schlagern, Stars, Seifenopern" orientiert, die Idee wird liquidiert zugunsten des Effektes. (s. 112f) Je stärker die Produkte dem festgefügten Schema entsprechen, je perfekter die aufgewandte Technik zum Einsatz kommt, desto dringender ist der Schein der Natürlichkeit, die freudige und leichte Vortragsweise, den die Kulturindustrie erzeugt. (S. 115)

Die Konsumenten werden mit jedem einzelnen Produkt der Kulturindustrie zu dem "reproduziert, (...) wozu die ganze sie gemacht hat" (S. 114), im Einzelnen findet sich so als Konsequenz der Standardisierung das Gesamte wieder, das eine stellt das andere nicht mehr in Frage. Der Rezipient wird in einen eigentümlichen Zustand der Anspannung versetzt, Kompetenz und Versiertheit im Umgang mit der Kulturindustrie ist erforderlich und wird trainiert, wobei jedoch, insbesonders gilt dies für den Film, eine "denkende Aktivität des Betrachters" sich geradezu verbietet, "wenn er nicht die vorbeihuschenden Fakten versäumen will". Die Kulturindustrie erzeugt eine seltsame Atmosphäre, die Aufmerksamkeit (und damit Ablenkung) erheischt, die die Rezipienten gefangen nimmt, um ihnen dann doch nichts neues zu sagen. (ebd.)

Die Idee der Kulturindustrie ist die Bestätigung des Bestehenden, des objektiven Scheins, der so verdoppelt wird; ihre Rechtfertigung ist ihr offenes Bekenntnis zum Geschäft; die Umsätze und Gewinne bestätigen sie, die "publizierten Einkommensziffern ihrer Generaldirektoren schlagen den Zweifel an der gesellschaftlichen Notwendigkeit der Fertigprodukte nieder." (S. 109) Ihr Zweck ist der gleiche wie der aller Produkte im Kapitalismus; so schafft die Kulturindustrie eine einheitliche Kultur, überwindet die Trennung von Arbeit und Freizeit, werden "die Sinne der Menschen vom Ausgang aus der Fabrik am Abend bis zur Ankunft bei der Stechuhr am nächsten Morgen mit den Siegeln jenes Arbeitsganges" besetzt, "den sie den Tag über selbst unterhalten müssen". (S. 118) Die Kulturindustrie befriedigt das Bedürfnis der Menschen nach Amusement, darin liegt ihre Macht begründet. Dieses Bedürfnis resultiert aus dem "mechanisierten Arbeitsprozeß", der jedoch den Freizeitler und die Fabrikation der Amüsierware so bestimmt, daß der Freizeitler "nichts anderes mehr erfahren kann als die Nachbilder des Arbeitsvorganges selbst". (S. 123) Hierbei ist nicht der Inhalt, sondern die mechanisierte Abfolge maßgeblich, die sich einprägt.

> Dem Arbeitsvorgang in Fabrik und Büro ist auszuweichen nur in der Angleichung an ihn in der Muße. (...) Der Zuschauer soll keiner eigenen Gedanken bedürfen: das Produkt zeichnet jede Reaktion vor: nicht durch seinen sachlichen Zusammenhang - dieser zerfällt, soweit er Denken beansprucht -, sondern durch Signale. Jede logische Verbindung, die geistigen Atem beansprucht, wird peinlich vermieden. (a.a.O., S. 123)

Die eigentliche Affinität von Geschäft und Amusement besteht in der entstehenden Apologie der Gesellschaft: "Vergnügtsein heißt Einverstandensein." (S. 120) Den so in doppelter Weise, in der Produktions- wie Reproduktionssphäre enteigneten, sich selbst entfremdeten Menschen geht die Individualität, bloßer Schein in der bürgerlichen Gesellschaft, gänzlich und nunmehr offensichtlich verloren, die Kulturindustrie entschleiert ihren fiktiven Charakter, duldet das Individuum nur insoweit, "wie seine rückhaltlose Identität mit dem Allgemeinen außer Frage steht" und tut "unrecht nur daran, daß sie mit solch trüber Harmonie von Allgemeinem und Besonderem sich brüstet." (S. 139) Die Kulturindustrie bringt den Menschen die Entfremdung nahe und läßt sie als natürliche erscheinen. (*Adorno* 1972, S. 33)

Adorno erläutert 1963 die Begriffswahl wie folgt: ursprünglich sei "Massenkultur" vorgesehen gewesen, was jedoch durch "Kulturindustrie" ersetzt wurde, um den falschen Eindruck zu vermeiden, es handele sich um eine "aus den Massen selbst aufsteigende Kultur", um die aktuelle Gestalt von Volkskunst. Auch sei der sich einbürgernde Begriff von den "Massenmedien" falsch, da es nicht primär um die Massen, auch nicht um die Technik der Kommunikation gehe, sondern um die Verdoppelung der vorgefundenen Mentalität. (*Adorno* 1967, S. 60f) Allerdings sei der gewählte Begriff nicht wörtlich zu nehmen, da er sich auf die "Standardisierung der Sache selbst" und die "Rationalisierung der Verbreitungstechniken", nicht aber streng auf den Produktionsvorgang beziehe. (a.a.O., S. 62f)

Hans Magnus *Enzensberger* greift bereits 1962 dieses Mißverständnis, das der Begriff "Kulturindustrie" allerdings nahelegt, auf, indem er feststellt, daß "Bewußtsein, und wäre es auch nur falsches, industriell zwar reproduziert und induziert, jedoch nicht produziert werden kann", (*Enzensberger* 1962, S. 8), weshalb die "Kulturkritik" hier das "ohnmächtige Wort Kultur" eingefügt hat. Der Begriff entspricht dem Produktionsprozeß nicht, weil er ebenso wie sein Gegenstand selbst verdrängt, daß "Kulturindustrie" zurückgreifen muß auf die Idee, auf "Philosophie und Musik, Kunst und Literatur". (a.a.O., S. 9) Ich werde auf die Rolle der "Intellektuellen", "Künstler" im Kontext der Kulturindustrie noch zurückkommen.

Die Konsequenz der Entwürfe *Horkheimers* und *Adornos* ist - und dies muß nicht unbedingt gegen sie sprechen - Ratlosigkeit und Resignation. Erkenntnis ist, als gesellschaftlich relevante, unmöglich, wendet sich an niemand, der Kritiker kritisiert, so würde man heute salopp formulieren, nur noch just for fun. Im Fragment über Propaganda, im Eindruck des Faschismus formulierten *Horkheimer/Adorno* in tiefer Trauer und tiefem Pessimismus pointiert, was das gesamte Werk m. E. durchzieht (siehe z. B. auch *Bischoff/Maldaner* 1980, S. 52; *Boehmer* 1975, *Schneider* 1973, *Negt* 1973):

> Freilich: suspekt ist nicht die Darstellung der Wirklichkeit als Hölle, sondern die routinierte Aufforderung, aus ihr auszubrechen. Wenn die Rede heute an einen sich wenden kann, so sind es weder die sogenannten Massen, noch der Einzelne, der ohnmächtig ist, sondern eher ein eingebildeter Zeuge, dem wir es hinterlassen, damit es doch nicht ganz mit uns untergeht." (*Horkheimer/Adorno* 1971, S. 228)

Die Verdinglichung erscheint bei *Adorno* und *Horkheimer* übermächtig, "überspannt bis zur totalen Machtlosigkeit alles Subjektiven gegenüber dem Objektiven" (*Kofler* 1975, S. 71), die Entfremdung wird ontologisiert, sodaß ein Nihilismus entsteht, dessen Folge in der Konsequenz die Versöhnung mit dem Bestehenden ist. (*Kofler* 1987, S. 140f) Diese Tendenz liegt für *Kofler* in der "Tendenzlosigkeit" einer das Grauen nur noch visualisierenden Dramatik des Surrealismus, dessen Dramen *Adorno* und *Marcuse* favorisieren; indem der Surrealismus nur die verdinglichte Oberfläche, das ideologische Sosein der Menschen aufgreift, verfährt er - gegen seine Absicht - "oberflächenhaft naturalistisch". (a.a. O., S. 171) *Becketts Warten auf Godot* behauptet die Sinnlosigkeit zu hoffen und bewirkt so die Resignation, was die "Spießer von allen Seiten" bestätigen. (S. 185) Die Kritik am überzogenen, undialektischen Totalitätsdenken *Horkheimers* und *Adornos*, im wesentlichen auch auf *Marcuse* zu beziehen, bedeutet zwangsläufig auch eine Kritik ihrer Ästhetik, wie hier am Beispiel des Surrealismus dargestellt. Ich werde weiter unten, im Zusammenhang mit der Rockmusik, auf einen anderen problematischen Aspekt in *Adornos* Ästhetik eingehen.

Die Kritik der Kulturindustrie, wie sie von der ursprünglichen *Frankfurter Schule* formuliert wurde, kommt nach meiner Auffassung zu einer fatalistischen und undialektischen Einschätzung, weil sie die Komplexität der Produktion und Reproduktion der Individuen in der spätkapitalistischen Gesellschaft ausblendet, um einen Sektor des gesellschaftlichen Überbaus zu analysieren. Hingegen muß die Kulturindustrie zur Analyse ihrer Wirkungsweise in ihrer Wechselwirkung mit kultureller Praxis gesehen werden:

a) Die Widersprüchlichkeit der kapitalistischen Produktionsweise schlägt sich nieder in einer widerspruchsvollen Praxis der Menschen, die gleichermaßen von gesellschaftlicher Erkenntnis und Verhaftetbleiben am objektiven Schein bestimmt ist (vgl. Annäherung I). In diesem Zusammenhang ist die Entwicklung kultureller Praxen als ein widersprüchlicher Prozeß zu betrachten; kulturelle Praxis wird nicht einseitig bestimmt durch die Kulturindustrie.

b) Die Lebensgeschichte der Individuen in der spätkapitalistischen Gesellschaft wird zunehmend und tendenziell für die Angehörigen *aller* Klassen und Schichten zu einem widerspruchsvollen und damit problematischen Prozeß. Kulturelle Praxen sind hier Versuche, die Probleme verschiedener Lebensphasen, und dies gilt gerade für die Adoleszenz (siehe Annäherung II), zu bewältigen. Indem die Kulturindustrie sich der Vermarktung der widersprüchlichen jugendkulturellen Praxen annimmt, eliminiert sie deren Widersprüchlichkeit nicht total.

Die "Macht" der Kulturindustrie kann realistisch nur bestimmt werden im Zusammenhang mit der zerfallenden bürgerlichen Öffentlichkeit und den sich nicht oder nur rudimentär organisierenden "proletarischen Erfahrungen" (*Negt/Kluge*) sowie mit dem Konzept dominanter und unterdrückter Kulturen (*Clarke* u. a.), also durch Rückbeziehung auf die komplexen Lebensbedingungen und Alltagsvorstellungen der Menschen in der spätkapitalistischen Klassengesellschaft. Sie wird im folgenden betrachtet nicht nur als ein Herrschaftsinstrument, sondern auch als ein Faktor in dem Bemühen der Menschen, sich ihrer Lebenbedingungen bewußt zu werden, sie sich anzueignen.

In diesem Sinne formuliert *Enzensberger* vier Bedingungen für die Existenz der Bewußtseins-Industrie:

1. Aufklärung: Die Bewußtseins-Industrie ist "auf den mündigen Menschen auch dort noch angewiesen, wo sie seine Entmündigung betreibt." (*Enzensberger* 1962, S. 10)

2. Menschenrechte: Die Proklamation der Menschenrechte (nicht deren Verwirklichung), insbesondere des Rechts auf Gleichheit und Freiheit, macht das Bewußtsein des einzelnen von sich selbst und der Gesellschaft zum "Politikum und dessen industrielle Induktion zur Bedingung einer jeden künftigen Herrschaft." (S. 11)

3. Kaptitalakkumulation: Die Verfeinerung der Produktionsmethoden und die Entfaltung der Massenproduktion an Konsumgütern erfordern und ermöglichen einen höheren Ausbildungsgrad und die Freisetzung von Energien außerhalb der Produktionssphäre. (ebd.)

4. Technologie: Die Verfeinerung der Druck- sowie Elektrotechnik sind Voraussetzung einer industriellen Induktion von Bewußtsein. (S. 12)

Dementsprechend muß neben der Kritik der Kulturindustrie als eine die Entfremdung außerhalb der Produktionssphäre fortsetzende Überbau-Institution der kapitalistischen Gesellschaft auch die Entwicklung ihrer schlecht aufgehobenen, jedoch vorhandenen utopischen Möglichkeiten erfolgen.

4.2.2. "Öffentlichkeit" und "Kultur"

Oskar *Negt* und Alexander *Kluge* (1972) entfalten die Darstellung der bürgerlichen Öffentlichkeit als eine zerfallende klassische, die die Organisierung von proletarischer Erfahrung blockiert und von Produktionsöffentlichkeiten, unter anderen den Medienkonzernen, überlagert wird.
Die bürgerliche Öffentlichkeit ist geprägt durch den Widerspruch, daß sie mit dem Privaten unabdingbar verknüpft ist, daß das Privateigentum ihre gesellschaftliche Grundlage darstellt. Die "klassische" bürgerliche Öffentlichkeit des revolutionären Bürgertums stellt das verpflichtende Allgemeine der bürgerlichen Gesellschaft gegen die Willkürlichkeit des Feudalsystems und erfordert den citoyen als gleiches, verantwortliches und in Verantwortung stehendes Subjekt gegenüber der Gesellschaft. Die Öffentlichkeit der bürgerlichen Gesellschaft wird jedoch gleichzeitig bestimmt durch die Ausgrenzung von Produktion und Sozialisation, das Handeln des bourgois schließt zwanghaft dessen Interesse am Untergang des Konkurrenten, an der Ausbeutung der Arbeitskraft anderer mit ein, ist "geheimer" konstituierender Faktor der Gesellschaft (*Negt* 1974, S. 438ff). Bürgerliche Öffentlichkeit zielt somit gleichzeitig auf Öffentlichkeit, demokratische Kontrolle und Entscheidungsfindung (freie Presse, Parlament etc.) und deren Gegenteil, Privatheit, unkontrollierte Verfügungsgewalt (Privatbestiz an Produktionsmitteln, Erziehung in der Familie). Bürgerliche Öffentlichkeit ist 1. "Konstitutionsöffentlichkeit", indem sie die Installation der bürgerlichen Produktionsweise absichert (*Negt/Kluge* 1972, S. 102), sie ist 2. das "Gegenteil von Konstitutionsöffentlichkeit", indem sie jede Politik verhindert, die die bürgerliche Produktionsweise gefährden könnte und somit die "Diktatur der Bourgeoisie" stabilisiert (a.a.O., S. 103), sie ist 3. der "Schein einer gesamtgesellschaftlichen Synthese", indem sie das System legitimiert als Resultat eines "Gemeinwillens" (S. 104f), schließlich ist sie 4. "Ausdrucksform von bürgerlich bestimmten Gebrauchswerteigenschaften", etwa Kontrolle der öffentlichen Gewalt durch die Menschen, durch freie Medien. (ebd.)
Dem System der organisierten, widersprüchlichen bürgerlichen Öffentlichkeit stehen die Erfahrungen des proletarischen Lebenzusammenhangs und die Ansätze einer proletarischen Öffentlichkeit gegenüber.

> Horizont dieser Erfahrungen ist die Einheit des proletarischen Lebenszusammenhangs. Dieser Zusammenhang umfaßt die Stufenleiter der Produktion der Waren- und Gebrauchswerteigenschaft dieser Arbeitskraft (...) und den davon nicht trennbaren Einsatz dieser Arbeitskraft im Produktionsprozeß; über diesen einheitlichen Zusammenhang, den er (der Arbeiter, K.H.) öffentlich und privat "erlebt", nimmt er das "gesellschaftliche Ganze", die Ganzheit des Verblendungszusammenhangs auf. (*Negt/Kluge* 1972, S. 24)

Doch sind diese Erfahrungen des einzelnen "vor- und unorganisiert", sprachlos, weil alle "Medien der Erfahrungsbildung" dem Warenfetischismus unterliegen (a.a. O., S. 25) Die Zeiterfahrung wird zerstört durch die Zerstückelung von Zeit in Arbeit und "Freizeit" als Folge kapitalistischer Produktionsverhältnisse (S. 45), durch die "Zeitstruktur der toten Arbeit", die in Widerspruch zu der der lebendigen Arbeit steht. (S. 47, vgl. auch *Scharf* 1988) Die Organisation wissenschaftlicher Erkenntnis akkumuliert spezialisierte Erfahrung und wird der gesamtgesellschaftlichen Erfahrung nicht gerecht, ist in ihrem "abstrakt zusammengesetzten Aufbau" nicht funktional für die Organisation proletarischer Erfahrung. (S. 56f)

Die klassische bürgerliche Öffentlichkeit ist also nicht in der Lage, proletarische Erfahrungen zu organisieren, weil sie aufgrund ihrer eigenen Widersprüchlichkeit das gesellschaftliche Ganze nicht erfaßt, in zunehmender Abstraktion einen Substanzverlust erfährt und Gestaltungsmöglichkeiten verliert. Beispielhaft seien hier die schwindenden Möglichkeiten der Parlamente im Spätkapitalismus genannt, Entscheidungen über den technologischen Fortschritt zu fällen gegenüber der organisierten Macht der Monopole und der spezialisierten, in Bezug auf den Gesamtzusammenhang hilflosen Wissenschaft, wie Beck (1986) dies plastisch und teilweise sarkastisch beschreibt.

Die Analyse der proletarischen Öffentlichkeit bleibt notwendigerweise abstrakt: Proletarische Öffentlichkeit ist in der bürgerlichen Gesellschaft unterentwickelt; sie läßt sich konkret bestimmen in ihrem Bezug zur bürgerlichen Öffentlichkeit als der herrschenden, ohne daß sie darin aufgehen würde. Sie ist nicht gleichzusetzen mit den Institutionen der Arbeiterbewegung, ebenso nicht mit den Begriffen "Klassenkampf" bzw. "Klassenbewußtsein" zu bestimmen. (*Negt* 1974, S. 441) Proletarische Öffentlichkeit ist wesentlich bestimmt durch zwei Momente: "Assimilierung von Elementen des proletarischen Lebenszusammenhangs in den Integrationsmechanismus der bürgerlichen Öffentlichkeit" als ein Versuch, den proletarischen Lebenszusammenhang aufzuheben, indem sich die Menschen "kulturell" der herrschenden Klasse oder dem Klein- und Bildungsbürgertum angleichen, ohne daß die materiellen Unterschiede beseitigt werden. (*Negt/Kluge* 1972, S. 108ff) Hier sind zahlreiche Beispiele zu nennen: Aneignung kleinbürgerlicher Familien- und Sexualmoral (nicht unbedingt: sexueller Praxis), Anpassung an bürgerliche Sprache, Bildungsideale sozialdemokratischer Arbeiterbildungsvereine (siehe etwa *Feidel-Mertz* 1972). Durch die Assimilation an die herrschende Öffentlichkeit ist die Ursache für die Behauptung einer "nivellierten Mittelstandsgesellschaft" im Spätkapitalismus gegeben, eine Analyse, die allerdings an Äußerlichkeiten stehenbleibt. Das zweite Moment proletarischer Öffentlichkeit scheint hierzu gegenläufig zu sein: Die Abgenzung eines Lagers der "Selbstorganisation der Arbeiterinteressen in einer

proletarischen Öffentlichkeit" als Notwehrreaktion, wobei die Organisationsform sich einseitig ausrichtet am Kampf gegen die bürgerliche Öffentlichkeit: Die Arbeiter "verdinglichen" sich in diesem Kampf, die gesellschaftliche Totalität wird durch den Bezug auf die bürgerliche Öffentlichkeit, die nur eine Scheinsynthese der Gesellschaft darstellt, verfehlt. (Negt/Kluge 1972, S. 111f) Die Blockierung der gesellschaftlichen Erfahrung von Arbeitern durch die herrschende bürgerliche Öffentlichkeit und die Tatsache, daß die proletarische Öffentlichkeit nur unzureichend, vielfach gebrochen entwickelt ist, läßt gesellschaftliche Erfahrungen unorganisiert; eben in dieser fragmentarischen Unorganisiertheit können sie angeeignet werden. Lebendige Arbeit im Kapitalismus erzeugt als ein Nebenprodukt die Phantasie als notwendige Kompensation des entfremdeten Arbeitsprozesses, als Abwehrmechanismus des Ich. Der "Form ihrer Produktion nach" ist Phantasie praktische Kritik an den herrschenden gesellschaftlichen Verhältnissen; solange jedoch ihre Entstehung nicht von ihren Produzenten begriffen ist, können ihre Energien nicht in einen emanzipatorischen Prozeß eingebracht werden. (a.a.O., S. 67) Aus der Kooperation im Produktionsprozeß resultiert das Bedüfnis nach unmittelbarer Solidarität, nach Nähe in der Masse als Versinnlichung des erreichten Standes der Vergesellschaftung auch in Bezug auf die Beziehungen der Menschen untereinander. (S. 75ff, siehe auch hierzu Annäherung I) Der Wunsch, die komplexen gesellschaftlichen Verhältnisse sowie die gemeinsame Anstrengung an ihrer Überwindung direkt und unmittelbar erfahrbar zu machen, ist Grundlage für das Bedürfnis nach Personalisierung, die nicht einfach als "Persönlichkeitskult oder autoritäre Fixierung" abzutun ist, vielmehr als notwendiges Mittel zur Organisierung der Interessen dann gelten kann, wenn die "Identität des Erfahrungszusammenhangs" erhalten bleibt. (S. 78ff)
Hier wird die Ambivalenz der unorganisierten gesellschaftlichen Erfahrungen deutlich, die sich aus dem proletarischen Lebenszusammenhang ergeben: Gerade die Phantasien werden von der Kulturindustrie aufgegriffen; Phantasien, Bedürfnis nach Masse und Personifikation bilden Ansatzpunkte reaktionärer Politik; die Irrationalität faschistischer Propaganda konnte nur deshalb Massenwirksamkeit erzielen, weil sie irrationale Bedürfnisse der Menschen "scheinrational" befriedigte (vgl. etwa *Reich* 1980); die Personalisierung gesellschaftlicher Tatbestände, die insbesondere durch die Illustrierten betrieben wird (vgl. *Holzer* 1973, S. 159ff), spricht gerade das schlecht aufgehobene Bedürfnis nach Verständlichkeit und Überschaubarkeit an.
Der Zerfall der "klassischen" bürgerlichen Öffentlichkeit in der Entwicklung der bürgerlichen Gesellschaft ermöglicht die Entfaltung einer "Produktionsöffentlichkeit", die direkt der kapitalistischen Verwertungslogik untergeordnet ist und den Bereich von "hergestellter Öffentlichkeit", die Medien und die Frei-

zeitindustrie beherrscht. Sie ist Bestandteil bürgerlicher Öffentlichkeit, ohne daß diese in ihr aufgeht. Anders als die "klassische" bürgerliche Öffentlichkeit greift sie auch die Interessen der im Produktionsprozeß stehenden Menschen teilweise auf, sodaß sie "einen komplexen Zusammenhang von Produktionsinteressen, Lebensinteressen und Legitimationsbedürfnissen" darstellt. (*Negt/Kluge* 1972, S. 37, ähnlich auch *Holzer* 1973, S. 148ff) Ist die klassische bürgerliche Öffentlichkeit geprägt durch den Widerspruch zwischen Ausgrenzung des proletarischen Lebenszusammenhangs und dem Anspruch, eine gesamtgesellschaftliche Synthese darzustellen, so steht die "neue" Produktionsöffentlichkeit im Zusammenwirken mit der klassischen bürgerlichen Öffentlichkeit vor dem Dilemma, einerseits Erfahrungen und Bedürfnisse der Produzenten aufgreifen zu müssen, um überhaupt funktionieren zu können, andererseits das bestehende System trotz augenscheinlicher Widersprüche legitimieren zu müssen.

> An sich nicht legitimierbare Machtverhältnisse im Produktionsprozeß werden mit legitimierten Interessen der Allgemeinheit aufgeladen und erscheinen so in einem Legitimationszusammenhang. An die Stelle der Unterscheidung zwischen öffentlich und privat tritt der Widerspruch zwischen dem Druck der Produktionsinteressen und dem Legitimationsbedürfnis.(S. 38)

Von der Produktionsöffentlichkeit aufgreifbar sind die unorganisierten proletarischen Erfahrungen und Bedürfnisse, die Phantasien und Wünsche nach Solidarität und Personifikation. In dem Maße, wie dem Imperialismus die Möglichkeiten verstellt sind, müssen die Widersprüche kapitalistischer Gesellschaften gelöst werden, indem die Energien nach innen gelenkt, die Menschen in den Metropolen "kolonialisert" werden. (*Negt/Kluge* 1972, S. 282ff) Phantasie wird gebunden an Waren (*Haug* 1971, S. 127); die Kulturindustrie verkauft "Unaufmerksamkeit" (*Kluge* 1985, S. 54f), oder "Unterhaltung" (*Prokop* 1974, S. 70ff) als Möglichkeit, die Zeit zu bestehen, die nicht Arbeitszeit ist und doch mit "Freizeit" nur unzureichend beschreiben ist.

Mit dem Konzept der widersprüchlichen, in ihrer Widersprüchlichkeit jedoch herrschenden bürgerlichen und der unentwickelten proletarischen Öffentlichkeit ist eine Funktionsbestimmung der Kulturindustrie ermöglicht, die offen ist für die Entwicklungsperspektiven bürgerlicher Gesellschaften und sowohl Integrationsmechanismen als auch unaufhebbare Widersprüche bennent. Der Fatalismus der Position *Horkheimers/Adornos* ist somit potentiell aufgehoben, der Rekurs auf die Studentenbewegung und Protestbewegung 1968 in Frankreich benennt konkrete Ansätze einer Gegenöffentlichkeit, die Elemente proletarischer Erfahrung enthält. Allerdings bleibt die Analyse der proletarischen Öffentlichkeit abstrakt, Elemente einer Organisation proletarischer Erfahrung im Alltagsleben werden nicht systematisch nachgewiesen.

In der Kulturanalyse soll durch die Bestimmung der Kultur der unterschiedlichen Klassen und Schichten einer Gesellschaft die Organisatonsform des Alltagsverstandes, schließlich mit ihrer Konsequenz für das gesellschaftliche Bewußtsein und politische Handeln der Menschen, untersucht werden. Hierbei wird mit "Kultur" die Ebene gemeint, "auf der gesellschaftliche Gruppen selbständige Lebensformen entwickeln und ihren sozialen und materiellen Lebenserfahrungen Ausdrucksform verleihen". (*Subkulturen, Kulturen und Klasse*, im folgenden: *Subkulturen...*, S. 40)

> Die "Kultur" einer Gruppe oder Klasse umfaßt die besondere und distinkte Lebensweise dieser Gruppe oder Klasse, die Bedeutungen, Werte und Ideen, wie sie in den Institutionen, in den gesellschaftlichen Beziehungen, in Glaubenssystemen, in Sitten und Bräuchen, im Gebrauch der Objekte und im materiellen Leben verkörpert sind. Kultur ist die besondere Gestalt, in der dieses Material und diese gesellschaftliche Organisation des Lebens Ausdruck findet. (a.a.O., S. 41)

In der kapitalistischen Gesellschaft mit ihrer Hierarchie verschiedener sozialer Klassen existieren unterschiedliche, ebenfalls in hierarchischem Verhältnis zueinander stehende Kulturen (ebd., S. 42, vgl. auch Bourdieu 1987); während sich die Klassenlage der Menschen primär ergibt aus der unterschiedlichen Stellung im Produktionsprozeß, werden die Unterschiede in den Kulturen vorrangig im Freizeitbereich deutlich, ohne sich auf diesen zu beschränken. (*Clarke* 1979, S. 133) Der Freizeitbereich diszipliniert die Lohnabhängigen schwächer und wird bestimmt von relativer Freiheit, wodurch eine "Verschiebung der zentralen Interessen und Werte der Klasse, wie sie sich im Arbeitsbereich entwickelt haben, auf symbolische Aktivitäten in der Freizeitsphäre" erfolgte. (ebd., S. 134) Die kulturelle Praxis stellt eine, oft nicht bewußte, Verbindung zwischen der Produktions- und Reproduktionssphäre dar, erzeugt eine Einheit, in der sich die gesellschaftlichen Widersprüche wiederfinden. Für die Nichtarbeits-Sphäre, die nicht von den Zwängen der Produktionsabläufe, der betrieblichen Hierarchie und der verkauften Verfügungsgewalt über die Arbeitskraft direkt bestimmt ist, ergibt sich die Möglichkeit und Notwendigkeit der Ausgestaltung von Zeit und Raum. Es wurde bereits in der Annäherung I dargestellt, daß die scheinbare Trennung von Produktion und Reproduktion im Kapitalismus ein weiteres Mittel darstellt, die Menschen dem Prozeß der Verdinglichung zu unterwerfen. (*Kofler* 1975, S. 76) Mit der kulturellen Praxis allerdings wird diese Trennung "bearbeitet", z. T. aufgehoben, z. T. wird sie verschärft. Bedürfnisse, die aus dem Produktionsprozeß resultieren, werden verbunden mit den Anforderungen und Bedürfnissen, die sich aus der Reproduktion der Arbeitskraft ergeben. Klassenspezifik ergibt sich aus der unterschiedlichen Qualität der Bedürfnisse, die sich niederschlägt im Modus der Bedürfnisbefriedigung, der wiederum gebrochen wird durch die Generationslage und das Geschlecht

sowie die vorgefundenen tradierten Muster und das zur Verfügung stehende Material.
Spezifisch, die Analyse erschwerend, ist für die kapitalistische Klassengesellschaft die Überlagerung verschiedener Kulturen, ihr Wechsel- bzw. Herrschaftsverhältnis. Besonders *Lefebvre* weist in seiner Kritik des Alltagslebens nach, wie sich tradierte "Reste" feudaler Kulturen im Alltagsleben der modernen Welt wiederfinden, daß die dialektische Aufhebung feudaler Mythen im Kapitalismus nicht ihre Beseitigung bedeutet. (Siehe etwa die Beschreibung der Funktion der Kirche in den *Notizen von einem Sonntag in der Campagne, Lefebvre* 1974, S. 203ff.) *Gramsci* sieht in der Hegemonie der herrschenden Kultur einen wesentlichen Faktor für die Stabilität kapitalistischer Gesellschaften (siehe Annäherung I). In Anlehnung an *Gramscis* Hegemoniekonzept ist die Theorie der dominanten und subordinierten Kulturen des *CCCS* formuliert. Die Kultur der Arbeiterklasse kann "per definitionem" (*Subkulturen...*, S. 85) im Kapitalismus ebensowenig verschwinden wie die Arbeiterklasse selbst. Sie erobert sich, im Kampf mit der herrschenden Kultur Räume, die allerdings nicht autonom und widerspruchsfrei sind und der Gefahr unterliegen, in einen "Block sozialer Kräfte unter bürgerlicher Hegemonie" (*Herkommer* 1985, S. 100) eingebunden zu werden. Beispielhaft kann hier der *1. Mai* als *Tag der Arbeit* genannt werden, der für die Manifestation von Forderungen der Arbeiterbewegung erkämpft worden ist und mittlerweile einerseits sozialer Besitzstand und somit qualitativ nicht weiter bestimmte arbeitsfreie Zeit geworden ist, andererseits einer ritualisierten "Verkündigung" der Meinung von Gewerkschaftsvorständen dient.
Paul *Willis* (1981) skizziert eine Theorie "Soziosymbolischer Homologien", die den Aufbau und die Wirkung von Kulturen erklären und eine Methodik zu ihrer Analyse beschreiben soll. Für ihn sind kulturelle Formen im wesentlichen "die Art und Weise, wie die soziale Gruppe mit Gegenständen, Artefakten, Institutionen und systematischen Praktiken der anderen verbunden ist." (S. 236) Außenstehende Faktoren können diesen Prozeß stören und ihn teilweise bestimmen, sodaß sie in die Analyse mit einbezogen werden müssen; sie lösen die kulturelle Praxis jedoch nicht auf und blockieren die "Hervorbringung eigener Bedeutungsgehalte" nicht total. (S. 236f) Die Kultur ist auf *drei Ebenen* zu betrachten: 1) Die "*indexikalische*" erfaßt die Gegenstände, die mit einer bestimmten sozialen Gruppe in Verbindung stehen, sowie das Ausmaß dieser Verbindung, wobei sie hierfür keinerlei Erklärung geben kann. Auf dieser Ebene sind die Waren anzusiedeln, die die Menschen umgeben, die Wohnung usw., ebenso die Produkte der Kulturindustrie, die mehr oder weniger bewußt wahrgenommen, konsumiert werden. Die Kulturanalyse kann die Bedeutung dieser Faktoren nicht bestimmen, will sie jedoch keinesfalls leugnen. 2. Die *"homologische"* *Ebene* betrifft die "Differenzierungen der Beziehungen, die die in dexikalische

Ebene der Analyse identifiziert hat". (S. 238) Homologien sind Strukturen in der Beziehung der Gruppe, ihrer Gefühle und Einstellungen zu der Struktur der Gegenstände. Diese homologischen Beziehungen verstärken oder reflektieren die "gesellschaftliche Identität" der sozialen Gruppe, sind nicht zufällig. Auf der homologischen Ebene sind Veränderungen noch nicht erklärbar, hingegen läßt sich das "explizite Bewußtsein" der Mitglieder einer sozialen Gruppe grundsätzlich interpretieren als ein "variables Resultat des Kulturprozesses". (S. 239)
3. Die *"integrale" Analyse* untersucht die Veränderung der Homologien, die (marginalen) Veränderungen in der Gruppe, die aus der kulturellen Praxis resultieren. (S. 251f) Verzerrungen "von außen", etwa die "Transformationen, die mittels der Warenform ablaufen" (S. 252f) erhalten auf dieser Ebene ihre Relevanz, sind im Rahmen dieser Analyse zu berücksichtigen.

Im folgenden werde ich die Untersuchung unter Bezugnahme auf Jugendliche in der kapitalistischen Gesellschaft fortsetzen, um so eine Annäherung an das Thema der Arbeit zu erreichen und die Überlegungen insbesondere aus der Annäherung II einfließen lassen zu können. Hierbei beziehe ich mich auf das skizzierte System von *Willis* folgendermaßen: Mit der Rockmusik wird ein Segment aus der Umgebung Jugendlicher aufgegriffen, wobei sich die Rockmusik wegen ihrer herausragenden Bedeutung im Gesamt der kulturindustriellen Produkte für Jugendliche anbietet. Um jedoch Homologien verstehen zu können, ist zunächst die kulturelle Praxis Jugendlicher in Bezug auf die kapitalistische Gesellschaft zu analysieren: Wesentlich ist hier, die unterschiedliche Klassenzugehörigkeit Jugendlicher in ihrer Konsequenz für die Alltagskultur aufzuzeigen. Aus diesem Grund werden vor der Analyse der Rockmusik Überlegungen zur sub-, gegen- und jugendkulturellen Praxis in der bürgerlichen Gesellschaft angestellt.

4.2.3. Sub- und Gegenkulturen Jugendlicher und "Jugendkultur"

Der Zusammenhang von "Jugend" und "Kultur" ist aus drei Gründen von besonderer Bedeutung: 1) Jugendliche verfügen über relativ viel Freizeit, sowohl als Schülerinnen und Schüler als auch während der Berufsausbildung und der ersten Jahre der Berusausübung. 2) Die Verunsicherung der anderen Generationen über die jugendkulturellen Praxen sind anscheinend besonders groß. 3) Bestandteil dieser Verunsicherung ist die Sorge um die politischen Orientierungen, die sich aus den jugendkulturellen Praxen ergeben mögen, und zwar sowohl von "linker" wie von "rechter" Seite. (vgl. z. B. *Allerbeck/Hoag* 1985, S. 132f)

Es ist berechtigt, von jugendkulturellen Praxen zunächst in dieser Abstraktion zu sprechen, weil in der Geschichte der bürgerlichen Gesellschaft tatsächlich eine Verallgemeinerung der Jugendphase zu konstatieren ist. (vgl. Annäherung II). Ein Symptom dieser Verallgemeinerung ist die Tatsache, daß die Jugendlichen mit zunehmendem Alter weniger Zeit in der Ursprungsfamilie verbringen. (siehe z. B. *Schilling* 1975, S. 282) Dies ist bedeutsam, weil sich diese Separierung der jungen Generation abspielt vor dem zunächst gegenläufigen allgemeinen Trend einer Privatisierung der Freizeit im häuslichen Bereich, der seit der Etablierung der bürgerlichen Gesellschaft festzustellen ist. (*Nave-Herz/Nauck* 1978, S. 48f) Diese Gegenläufigkeit ist sicherlich eine Ursache für die Verunsicherung der Elterngeneration. Die Begrenztheit in der Annahme einer allgemeinen, im Verlauf für alle Jugendlichen gleichen Jugendphase zeigt sich jedoch bereits an dieser Stelle: Es sind klassen- und geschlechtsspezifische Unterschiede in den quantitativen Erhebungen deutlich geworden. So ist der Drang aus der Ursprungsfamilie heraus bei Arbeiterjugendlichen stärker und setzt früher bei ihnen ein. (siehe etwa *Schilling*, a.a.O., S. 289) Die Frage nach geschlechtlichen Differenzierungen muß wahrscheinlich (noch?) dahingehend beantwortet werden, daß bei Mädchen die Familienorientierung stärker ist (*Schilling*, S. 287); *Tippelt* (1986, S. 113) allerdings kann für die reine Häufigkeit des Außer-Haus-Seins keine Geschlechtsspezifik nachweisen.

Mit der abnehmenden Orientierung an der Ursprungsfamilie korrespondiert die zunehmende peer-Orientierung im Verlauf der Adoleszenz. *Allerbeck/Hoag* (1985, S. 38ff) haben nachgewiesen, daß sich die Mitgliedschaft in "Cliquen" zwischen 1962 und 1983 mehr als verdreifachte. Allerdings ist auch für die peer-Orientierung festzustellen, daß ihre Zunahme gleichzeitig allgemein und klassenspezifisch geformt verläuft:

> Wenn man sich nicht scheut, näher hinzusehen, bemerkt man, wie in den jugendlichen Freizeitgruppen die sozialen Klassen reproduziert werden. (*Allerbeck/Hoag*, a.a.O., S. 43)

Zu einem entsprechendem Ergebnis kommt die schon zitierte Untersuchung, die die "ökologischen" Einflüsse (Wohn- und Siedlungsformen) auf das Freizeitverhalten Jugendlicher zum Thema hat. Die Kontakte zu den Mitgliedern einer Clique entstehen vorrangig in der Schule, der Nachbarschaft und in organisierten Jugendgruppen, wobei die Nachbarschaft besonders in der Trabantenstadt und der traditionellen Arbeitersiedlung von Bedeutung ist, mithin also in Schule wie Nachbarschaft weitgehend klassenhomogene Orte wesentlich sind. (*Tippelt* a.a.O., S. 181)

Annäherung III 139

Während so mit den Befunden von empirischen Untersuchungen die Bedeutung der peer-Orientierung nochmals aufgezeigt werden konnte, soll die folgende Analyse der jugendkulturellen Praxen qualitativ ausgerichtet sein. Hier bieten sich die besonders "profilierten" Kulturen zunächst an: vom *Wandervogel* bis zum *Punk* scheinen die Jugendlichen verschiedene, deutliche Profile gehabt zu haben, und die Medien verbreiteten und verallgemeinerten diese Profile zu ihrer jeweiligen Zeit. Ich gehe jedoch davon aus, daß sich jeweils nur eine Minderheit von Jugendlichen tatsächlich einer solchen profilierten Gruppe zurechnen ließ und läßt, wohingegen sie durch ihren starken Bekanntheitsgrad durchaus Einfluß auf Orientierungsmuster der Mehrzahl aller Jugendlichen haben. (Vergleiche hierzu auch *Allerbeck/Hoag* S. 45 und die Ergebnisse der "*Shell*-Studien" 1981 und 1985, die Orientierungen bei der Mehrzahl der Jugendlichen an profilierten Kulturen erkennen ließen und meine These stützen.) Die profilierten kulturellen Praxen Jugendlicher stellen das Besondere dar, das das Allgemeine beeinflußt und in diesem somit enthalten ist, ohne daß das Allgemeine mit dem Besonderen identisch wäre.

Indem sie ihre Kulturen produzieren, gewinnen die Menschen Räume für sich, füllen die Zeit und gewinnen und organisieren ihre Erkenntnis von Welt und sich selbst, von Gegenwart und Utopie. Der Wunsch nach Bedeutung der eigenen Person ist das Motiv gerade für Jugendliche, sich einen möglichst "importanten" Lebensraum (*Bloch* 1985a, S. 29) zu schaffen. Die Unterschiedlichkeit in den Lebensbedingungen und Zukunftsaussichten in der kapitalistischen Gesellschaft führt zur Ausprägung unterschiedlicher kultureller Praxen bei Jugendlichen. Zusätzlich dienen kulturelle Aneignungen und Äußerungen dem Sichtbarmachen sozialer Grenzen zwischen den Klassen, wie *Bourdieu* (1987, S. 104ff) deutlich macht. Kulturelle Praxen lassen sich in Hinsicht auf die Klassenzugehörigkeit der Praktizierenden, auf ihre Zielperspektive bzw. ihren utopischen Gehalt und auf ihre gesellschaftliche und politische Wirksamkeit differenzieren. Man unterscheidet zwei "Muster" profilierter, durch klare Stile geprägter Kulturen Jugendlicher, die Subkulturen und die Gegenkulturen, die jeweils kulturelle Systeme einer Minderheit Jugendlicher und als solche sichtbar, nachweisbar und auf der homologischen Ebene analysierbar sind. Demgegenüber benutze ich das Wort "Jugendkultur" als ein darstellungstechnisches Konstrukt: "Jugendkultur" meint keine durchgängige Kultur, eher ein alltägliches "Sammelsurium" an verschiedenen Einflüssen, eine Entsprechung des jeweiligen "Zeitgeistes", Ausdruck der Selbstverortung "jung sein", mithin sprachliche Umschreibung für kulturelle Praxen der überwiegenden Mehrheit Jugendlicher, die keiner Sub- oder Gegenkultur angehören. Während Subkultur und Gegenkultur Begriffe sind, ist Jugendkultur nur ein Ausdruck, der seine Bestimmung nicht in sich trägt, sondern von außerhalb bezieht; ich könnte auch sagen: Massenkultur, die vor allem Jugendliche anspricht. Ich halte dieses Konstrukt, so unbefriedigend es aufgrund seiner analytischen Unzulänglichkeit ist, für notwendig, um generalisierungsfähige Aussagen über jugendkulturelle Praxen möglich zu machen und so im Ansatz der Themenstellung dieser Arbeit gerecht zu werden, die sich ja nicht ausschließlich auf Jugendliche aus Subkulturen bezieht. Selbst für eine klassenspezifische Eingrenzung des Begriffs "Jugend" etwa auf die Arbeiterjugend wäre eine Beschränkung auf proletarische Subkulturen problematisch, da diese nur eine Minderheit der Arbeiterjugend direkt "organisieren".

Die Begriffssetzung orientiert sich an den theoretischen Überlegungen aus dem Umkreis des *CCCS*, teilweise sind Synonyme, jedoch auch semantische Unterschiede in der Literatur zu finden. Die Subkulturen (vgl. auch Annäherung II) rekrutieren sich im wesentlichen aus Arbeiterjugendlichen. Sie enthalten Opposition gegen das gesellschaftliche System, indem sie dieses bewußt schockieren und sich durch verschiedene Stilmitttel von ihm absetzen, ohne daß sie die Gesellschaft insgesamt in Frage stellen würden.

> Im wesentlichen akzeptieren sie (die Motorradjungs, K.H.) die Wertvorstellungen derjenigen, die sie einsperrten. Gewiß versuchten sie zu schockieren, doch ihre Verstöße blieben im Grunde an der Oberfläche; es war Frechheit, Schockieren, Verblüffen, Anecken, Unbotmäßigkeit, Beleidigung - niemals eine grundlegende politische Herausforderung von Institutionen und Überzeugungen." (*Willis* 1981, S. 74)

Subkulturen entwerfen keine gesellschaftliche Utopie, sind nicht auf Dauer gerichtet, entsprechen in ihrer Defensivität der Stammkultur, der sie entstammen. Sie organisieren und bewahren eine oppositionelle Identität, um so die Integration erträglich zu machen unter Beibehaltung von Homogenität und Geschlossenheit. (*Bourdieu* 1987, S. 587ff) Weil sie das System, die hegemoniale Kultur nicht in Frage stellen, "bewußt" unter ihr existieren, sind sie stabil (vgl auch *Thien/Reichwein* 1985, S. 340f). Gerade in der Tatsache ihrer begrenzten Wirksamkeit hinsichtlich einer gesellschaftlichen Umgestaltung liegt ihre Langlebigkeit begründet. (Vgl. *Subkulturen...*; *Brake* 1981) Sie erheben keinen hegemonialen Anspruch und sind deshalb als Minderheitenkulturen langfristig möglich bis hin zu der absurd erscheinenden Gleichzeitigkeit von wiederbelebter "Halbstarkenkultur" der Teds mit Rockern und Punkern in einer Stadt.

Gegenkulturen (bei *Baacke* häufig "Underground", bei *Hollstein* 1981 summarisch: "Gegengesellschaft") werden schwerpunktmäßig von Jugendlichen aus der Mittelschicht getragen, sind in ihrer Stilbildung offener und können sogar, im Rahmen eines "Gegenweltkonzeptes", proletarische Subkulturen teil- und zeitweise einbeziehen. (*Subkulturen...*, S. 111f) Gegenkulturen Jugendlicher beziehen sich nicht auf subordinierte Stammkulturen Erwachsener, sondern auf die dominante Kultur; sie kritisieren sie, bestreiten ihre Hegemonie, enthalten eine Utopie und versuchen, diese teilweise zu antizipieren. (ebd.) Sie sind, zumindest was ihr Selbstverständnis betrifft, nicht nur auf eine bestimmte Lebensphase bezogen, sondern auf das gesamte Leben, wobei die längere Adoleszenz bei Jugendlichen aus der Mittelschicht hier wohl die materielle Basis, einen ausgeweiteten "Schonraum" als "psycho-soziales Moratorium" (Erikson) darstellt. Die Gegenkulturen sind eher diffus und weniger stabil, erregen jedoch größere Aufmerksamkeit und erlangen politische Bedeutung, schon alleine deshalb, weil sie den Nachwuchs der herrschenden Klasse betreffen, zu einer "Krise innerhalb der Jugend der herrschenden Klasse" (*Subkulturen* ... S. 113) führen. Ihre Basis ist weniger der Widerspruch zwischen vergesellschafteter Arbeit und privater Aneignung als vielmehr die Brüchigkeit in der herrschenden Ideologie; etwa das "Umschalten" von der Ideologie der Sparsamkeit und des Puritanismus zum Bekenntnis zu Konsum und zu sexueller Lust in der 60er Jahren. (S. 114ff) Gegenkulturen stellen oft das Zentrum sozialer Protestbewegungen dar, wobei die Prägnanz des gegenkulturellen Stils zugunsten politischer und theoretischer Durchdringung des ursprünlichen Anliegens schwindet, sich die Gegenkultur als solche auflöst bzw. wieder aus der politischen Bewegung zurückzieht.

Die "Jugendkultur" existiert im Unterschied zu den Sub- und Gegenkulturen nicht als ein komplexer Zusammenhang einer sozialen Gruppe, die sich selbst definiert und eigenständig Stile ihrer Interaktion und Präsentation nach außen entwickelt, sondern stärker durch passive Aneignug und Konsum geprägt ist. Mit diesem Wort umschreibe ich vielmehr den "Alltagsverstand" der Jugendlichen in einer bestimmten Gesellschaft zu einem bestimmten Zeitraum; das Konzept läßt sich begründen und umschreiben mit den folgenden Thesen:

1) Das Konzept "Jugendkultur" ist begründet in der teilweisen Separation der Jugend vom Ganzen der Gesellschaft und ist insofern berechtigt, als sich tatsächlich generationsspezifische Unterschiede in den Einstellungen und Handlungsmustern in den entwickelten kapitalistischen Gesellschaften feststellen lassen und entsprechend *Mannheim* von einer Generationslagerung gesprochen werden kann; diese wird noch verstärkt durch das Bild von "Jugend", das in Medien und sonstigen Überbauinstitutionen der Gesellschaft erzeugt wird. (vgl. hierzu auch den Überblick zum Begriff "Jugendkultur" bei *Thien/Reichwein* 1985, S. 353f)

2) Das Konzept "Jugendkultur" ist begründet in der Addition verschiedener, teilweise gegensätzlicher kultureller Einflüsse auf Jugendliche, vor allem der stilprägenden Sub- und Gegenkulturen, der Verbreitung dieser Stile durch die Kulturindustrie, der herrschenden und tradierten Kultur sowie der bewertenden Funktion der gesellschaftlichen Überbauten.

3) Mit "Jugendkultur" umschreibe ich die kulturelle Praxis der Mehrheit von Jugendlichen, die keiner bestimmten Sub- oder Gegenkultur aktiv angehören; sie ist somit nicht homogen und bedarf einer jeweils konkreten Differenzierung und Bestimmung.

4) Ich vermute, daß die Jugendkultur in Gesellschaften und Zeiträumen mit starken und "außenwirksamen" Sub- und Gegenkulturen von diesen stark bestimmt wird und sich somit in ihrer Struktur an diesen orientiert, während für Gesellschaften und Zeitphasen mit einer schwachen sub- oder gegenkulturellen Praxis die Jugendkultur inhaltlich diffus wird und in ihrer Ausprägung von der Kulturindustrie, subordinierten Stammkulturen und der dominanten Kultur sowie den Überbauten bestimmt wird. Das Konzept "Jugendkultur" sieht diese also in Abhängigkeit vorrangig von den sub- und gegenkulturellen Praxen, nachrangig von Kulturindustrie, herrschender und unterdrückter Kultur.

4.2.4. Zusammenfassung

Die Problematik des Begriffs "Kulturindustrie" im kulturkritischen, pessimistischen Konzept *Horkheimer*s und *Adorno*s ist oben dargestellt worden. Ich werde diesen Begriff mit folgenden Klarstellungen verwenden: Die Kulturindustrie produziert keine Kultur, kein Bewußtsein, sondern greift kulturelle Praxis, Bewußtseinsinhalte und Bedürfnisse auf, bearbeitet und verarbeitet sie, um mit ihren Produkten die Bewußtseinsbildung industriell zu induzieren. Der Kulturindustrie sind folgende Charakteristika zuzuweisen:
a) Gleichgültigkeit gegenüber ihren Produzenten (Künstler, Intellektuelle, Arbeiter, Angestellte) wie auch gegenüber den Rezipienten
b) prinzipielle Gleichgültigkeit gegenüber dem Inhalt der Produktionen, dem Gebrauchswert der Waren; der Gebrauchswert muß nur insoweit (scheinbar) vorhanden sein, um die Realisierung des Tauschwerts zu ermöglichen
c) Ausrichtung auf den Tauschwert der Waren, auf die Produktion und Realisierung von Mehrwert, d. h. auf Resonanz und Konsum
d) Tendenz zur Standardisierung und Rationalisierung der Produkte als auch des Produktionsvorgangs als Tendenz zur Verdrängung lebendiger Arbeit
e) Tendenz zur Kapitalakkumulation
f) tendenzielle Unfähigkeit zur Innovation, zum Erkennen und Aufgreifen von neuartigen Bedürfnissen und Befriedigungsmodi
Die Existenz der Kulturindustrie kann nur verstanden werden vor dem Hintergrund des Zerfalls ursprünglicher und direkter Kommunikation zwischen den Menschen und der Etablierung einer notwendigerweise "unvollständigen", zu-

nehmend dysfunktionalen und zerfallenden "klassisch-bürgerlichen" Öffentlichkeit, die die Organisierung proletarischer Erfahrungen blockiert und somit der gesellschaftlichen Totalität nicht gerecht wird. Die Kulturindustrie ist die wesentliche Produktionsöffentlichkeit, die die Bedürfnisse und Phantasien der Arbeiterklasse aufreift, um sie (scheinbar) zu befriedigen, zu kanalisieren und so das Defizit einer dysfunktionalen bürgerlichen Öffentlichkeit auszugleichen. (vgl. *Habermas* 1988) Hiermit wird eine Organisation proletarischer Erfahrung, die die Erkenntnis und Kritik gesellschaftlicher Realität ermöglicht, weiterhin und wiederum erschwert. Allerdings kann die Kulturindustrie die proletarischen Erfahrung nicht ausgrenzen wie die klassische bürgerliche Öffentlichkeit; sie reproduziert die Widersprüche kapitalistischer Gesellschaften und der gesellschaftlichen Erfahrungen zwangsläufig.

Die Kulturindustrie *produziert* nicht, sondern *induziert* Kultur; ihre Produkte sind neben der Gesamtheit an Waren, neben den tradierten Ideen und Institutionen Material für die kulturelle Praxis, die der Produktion individueller wie gesellschaftlicher Identität dient. Die Erfahrungen und Interessen der Arbeiterklasse ermöglichen auch in der spätkapitalistischen Gesellschaft die Herstellung eines kulturellen Zusammenhangs, der Elemente enthält, die gegen die dominante Kultur gerichtet sind. Hierbei sind von besonderer Bedeutung die Subkulturen proletarischer Jugendlicher, die die Opposition gegen die dominante Kultur deutlicher formulieren als die Stammkultur, auf die sie sich beziehen, wobei allerdings eine Distanz und Kritik dieser Stammkultur praktiziert wird. Die Hegemonie der herrschenden Kultur ist in spätkapitalistischen Gesellschaften in der Unterstützung durch einen "gesellschaftlichen Block" verschiedener sie tragender Gruppen begründet und erhält so ihre besondere Stabilität, bleibt jedoch widersprüchlich. Die dominante Kultur im Spätkapitalismus kann sich weder auf die klassische bürgerliche Öffentlichkeit noch auf einzelne institutionelle Überbaubereiche (Wissenschaft, Kirche etc.) alleine, sondern muß sich auch auf die widersprüchlichen Erfahrungen der arbeitenden Menschen beziehen. Die Widersprüche in der dominanten Kultur organisieren sich als Gegenkulturen, die hauptsächlich von den Jugendlichen der Mittelschichten getragen werden. Diese bestreiten die Hegemonie der herrschenden Kultur und enthalten neben ihrer grundsätzlichen Kritik an der Realität bürgerlicher Gesellschaften auch utopische Momente. Sowohl für die Sub- als auch für die Gegenkulturen lassen sich auf homologischer Ebene Bedeutung und Sinngebung in der stilbildenenden Aneignung verschiedener Produkte der Kulturindustrie nachweisen, die Ausdruck der klassenspezifischen Position der Individuen zum gesellschaftlichen Ganzen sind.

4.3. Rockmusik

> Subkultur gegen Maggisuppenkultur. Rock contra Cutaway. Jugendkultur? Auch. Aber der Blues war alt. (...) Kultur von unten, Bauch kontra Hohlkopf, Schwanz contra Gebetbuch, Möse contra Muskete, Rockabilly contra Hackespitzeeinszweidrei, Jeans contra Konfirmationsanzug, Jung gegen Alt nur, wenn Alt dagegen war. Denn dagegen war die Reaktion.
>
> Peter-Paul *Zahl*

Die Analyse des besonderen Verhältnisses zwischen Kulturindustrie und Jugendlichen, fußend auf den oben erarbeiteten Begriffen, soll ansetzen an der Untersuchung der populären Musik und ihrer Bedeutung für Jugendliche. Die Konzentration auf die Musik ist m. E. gerechtfertigt, weil die Musik das bedeutendste Element in der kulturellen Praxis Jugendlicher ist, zumindest was den engeren Bereich des Konsums der "Massenmedien" angeht. Hier ist durchaus der Auffassung Jann *Wenners* zu folgen, der die Musikzeitschrift Rolling Stone herausgebracht hat und dies mit eben der besondere Bedeutung von Rockmusik begründet:

> Wir sind im Geschäft, und wir schämen uns dessen nicht, und wir beschäftigen uns mit Musik. Musik ist der wichtigste definierbare Teil der Jugendkultur, das, woran die meisten Leute Interesse hatten und haben, und, was noch wichtiger ist, sie ist das Mittel, mit dessen Hilfe die Leute kommunizieren. (Jan *Wenner*, zit. nach *Chapple/Garofalo* 1980, S. 185)

Musik gehört als zumindest ein wesentliches Element zu allen Sub- und Gegenkulturen Jugendlicher und spielt darüberhinaus im Alltagsleben auch der Jugendlichen eine Rolle, die sich keiner solchen Kultur zugehörig fühlen. Sehr selten auch, daß Jugendliche nicht eine Position zu Musik beziehen, und zwar vehement und engagiert. <1>

Allerdings soll die Konzentration auf die Bedeutung der populären Musik nicht nahelegen, daß diese das einzige "jugendrelevante" Produkt der Kulturindustrie sei, auch sei hiermit nicht behauptet, sei sei das "einflußreichste". Vielmehr will ich mich zunächst exemplarisch um diese Sparte kümmern und hier die Analyse ausführlich entwickeln, was für die gesamte Produktpalette der Kulturindustrie zu umfangreich wäre, um dann verallgemeinernd die Gesamtheit der Kulturindustrie mit einzubeziehen.

4.3.1. Zum Begriff "Rockmusik"

Ich fasse den Begriff *Rockmusik* in diesem Zusammenhang weit entsprechend *Frith* (1981, S. 15) als "Musik, die für den gleichzeitigen Konsum durch einen jugendlichen Massenmarkt produziert wird." Er umfaßt demnach neben dem *Rock* im engeren Sinne und dem *Rock'n'Roll* auch *Folk*(*-rock*), *Blues*(*-rock*), *Reggae*, *Soul* und *Punk*, populäre Musik mit der besonderen Zielgruppe Jugend also. Der Begriff *Pop* wäre somit im Prinzip zutreffender, ist jedoch im deutschen Sprachgebrauch insofern anders besetzt, als er eine Differenzierung von Unterhaltungsmusik, die dann *Pop* genannt wird, und "ernster Musik" nahelegt (*Spengler* 1985, S. 24) und bewertet. Eben diese Differenzierung nach der - angenommenen - unterhaltenden Funktion von Musik erscheint mir problematisch und eher verwirrend.

Als erste Form der Rockmusik ist der *Rock'n'Roll* anzusehen, der als Verknüpfung der Tradition der Musik der Schwarzen (*Blues, Rhythm & Blues, Spiritual*) mit der "weißen" *Country & Western*-Musik in den USA in den 50er Jahren entstand. (*Spengler*, a.a.O., S. 34) Er war zunächst eine Musik der Arbeiterjugendlichen in den großen Städten Nordamerikas, bis er von der Kulturindustrie aufgenommen, verflacht und entschärft, "kommerziell und ideologisch vereinnahmt" (a.a.O., S. 39) wurde. In den frühen 60er Jahren setzte sich der *Beat* durch, der sich wieder stärker auf den ursprünglichen *Rhythm & Blues* bezog, allerdings auch von weißen Musikern gespielt wurde. Ende der 60er Jahre kam der Rock auf, dessen Texte eine aktuelle, oft gesellschaftskritische Bedeutung hatten und somit auch die Jugendlichen der weißen Mittelschicht in den USA ansprachen und der teilweise neue, radikale musikalische Formen entwickelte. (S. 45) Das vorerst letzte, klar ersichtliche Kapitel in der Geschichte der Rockmusik ist der *Punk*, der eine radikale Vereinfachung der musikalischen Formen und drastische, wütende Texte gegen die bestehende Gesellschaftsordnung bedeutete.

Mit diesem Überblick kann nicht die Geschichte der Rockmusik analysiert werden, was den Rahmen dieser Arbeit sprengen würde. (Siehe hierzu etwa *Reichert* 1982.) Wesentlich ist an dieser Stelle die Feststellung, daß mit der Rockmusik eine populäre Musik gemeint ist, die sich an eine relativ altershomogene Zielgruppe wendet, anders als etwa der Schlager. Die Wurzeln der Rockmusik liegen in der Kultur einer unterdrückten Minderheit, der Schwarzen in den USA, und ihre Geschichte läßt sich unter diesem Aspekt lesen als die Verbreitung, Verflachung und Entschärfung, teilweise auch Variation schwarzer Musik in einem insgesamt rassistischen Gesellschafts- und Kultursystem. (vgl. *Chapple/Garofalo* 1980)

4.3.2. Rockmusik als Produkt der Kulturindustrie

Das Typische der Kulturindustrie bezieht sich nicht vorrangig auf den eigentlichen Produktionsprozeß, sondern auf die Weise der Verbreitung. Dies gilt insbesondere für die Rockmusik: Sie ist immer auch die Musik von Amateuren gewesen, die in ihrer "Szene" verwurzelt waren, für ihren und den Spaß ihrer Freunde spielten, ohne mit der Musik eine Ware zu produzieren. Für die Herstellung von Rockmusik sind zunächst keine aufwendigen Produktionsmittel erforderlich, wie dies etwa bei der Film- und Fernsehproduktion der Fall ist. Stilproduktion ist als direktes Ergebnis sub- und gegenkultureller Prozesse möglich. Die Kulturindustrie erweist sich tendenziell als unfähig, neue Stile bewußt zu produzieren und ist darauf angewiesen, neue Musik ausfindig zu machen, sie aufzugreifen und dann zu verbreiten. Zwar scheint es auf den ersten Blick so, als wäre die Kulturindustrie Produzent neuer Trends, tatsächlich existiert die Musik jedoch schon unabhängig von der Industrie. So ist die Entfremdung der alternativen Gegenkultur der *Hippies* vom normalen bürgerlichen Lebensstil die Entstehungsbedingung einer Musik etwa von *Greatful Dead* oder *Janis Joplin*, die erst später von Produzenten und Konzernen aufgegriffen wurde. (*Chapple/Garofalo* 1980, S. 208) Das Spezifikum der Kulturindustrie ist die ständige Suche nach "authentischen Ausdrucksformen neuer Rockmusik", um sie zu "kopieren und sie dann als plagiative Pop-Produkte auf den Markt zu bringen". (*Spengler* 1985, S. 133f) Dieser Prozeß der Vermarktung bewirkt auf einen langen Zeitraum gesehen eine Verflachung und Reduktion der Authentizität, sodaß nach erfolgter Vereinnahmung die Suche nach unverfälschter Musik wieder beginnt; die Zyklen in der Rockmusikgeschichte gehen u. a. auf diesen Prozeß zurück. Will die Rockmusik erfolgreich sein, muß sie jedoch selbst in der industriell verbreiteten Form ein gewisses Maß an Authentizität enthalten und der Situation und den Emotionen ihrer Zuhörer entsprechen.

> Eine kommerzielle Rockmusik mit nachgemachten, schablonenhaften Gefühlen und Ideen aus zweiter Hand hätte nicht über eine so lange Zeitspanne fasziniert, wenn ihre Aussagekraft und Bedeutung nicht von der Jugend selbst, sondern von der Industrie geliefert worden wäre. Denn es ist der Musikindustrie bis heute nicht gelungen, Rockmusik in ihrer Entstehungsphase manipulativ hervorbringen zu können. (*Spengler*, a.a.O.)

Diese "Misere" der Kulturindustrie bewirkt, daß sich eine eindimensional auf Umsatz und Profit ausgerichtete Institution auf die permanente Talentsuche begeben muß und quasi blind, im "trial-and-error"-Verfahren versucht, einen Gebrauchswert zu produzieren, den sie selbst nicht bestimmen und erfassen kann. Die Geschichte der Musikindustrie in den USA zeigt, daß viele Konzerne das Aufkommen des Rock'n'Roll, später auch des Beat zunächst ignorierten, mit dieser Musik "nichts anfangen konnten", dann fast panikartig auf die abfahrenden Züge aufsprangen. Mittlerweile scheint sich ein Verfahren der Mischkalkulation durchgesetzt zu haben, nach dem verschiedenste Stile und Produzenten zunächst aufgegriffen, zwangsläufig demnach mit vielen Schallplatten Verluste produziert werden, um diese mit wenigen gewinnträchtigen Produktionen aufzufangen. Man schätzt, daß 70 bis 80 % aller produzierten Schallplatten Verluste bringen, die dann von der restlichen Produktion wieder mehr als aufgefangen werden. (*Chapple/Garofalo* 1980, S. 206) Sicherlich gibt es neben dieser Strategie noch den Versuch, populäre Musiktrends bewußt zu produzieren und auszubeuten. Aber diese Strategie ist nicht eindeutig erfolgreich und wird von keinem Konzern ausschließlich verfolgt. (a.a.O., S. 209)

Die "Blindheit" der Industrie bezüglich des Gebrauchswerts von Rockmusik führt dazu, daß eine Zensur durch die Industrie i. d. R. nicht stattfindet. Zensur wird wesentlich ausgeübt durch die Massenmedien, hier ist der Rundfunk von besonderer Bedeutung, insbesondere die öffentlich-rechtlichen Anstalten. Bekannt wurde z. B. die Entscheidung der BBC, die *sex-pistols*, besonders ihr Lied *God Save The Queen* nicht zu spielen, was dessen Verbreitung jedoch keinen Abbruch tat, im Gegenteil. <2>

Die industrielle Vermarktung von Rockmusik ist zwiespältig zu beurteilen. Auf der einen Seite sorgt sie für Verbreitung von Rockmusik, ist sie ein eminent flexibles, schnelles und leistungsfähiges "Transportmittel". Musik aus dem Kontext einer großstädtischen Subkultur wird verfügbar im ländlichen Gebiet, ein einzelner Punk auf Fehmarn, ihrer zwei in Oberammergau sind möglich. Die massenhafte Verbreitung von Rockmusik führt zu neuen, als qualitativ anders empfundenen Versammlungen von Menschenmengen, die Rock-Festivals waren bei aller Widersprüchlichkeit, die sich aus dem Gewinninteresse der Veranstalter ergaben, eine neue Qualität des gemeinsamen Feierns und Erlebens, waren wie das *Woodstock*-Festival eine Synthese aus Manifestation politischer Opposition, Feier und kommerzieller Ausbeutung. Die Rockmusik ist somit, wie Musik im Alltag allgemein, nicht nur als Ware zu deuten, die den Konsumenten als fremde gegenübertritt, sich ihrer Gefühle bemächtigt und die Menschen manipuliert.

> Halten wir fest: Musik im Alltag trägt zur Emotionalisierung der Lebensverhältnisse bei, ist Ausdruck einer historisch reicheren Individualität, vermittelt die Ausbildung habitusspezifischer Lebensstile und hat in diesem Zusammenhang auch gewisse Funktionen für die Identitätsbildung von Subjektivität. (*SOST* 1988, S. 47)

Auf der anderen Seite bedeutet die industrielle Verbreitung von Rockmusik auch ihre Entschärfung und Entleerung: Die Kulturindustrie erfaßt nicht nur die Produktion von Schallplatten, sondern kommerzialisiert und zentralisiert die Organisation von Konzerten (vgl. *Chapple/Garofalo* 1980, S. 159ff <3>) und zerstört Strukturen, die ehemals von den Sub- und Gegenkulturen bestimmt waren. Sie entfremdet Künstler von ihrem kulturellen Umfeld, was ein nicht unbedeutender Grund sein dürfte für die psychische Labilität und den frühen, oft suizidalen Tod vieler RockmusikerInnen. (a.a.O., S. 359) Der Warencharakter der Rockmusik hat bedeutende Konsequenzen für ihre Rezeption, Verbreitung und vermittelt schließlich auch Produktion. Und doch ist die Kritik der Rockmusik nicht alleine durch die Kritik des Warencharakters zu bewerkstelligen, ihre Entstehungsbedingungen und die spezifischen Formen ihres Konsums machen es erforderlich, Rockmusik im Kontext jugendlicher Kulturen zu betrachten.

4.3.3. Rockmusik als Ware im Kontext jugendlicher Kulturen

Die Musik allgemein, so *Kneif* (1971) wirkt wenig kritisch: sie spricht nicht den Intellekt, sondern das Gefühl an, hat von ihrer gesellschaftlichen Funktion her eine eher apologetische, zumindest kompensierende Wirkung:

> Ihre (der Musikwerke, K. H.) allgemeinste und in geschichtlichem Betracht vorherrschende Funktion erfüllt die Musik darin, daß sie das jeweils bestehende System menschlicher Herrschaftsformen bestätigt oder von ihm wenigstens ablenkt. Sie neigt unaufgefordert und von Hause aus zu gefühlsbetonter Verherrlichung des aktuellen Zustandes, indem sie mehr als andere Künste an Gewohnheiten und an die Bekanntschaft mit konventionellen Formeln und Motiven appelliert; sie gewährt dem Hörer, und zwar nicht nur demjenigen von Kitsch und billiger Gemütsaufwärmung, zumeist gerade das, was er von ihr erwartet. (*Kneif* 1971, S. 62f)

Hanns *Eisler* spricht vom Ohr als einem archaischen Instrument der Wahrnehmung, das an Vergangenes erinnert, "träge und faul" ist. "Mit dem Ohr hören, heißt eigentlich: zurückgeblieben sein." (*Eisler* in *Bunge* 1970, zit. nach *Kneif* 1971, S. 63) Ähnlich argumentieren die *Sozialistischen Studiengruppen*, die für die Musik in Anlehnung an *Hegels* Ästhetik annehmen, sie spreche die begriffslose Subjektivität an. (*SOST* 1988, S. 43) Die Bestimmung des Inhalts von Musik ist entsprechend problematisch: wesentlicher Inhalt sind Assoziationen, sie allein begründen eine überindividuelle Wirkung, auf sie stützen sich Komponisten und Zuhörer, ohne sie jedoch vollständig zu durchblicken. (a. a.O., S. 64) Heinz *Kohut* begründet die besondere Bedeutung der Musik für die menschliche Empfindung mit der herausragenden Stellung der Geräusche für den Säugling: die bedrohliche Außenwelt wird vorrangig akustisch empfunden, die anderen Wahrnehmungen, besonders das Sehen, sind für das Kind zumindest teilweise kontrollierbar. (*Kohut* 1977, S. 199f) Die besondere Spannung, die auf archaischen Erfahrungen der ersten Kindheit mit Geräuschen beruht, läßt die Musik zu der künstlerischen Ausdrucksweise werden, die die stärksten Spannungen produziert, die in ihr gebundenen Energien entsprechen denen der frühesten Ich-Zustände, Musik ist aus diesem Grunde kaum zu rationalisieren. (a.a.O., S. 204) Durch Tonalität und Rhythmik der Musik in der Polarität von Kompliziertheit und Vereinfachung lassen sich Spannungen aufbauen und "beherrschen" (S. 210ff), das musikalische Finale stellt die Entladung der Energie und somit die Spitze des Genusses dar, der Rezipient wird zeitweise in einen früheren Ich-Zustand versetzt, bei Wahrung der Ich-Struktur. (S. 220ff) Ähnlich die Argumentation von *Ziehe* (1975, S. 241), der für die *Beat*-Musik behauptet, sie setze am Frühstadium der Protosymbolbildung an.

Die Bedeutung der Assoziationen und das Aufgreifen des Bekannten gilt allgemein als besonders ausgeprägt bei der "Volksmusik" sowie bei der populären Musik. Beiden ist gemein, daß sie auf die schriftliche Fixierung in Partituren weitgehend verzichten, gerade die Rockmusik ist durch die Fassung der Musik auf der Schallplatte bzw. durch die Aufführung im Konzert bestimmt und erhält hier ihren Ausdruck. Beide dienen als funktionale Musik dem Zweck, "einem sozialen Ereignis den klanglich schmückenden Rahmen zu geben", ohne den Anspruch zu haben, Kunst zu sein. (*Kneif* 1982, S. 191f) Schließlich orientieren sich Volks- und Rockmusik an gängigen Mustern. (a. a.O., S. 193) Sie unterscheiden sich in ihrem Herkunftsmilieu und im Tempo ihrer Veränderungen (die Rockmusik stammt eher aus dem städtischen Umfeld, ist schnellem und erkennbarem Wandel unterworfen, a.a.O., S. 194f), wesentlich jedoch durch die industrielle Verbreitung und den Warencharakter der Rockmusik. (S. 195) Die Rockmusik erreicht durch die Kulturindustrie einen Grad von Autonomie, ohne dieser in der Beherrschung und Weiterentwicklung künstlerischer Ausdrucksmöglichkeiten unbedingt zu entsprechen. Wenn jedoch, wie oben dargestellt, die Absorption von Rockmusik durch die Kulturindustrie nicht deren eindeutige Bestimmung ist, kann zumindest für die Entstehung und erste Etablierung von Stilen in den Sub- und Gegenkulturen eine dem Volkslied entsprechende Produktionsweise angenommen werden, wie *Simmel* sie beschreibt: In den Volksliedern wird die im "Stamm" (hier: in der Kultur) herrschende Stimmung aufgenommen und mit dem der Stimmung adäquaten Medium der Musik (*Simmel* 1975, S. 121) ausgedrückt, wobei zunächst ein "besonders Talentierter", jedoch kein berufsmäßiger Sänger ein Lied schafft, es vorträgt, der Stamm dieses aufnimmt und zum Volkslied verallgemeinert. (a.a.O., S. 125f) Die typische Produktionsweise von Rockmusik läßt sich analog zu diesem Muster darstellen: Unter Verwendung volksliedhafter Muster vorrangig aus der Subkultur der Schwarzen in den USA, produzieren nicht berufsmäßige Musiker eine neue, andere Musik, die sich zunächst in einer Sub- oder Gegenkultur durchsetzt. Eine andere Interpretation der Rockmusik stellt diese als "gesunkenes Kulturgut" dar und läßt die Rockmusik als Medium erscheinen, die formulierten musikalischen Ideen zu verbreiten und einem Massenpublikum nahezubringen; diese Interpretation gilt m. E. für einige Stile, besonders für die Weiterentwicklung der progressiven Musik eines gegenkulturellen Rock. *Reichert* charakterisiert die Rockmusik als grundlegend "nachahmende, nachvollziehende, ausschmückende Re-Produktion", die er als *B-Musik* kategorisiert und der "authentischen, schöpferischen, identischen musikalischen Leistung" der A-Musik gegenüberstellt, ohne hiermit werten zu wollen. (*Reichert* 1982, S. 229) Die B-Musik verwendet "musikalisches Klischee und textliche Phrase in endloser Variation", sie ist "direkter oder indirekter Ausfluß gesellschaftlicher Strömung und Gegenströmung". Ihr Verdienst ist die "massenhafte Verbreitung" der Ideen der A-Musik, wenn auch in abgeschwächter Form. (ebd.) Einhergehend mit einer gewissen Verflachung finden Inhalte und Techniken von Kunstwerken, originäre kreative Leistungen, Eingang in die Volkskultur. Dieser Mechanismus wird für die Musik beschrieben bei den sogenannten sekundären Volksliedern, die auf einen Komponisten zurückgehen und von nichtprofessionellen Sängerinnen und Sängern aufgegriffen, vereinfacht werden. Auch einige Kunstlieder (etwa von Schubert) könnten u. U. hier einbezogen werden, da sie sich bewußt auch volkstümlicher Elemente bedienen. Für *Chapple* und *Garofalo*, hier vor einem ähnlichen Hintergrund argumentierend, überwindet der Rockmusiker die "Isolation des klassischen Künstlers" vom Volk und dessen Wirkungslosigkeit. Eine derartig euphorische Bestimmung der Funktion des Rockmusikers im Kontext von Musikundustrie und bürgerlicher Gesellschaft ist jedoch nicht ungebrochen:

> Weil sie populär ist und daher vermarktet und verkauft werden kann, ist auch die Rock'n'Roll-Musik, wie die meisten anderen Arten von Musik oder Kunst, zuerst und zuletzt eine Ware. In ihrem Warencharakter unterscheidet sich die Musik daher nicht von Fernsehprogrammen, Baseball-Schlägern oder Schuhen. Eben auch das Musikgeschäft, die Schallplattenfirmen und Radiostationen sind in einen größeren Rahmen anderer Wirtschaftsunternehmen eingegliedert, in kapitalistische Finanzstrukturen und das übergreifende Netz des Wirtschaftssystems, das ein Interesse daran hat - und zwar ein reales, materielles Interesse -, daß der Status quo reproduziert und untermauert wird. Daraus erwächst eine wichtige Spannung für die Rock-Musik, und das Wissen um diese Widersprüchlichkeit ist entscheidend für ein echtes Verständnis, wie die Rock-Musik in der amerikanischen Gesellschaft funktioniert. (*Chapple/Garofalo* 1980, S. 257)

Das reine Profitinteresse der Industrie erzeugt absurde Widersprüche zwischen der "Botschaft" der Rockmuik und der Form ihrer Verbreitung. So wurde die Musik etwa von *Country Joe & The Fish* gegen den Vietnam-Krieg von einem

Annäherung III 151

Konzern vermarktet, der sich nicht unterscheidet von den als kriegstreiberisch angegriffenen Konzernen der Wall Street:

> Come on Wall Street don't be slow.
> Why, Man, this is war Au-Go-Go
> There's plenty good money to be made
> By supplyin' the Army with the tools of trade
> But just hope and pray that if they drop the bomb.
> They drop it on the Viet-Cong.

Um die Rockmusik herum spinnt sich ein dichtes Netz von Konzernen: die privaten und, mit indirektem Verwertungsinteresse (vgl. z. B. *Holzer* 1980, S. 63ff) die öffentlich-rechtlichen Rundfunk- und Fernsehanstalten, die Elektro- und Elektronikindustrie ("Hifi"), die Hersteller von Kleidung und modischen Accessoires, schließlich die an Jugendliche gerichteten Printmedien. Darüberhinaus ist die Rock-Kultur der "Aufhänger" für die Werbung für alle möglichen Konsumartikel, besonders für Genußmittel, jedoch auch für langlebige Konsumgüter (z. B. Motorräder) bis hin zu Bausparverträgen. Mit Hilfe der Rockmusik läßt sich in der Werbung das Attribut Jugendlichkeit ausdrücken, auf dessen besondere Bedeutung ich noch zurückkommen werde.

Die Ausrichtung der Musikindustrie auf die Verwertung des eingesetzten Kapitals setzt zwei parallel verlaufende Prozesse in Gang: Einerseits wird quasi als Gebrauchswert der Rockmusik ein Ausdruck des Selbst- und Weltverständnisses Jugendlicher angestrebt, andererseits wird dieses Verständnis auf das bestehende Warenangebot zugerichtet, um mit dessen Verallgemeinerung das Erreichen einer großen Masse zu ermöglichen, massenhaft produzierte Waren abzusetzen. Die Profitorientierung der Industrie setzt sich fort in einem Streben nach kommerziellem Erfolg bei den Musikern, ihren Agenten, Managern und Produzenten. Kommerzieller Erfolg heißt für Gruppen zunächst, vom Verkauf der Musik (als Schallplatte, im Rahmen von Konzerten) leben zu können, sich auf die Musik konzentrieren zu können, den Amateur-Status zu verlassen. Um dieses Ziel zu erreichen, ist i. d. R. "promotion"-orientiertes Vorgehen erforderlich, etwa die Gründung von Fan-Clubs, intensive Medienarbeit; eine Ausrichtung auf einen möglichst großen Markt und die bestmögliche Kooperation mit der Musikindustrie verschaffen ein zumindest zeitweise stabiles, oft allerdings ausgesprochen geringes Einkommen als Profis. (Vergleiche etwa *Tennstedt* 1979 zum Aufstieg und Untergang der *Petards*. <4>) Die Möglichkeit zu freier Produktion in den Studios, zum Experimentieren haben nur die wenigen, unbestrittenen top-stars der Szene. (vgl. *Chapple/Garofalo* 1980, S. 304) Die industrielle Verbreitung der Rockmusik wirkt sich so vermittelt auf ihre Produktion aus und führt zu einer tendenziellen Loslösung der Musik von der Sub- und Gegenkultur, aus der sie hervorgegangen ist. Auf der Rezipientenseite wird diesem Prozeß teilweise entgegengewirkt, indem sich die Konsumenten innerhalb der Sub- und Gegenkultur an der "Authentizität" der ursprünglichen Musik orientieren und die verflachten und plagiativen Produkte z. T. rigide ablehnen. Bei der Analyse der Rezeption von Rockmusik ist nach meiner Auffassung die Unterscheidung nach sub- gegen- bzw. jugendkulturellem Milieu notwendig. In proletarischen Subkulturen ist die Rockmusik ein wesentliches Element und durchdringt das soziale Feld, wobei der Geschmack der Subkultur nicht identisch ist mit dem aktuellen Trend auf dem Musikmarkt, die Musik der Subkulturen findet sich somit in den Massenmedien nur teilweise wieder, wie *Willis* 1981, S. 89) für die Motorrad beispielhaft feststellt. Ein wesentliches Moment für die subkulturelle Bewertung und Aufnahme von Musik ist die "Echtheit", die Authentizität der Musik; es werden die Produktionen aus der Frühzeit einer musikalischen Phase bevorzugt, bevor die massenhafte Verbreitung eine Verflachung und Verharmlosung brachte. So gilt für die "Motorradjungs" in den späten 60er Jahren der junge Elvis *Presley* und *Buddy Holly*, aber auch die "Wiederbelebung" des *Rhythm & Blues* durch die frühen *Beatles* und die *Rolling Stones* als "echte" Musik. (a.a.O.) Die Subkultur erweist sich als in gewisser Weise "immun" gegen das Überangebot der Kulturindustrie und grenzt rigide die Mehrzahl der aktuellen Produktionen als "inakzeptabel" aus. Ähnlich resistent wie die "Motorradjungs" waren etwa die "Halbstarken" in der jungen BRD der 50er Jahre, die die ersten Produktionen der deutschen Musikindustrie ("Ganz Paris träumt von der Liebe") ablehnten und sich am *Rock'n'Roll* aus den USA orientierten, den die amerikanischen Sender importierten. (siehe hierzu die entsprechenden Kapitel in *Reichert* 1981, *Siepmann* 1983) Die Schnelligkeit, die Bewegung verlangt, die dem Empfinden des eigenen Körpers dient, zum Tanz animiert, ist von besonderer Bedeutung bei der Musik der Subkulturen. (*Willis* 1981, S. 96) Im Tanz, aber auch im Gestus der beliebten Sänger spiegelt sich das Ideal der Männlichkeit, der Stärke und Geradlinigkeit, das für proletarische Subkulturen typisch, sicherlich jedoch nicht unproblematisch ist. (Vgl. hierzu die Anmerkungen über die "Begrenzungen" in proletarischen Subkulturen in der Annäherung II; zur Bedeutung der Männlichkeit in der Kultur der Arbeiterklasse auch *Bourdieu* 1987, S. 597f)

Zusammenfassend kann man feststellen, daß in der Subkultur die Musik als ein Element genutzt wird, um die subkulturellen "Ziele" zu erreichen: Spaß haben, sich als Gruppe definieren und Grenzen nach außen markieren, Körperlichkeit, Schnelligkeit und Bewegung erfahren, die Außenwelt gezielt provozieren, Stärke nach innen und außen als "Widerstandspotential" für eine entfremdete Arbeitssituation gewinnen. Gerade weil die Rockmusik aus allen Zeiten als Ware mehr oder minder leicht zugänglich ist, ist sie nutzbar wie andere Konsumgüter auch. Allerdings definiert die Subkultur durchaus, welche Musik für sie "echt" ist und trifft so aus dem übergroßen Warenangebot eine "bewußte"

Annäherung III 153

Wahl. Die Rigidität der Subkultur ist ein Schutz vor der Beliebigkeit des industriellen Angebots. Der Interesselosigkeit der Kulturindustrie gegenüber dem Gebrauchswert der Waren, dem Inhalt und der Bedeutung von Musik, die als Ware "tot" und lediglich Träger von Wert ist, setzt die Subkultur, durch die aktive Aneignung und Einbeziehung in ihre Struktur eine Formulierung von Gebrauchwertansprüchen entgegen und macht die Musik "lebendig" durch ihren spezifischen, selbstbestimmten Gebrauch.

> Der Einfluß der Musik einerseits auf die Kultur der "Motorrad-Jungs" und andererseits deren genaue und überlegte Auswahl von Musikstücken erlaubte eine reale, wenn auch begrenzte, Dialektik der Erfahrung mit eigenen Formen materieller Praxis in der Motorradkultur. Das brachte sehr klare grundlegenden Homologien zwischen der gesellschaftlichen Gruppe und ihrer Musik zustande. Wir sollten Respekt vor dieser kreativen kulturellen Leistung auf einem Gebiet haben, das gewöhnlich für "kulturlos", depriviert und manipuliert gilt, und sollten von dieser Leistung lernen. (*Willis* 1981, S. 104)

Für Jugendliche aus der Mittelschicht scheint die Musik eine andere, "existentiellere" Bedeutung zu haben als für die Arbeiterjugendlichen, und zwar zunächst unabhängig davon, ob die Jugendlichen aktiv an einem gegenkulturellen Stil partizipieren. Dies ist sicherlich z. T. mit der unterschiedlichen Bedeutung der Musik in den Ursprungsfamilien zu erklären (vgl. *Dollase* 1974, S. 30), der Prozentsatz der InsturmentenspielerInnen ist bei steigendem Bildungsgrad zunehmend (*Jugendliche & Erwachsene* 1985b, S. 132f), von einer "Vererbung kulturellen Kapitals" i. Sinne *Bourdieu*s (1987, S. 150ff) kann auch in diesem Bereich ausgegangen werden. Für die Gegenkulturen hat die Musik, wie *Willis* dies für die *Hippies* analysiert, eine eminente Bedeutung, es besteht ein komplexer Zusammenhang mit der Gegenkultur, das Reden über die Musik ist eine wesentliche Aktivität. (*Willis* 1981, S. 193) Im Gegensatz zu den Motorradjungs interessieren die *Hippies* sich stark für die Texte; die Kultur orientiert sich an dem Ziel der Bewußtseinserweiterung, die *heads* betrachten den Kopf als Zentrum ihres Seins, die Texte der "progressiven" Musik der Hippies sind nicht mehr an dem vordem konkurrenzlos bedeutenden Thema "Liebe" orientiert, sondern umfassen ein weiteres Umfeld. Die Gegenkultur der *Hippies*, und dies läßt sich auf die Gegenkulturen m. E. insgesamt verallgemeinern, versucht einerseits, die gesellschaftliche Realität zu durchblicken, andererseits eine Alternative zu entwickeln. Sowohl die Interpretation der Realität als auch die Formulierung der Alternative ist jedoch nicht unbedingt zu verstehen als eine rationale, theoretische Durchdringung und eine radikale, strategisch ausgearbeitete Theorie gesellschaftlicher Veränderung. Vielmehr wird bei den *Hippies* kulturell die Realität aufgelöst, werden Bedeutungen in Frage gestellt, eine "außenstehende" und überlegene Haltung eingenommen. Willis beschreibt dies mit "machtloser Allwissenheit", ein Gefühl, "die Tricks und äußeren Erscheinungsbilder durchschaut" zu haben (*Willis* 1981, S. 124), gleichzeitig ergibt sich ein Schwinden von Möglichkeiten des Einflußes "auf die konventionellen anderen". (a.a.O., S. 125) Hinter der radikalen Kritik des gesellschaftlichen Systems "steckte weder politische Analyse noch politische Äußerung". (S. 161) Wird die Rockmusik in der Subkultur genutzt, um Spaß zu haben, stellt sie in der Gegenkultur Fragen, soll neue musikalische Möglichkeiten aufzeigen und damit einer Erweiterung des Bewußtseins dienen. Für die *Hippies* kann dieser Zugang zur Musik nur verstanden werden im Zusammenhang mit der Bedeutung von Drogen für ihre Kultur. Etliche Produktionen der Rockmusik beziehen sich auf Drogen, wären ohne Drogen nicht denkbar. (S. 203) Ich würde hier verallgemeinernd behaupten, daß die Musik in den Gegenkulturen explizit sich bezieht auf deren Stilelemente und auf die gegenkulturelle Deutung der Außenwelt (vgl. etwa auch *Hollstein* 1981, S. 23ff zur *Beat*-Generation, ebenso *Baacke* 1970) Diese direkte Verbindung zwischen der komplexen Kultur und "ihrer" Musik ergibt sich auch aus der Tatsache, daß die Rockmusiker dazugehörten oder doch mit der Szene in enger Verbindung standen. So "übte die *Hippie*kultur als solche einen entscheidenden Einfluß auf die Musik aus" (*Willis* 1981, S. 207), die *Hippies* haben "eine enge, resonanzreiche Beziehung zwischen Musik und sozialer Gruppe entwickelt". (S. 208)

Die Problematik des Konzeptes der "Jugendkultur" ist weiter oben bereits dargestellt worden. Es kann hier nicht auf der homologischen Ebene (*Willis*) die Analyse, wie bei den Sub- und Gegenkulturen, eines kulturellen Zusammenhangs der Jugendkultur geleistet werden, weil es einen solchen homogenen Zusammenhang nicht gibt. Vielmehr kann ich hier nur versuchen, das Feld der Vermittlung kultureller Praxen für diejenigen Jugendlichen zu analysieren, die keiner Sub- oder Gegenkultur angehören. Diese Analyse kann nur die Darstellung eines Spannungsfeldes sein. Sub- und Gegenkulturen wirken nach außen auf unbeteiligte Jugendliche, und zwar durch die Kombination dreier verschiedener Mechanismen: 1) durch die persönliche Bekanntschaft oder Anschauung, 2) durch die Darstellung von Sub- und Gegenkulturen in Medien, in der Schule und schließlich 3) durch die Produkte der Kulturindustrie, die aus Sub- und Gegenkulturen hervorgegangen sind oder sich auf diese beziehen. Die Produktion der Kulturindustrie wird besonders dann von den Gegen- und Subkulturen direkt und authentisch bestimmt, wenn diese "stark" sind, Inhalte und Ausdrucksformen neu bestimmt haben, wenn sie verschärfte gesellschaftliche Widersprüche aufgreifen oder neue kulturelle "Lösungsmöglichkeiten" entwickelt haben. Den Jugendlichen treten diese Aktivitäten dann, zumindest im großstädtischen Raum, dreifach entgegen: als Produkte, in der verschärften Aufmerksamkeit der "Öffentlichkeit" sowie durch Augenschein. Auch wenn die Rockmusik den "unbeteiligten" Jugendlichen als Ware gegenübertritt, sind sie in diesen Phasen zumindest tendenziell in der Lage, den Entstehungszusammenhang der Rockmusik, ihre Verbindung zu den Sub- und Gegenkulturen zu rekonstruieren; er bleibt trotz des Warencharakters der Rockmusik tendenziell lebendig. In Phasen geringerer sub- oder gegenkultureller Aktivität setzt sich die Tendenz in der kulturindustriellen Verbreitung zur Verflachung und Standardisierung durch. Musikalisch erhält die *Middle-Of-The-Road-Musik* (*MOR*) einen höheren Stellenwert.

> *MOR*-Musik ist zeitlos, sie spiegelt weder den historischen Zeitpunkt ihrer Entstehung wider, noch geht sie direkt auf die Bedürfnisse der sowohl jüngeren wie älteren Zuhörer ein. Demgegenüber besitzen die Ausdrucksformen des Rock (...) einen aktuellen Zeitbezug zur jeweiligen historischen Situation und zu den Bedürfnisse jugendlicher Zuhörer. (*Spengler* 1985, S. 25)

Die Kulturindustrie produziert kontinuierlich, sie "spricht, auch wenn sie nichts zu sagen hat", bei fehlenden authentischen Produkten entsteht eine Abfolge von Trends, ohne daß sich einer davon durchsetzen könnte, gleichzeitig wird das Alte immer wieder neu inszeniert, bei fehlendem Inhalt muß die Inszenierung immer aufwendiger gestaltet werden. Derartige Phasen sind anzusiedeln in den Übergängen zwischen verschiedenen "Rock-Generationen", wobei sich jede Generation "ihre Ausdrucksformen aufs Neue immer wieder selbst erarbeiten (...) muß". (a.a.O., S. 31)

Die Vermittlung sub- und gegenkultureller Praxen geht jedoch auch in deren "aktiven Phasen" nur indirekt vonstatten: Die Rockmusik tritt den Jugendlichen als Ware gegenüber; für die Sub- und Gegenkulturen liegt die Bedeutung dieser Waren, wie ich oben dargestellt habe, in der spezifischen Art ihrer Benutzung in der Kultur, die immer eine aktive Aneignung ist. Dies wird gerade bei der Musik deutlich: die Schallplatte an sich hat eine geringe Bedeutung, das gemeinsame Anhören, das Tanzen zur Musik etwa bei den Motorradjungs, das Besprechen der Musik bei den *Hippies* ist das Wesentliche. Der Gebrauchswert der Rockmusik liegt auch in den kulturellen Praxen, deren Teil sie ist und die sie symbolisiert. Wenn der ursprüngliche Zusammenhang nicht mehr rekonstruierbar, keine aktive Aneignung der Rockmusik mehr möglich ist, ist die Musik verdinglichter Ausdruck einer von ihr entfremdeten Kultur. Diesen Prozeß beschreibt *Adorno* als eine Zwangsläufigkeit für die Musik in der kapitalistischen Gesellschaft:

> Die gleiche Macht der Verdinglichung, die die Musik als Kunst konstituierte und die nie in bloße Unmittelbarkeit sich rückverwandeln ließe, wollte man nicht die Kunst auf ein vorarbeitsteiliges Stadium zurückverweisen - die gleiche Macht der Verdinglichung hat heute den Menschen die Musik genommen und ihnen bloß deren Schein gelassen; die Musik aber, soweit sie sich nicht dem Gebot der Warenproduktion unterwirft, ihres gesellschaftlichen Haftes beraubt, in den luftleeren Raum verbannt und ihre Gehalte ausgehöhlt. (*Adorno* 1973, S. 153)

Adorno formuliert hier als Prämisse seiner Argumentation, der "kapitalistische Prozeß" hätte die "musikalische Prouktion und Konsumtion" restlos in sich hineingezogen. (ebd.) Die Produktion und Konsumtion der Rockmusik ist jedoch in den Gegen- und Subkulturen nicht ausschließlich vom Verwertungsinteresse bestimmt, wie ich dargelegt habe. Die Tendenz einer zunehmenden Entfremdung der Rockmusik, die einhergeht mit (scheinbarer) Autonomie der Musik und Perfektionierung der Musiker, wurde ebenfalls dargestellt. Auf der Konsumentenseite birgt die Verallgemeinerung der Rockmusik, ihr Heraustreten aus ihrem Entstehungszusammenhang die Tendenz, daß sie den Jugendlichen verdinglicht gegenübertritt, nicht mehr als Ausdrucksmittel der eigenen Bewegung erscheint, dann tatsächlich nur noch Ware ist, wie dies Adorno annimmt:

> Die Rolle der Musik im gesellschaftlichen Prozeß ist ausschließend die der Ware; ihr Wert der des Marktes. Sie dient nicht mehr dem unmittelbaren Bedürfnis und Gebrauch, sondern fügt sich mit allen anderen Gütern dem Zwang des Tausches um abstrakte Einheiten und ordnet mit ihrem Gebrauchswert, wo immer er (...) sein mag, dem Tauschzwang sich unter. (a.a.O., S. 152)

Adorno beschreibt als vollzogenen Prozeß, was sich als Tendenz darstellt, jedoch durch den spezifischen Produktionsprozeß wiederum gebrochen wird. Rockmusik ist zwar auch Ware, doch kann sie nicht nur als Ware betrachtet werden; eine Analyse kann sich nicht eindimensional auf den Warencharakter der Rockmusik stützen, ohne falsch zu werden.

4.4. Kulturindustrie und Jugendliche: die industrielle Induzierung von Bewußtsein

> San koane Geigen da
> Koa Alpenglühn, koa Wildbach rauscht
> Des soll as Leben sei
> Wo bleibt die Phantasie?
> I brauch koan Alkohol
> I brauch koan Rock'n'Roll
> I brauch mein Kitsch, jawohl!
>
> Konstantin *Wecker*

Die besondere Bedeutung der Rockmusik für Jugendliche im Gesamtzusammenhang der Kulturindustrie ist bislang bereits dargestellt worden. Sie wird auch in Arbeiten herausgehoben, die sich schwerpunktmäßig anderen Medien widmen. *Luger* etwa kommt in seiner Untersuchung zum Fernsehverhalten Jugendlicher zu dem Ergebnis, daß es einen "Bilder-Typ", der sich durch häufigen TV-Konsum auszeichnet, sowie einen "Lese-Typ" als selteneren "Fern-Seher" gebe, wobei sich das Fernsehverhalten hauptsächlich "sozial veerbt" und an der Ursprungsfamilie orientiert. Für beide "Typen" sei jedoch die Musik von großer Bedeutung. (*Luger* 1985, S. 253f) Für *Kaminski*, der sich dem Jugendbuch zuwendet, hat dieses eine "eher marginale Bedeutung" (1982, S. 80). Allerdings kann nicht davon ausgegangen werden, daß die Rockmusik nunmehr die sonstigen Medien in der Nutzung durch Jugendliche verdränge: *Zinnecker* (1985, S. 189ff) geht davon aus, daß die Lesetätigkeit bei Jugendlichen nicht zurückgegangen sei und daß es keine Verdrängung der "alten" Medien durch die "neuen" gebe (S. 208f). Auch in der von Luger zitierten Marktstudie für Österreich 1983 stehen die Print-Medien auf vorderen Rängen: Tageszeitung lesen auf Rang 2, Bücher lesen auf Rang 6, Zeitschriften lesen auf Rang 9; der Besuch von Theater- und Sportveranstaltungen steht auf Rang 18 und wird von 17% der befragten Jugendlichen im Alter von 14 bis 30 Jahren regelmäßig praktiziert, wobei sich dieser Anteil mit zunehmendem Alter erhöht. (*Luger* 1985, S. 34)

Die Mediennutzung und die damit zusammenhänge Orientierung an den peers unterscheidet sich hauptsächlich a) durch die Geschlechtsspezifik und b) durch soziale bzw. individuelle Konsumtionsweise. Die Situation und Orientierung von Mädchen und jungen Frauen scheint durchgängig stärker an die Ursprungsfamilie und den privaten Haushalt gebunden zu sein. (*Schilling* 1975, S. 187) Mädchen und junge Frauen konsumieren stärker Jugendbücher und Zeitschriften (siehe z. B. *Schmutzler-Braun/ Schreiner-Berg* 1983, S. 394f, ähnlich *Zinnecker* 1985, S. 195), Tätigkeiten also, die vornehmlich zu Hause und wahrscheinlich teilweise in Verbindung mit Hausarbeit ausgeführt werden. Thematisch steht die Beschäftigung mit Romanen über das "Glück der Liebe oder oder über das Werden und Vergehen mächtiger Familien" (*Schmutzler-Braun/Schreiner-Berg*, a.a. O., S. 397) im Vordergrund, das Lesen erscheint als typische kulturelle Praxis von Frauen, die sich aus ihrer Lebensperspektive ergibt: die "weibliche Aufgabe" der Gestaltung menschlicher Beziehungen, der alltäglichen und anonymen Praktiken des Alltags korrespondiert mit der "in häuslicher Zurückgezogenheit vollzogene(n) Lektüre". (a.a.O., S. 405) Die Klischees typisch weiblicher Rollen bestimmen die Jugendliteratur weitgehend, wie Almut *Prieger* etwa für eine der beliebtesten Jugendbuchautorinnen in der BRD, Enid *Blyton* feststellt (1982, S. 61ff, S. 135 ff), und dies gilt nicht nur für die "Mädchenbücher" wie Hanni und Nanni, sondern auch und wesentlich subtiler für die Abenteuerbücher. Auch im Bereich der "problemorientierten" Jugendbücher, die Widersprüche in der gesellschaftlichen Entwicklung und gegenkulturellen Protest behandeln, gilt nach *Kaminski* (1982, S. 73f), daß der Protest gegen das vorgefundene System eher als Ausflug und privates "Ausflippen" schließlich zurückgenommen wird. In der Musizierpraxis von Jugendlichen werden neben den klassen- und schichtspezifischen Differenzen (s. o.) ebenfalls Unterschiede zwischen den Geschlechtern sichtbar: Der Anteil der Musikerinnen ist leicht höher als der der Musiker, wobei diese verstärkte Musizierpraxis der weiblichen Jugendlichen stärker als bei den männlichen Jugendlichen mit dem Bildungsgrad korreliert; Mädchen und junge Frauen spielen eher die "klassischen Instrumente" wie Flöten, Klavier und akustische Gitarre, während bei Jungen und jungen Männern verstärkt die elektrisch verstärkten Instrumente (besonders Gitarren) eine Rolle spielen. Die männlichen Jugendlichen orientieren sich offensichtlich zum Teil an der Rockmusik und am *Punk*, wobei die "handwerklich einfachere" Struktur dieser Musik auch Schülern mit "niedrigerem Bildungsniveau" einen Zugang erlaubt, während für die weiblichen Jugendlichen zumindest z. T. das Bild der "höheren Töchter" zutreffen dürfte, die sich der Hausmusik widmen. (*Kirchner* 1985, S. 134) Zusammenfassend läßt sich für die jungen Frauen und Mädchen beschreiben, daß in ihren kulturellen Praxen stärker die Elemente Häuslichkeit, Innengerichtetheit, Bezug auf personale Beziehungen zum Tragen kommen. Hierbei ist die (immer noch) stärkere Belastung der weiblichen Jugendlichen im (elterlichen) Haushalt sicherlich eine der Ursachen; hinzukommt die Ausrichtung auf die Übernahme der "typischen" Frauenrolle und eine Akzeptanz dieser Rollenvorstellungen bei vielen Mädchen und jungen Frauen. Es darf jedoch nicht verschwiegen werden, daß objektive Faktoren den eher häuslichen Bezug von Mädchen und jungen Frauen fördern: So sind weibliche Jugendliche tatsächlich bedroht, Opfer männlicher Gewalt, sei es "nur" in Form diskreminierender "Anmache" zu werden; öffentliche Räume sind für Frauen in unserer heutigen Gesellschaft wesentlich auch Risikoräume. Daneben läßt sich für bestimmte Bereiche durchaus eine einseitige Ausrichtung auf männliche Jugendliche feststellen, so z. B. für die Jugendzentren; diese Ausrichtung ist zwar einerseits Resultat eines schwächeren Besuchs durch weibliche Jugendliche, führt jedoch in der Konsequenz dazu, die Ausgrenzungsmechanismen zu verschärfen.

Das zweite Kriterium für die Differenzierung der Relevanz und Funktion der Kulturindustrie ist die Art und Weise des Konsums ihrer Produkte in der Polarität von einzelner, individueller (exemplarisch: Lesen zu Hause) und öffentlicher, gemeinschaftlicher (exemplarisch: Besuch eines mehrtägigen Rock-Festivals) Praxis. Ich habe bereits dargelegt, daß die Analyse eben derjenigen Produkte, die gemeinsam konsumiert werden, sinnvoll nur erscheint als Analyse des Gebrauchs in einer sozialen Gruppe, somit als Element eines mehr oder minder ausgeprägten Gruppenstils. Bislang ist die Frage nach der typscherweise privaten und individuellen kulturellen Praxis offengeblieben. In diesem Feld sind die sogenannten neuen Medien von besonderer Bedeutung, Computer- und Telespiele, auch Video, außerdem das mittlerweile schon "alte" Medium Fernsehen. Gerade diese "neuen" Medien stehen oft im Verdacht, wesentliche Auswirkungen auf das Verhalten und die Einstellungen Jugendlicher zu haben. Für die Computer als auch für Video gilt nach meiner Einschätzung nicht unbedingt, daß Jugendliche diese individuell und vereinzelt nutzen: Programmtausch, gemeinsames Verbessern von Prgrammen und gemeinsames Spiel am Computer ist wesentlicher Bestandteil von "Computerkultur". (Siehe hierzu auch *Paul 1986*, der zu einer ähnlichen Einschätzung kommt) Für den Bereich der Videos habe ich in verschiedenen Gesprächen in Jugendzentren usw. den Eindruck gewonnen, daß diese häufig im Freundes- oder Familienkreis angesehen werden; die Ausleihe in den Videotheken wird schon aus finanziellen Gründen oft gemeinsam organisiert, das gemeinsame Betrachten der Cassetten im Freundeskreis ist m. E. für die meisten Jugendlichen ein Steigerung des Genusses. Nach meiner Auffassung ist es nicht unbedingt notwendig, in den "neuen" Medien eine bedeutsam andere Qualität kulturindustrieller Ausrichtung zu sehen; ich werde mich deshalb im folgenden wesentlich auf das Fernsehen als das quantitativ bedeutendste Medium für Jugendliche mit einem eher privaten Gebrauch beziehen, zumal hierfür die Materiallage wesentlich besser ist als für die "verdächtig(t)en" neuen Medien.

Die Funktionen der kulturindustriellen Produkte für Jugendliche fasse ich unter die Begriffe a) *Artikulation und Orientierung*, b) *Eskapismus*, c) *Fixierung* und schließlich d) *Partizipation durch Konsum*. Dieser Analyse liegt die Hypothese zugrunde, daß die Kulturindustrie mit ihren Produkten für die Jugendlichen nicht direkt Bedürfnisse befriedigt und Werte transportiert, sondern das Material zur Verfügung stellt für die Gestaltung von Raum und Zeit durch Jugendliche in der Freizeit, wie dies *Frith* für die Musik annimmt:

> Freizeit heißt Trinken und Lachen und Nichtstun und Sex und Alles-einmal-probieren-Dürfen, ehe man sein ganzes Leben lang nur noch arbeiten muß. Für diese jungen Leute befriedigt die Musik an sich noch keine Bedürfnisse und symbolisiert auch keine Werte, sondern sie bildet lediglich den lärmenden und aufmunternden Kontext für alle übringen Aktivitäten. (*Frith* 1981, S. 259)

Ich habe oben in der Annäherung II dargelegt, daß aufgrund des generationsspezifischen Zugangs zur gesellschaftlichen Realität die Orientierung der Jugendlichen und die Artikulation ihres, u. U. spezifisch verschiedenen, gesellschaftlichen Standpunktes zu den wesentlichen Aufgaben der Jugendphase gehört. Die Anforderungen, die sich hieraus für die kulturelle Praxis und somit für den Umgang mit den Produkten der Kulturindustrie ergeben, verstehe ich unter dem Begriff der Artikulations- und Orientierungsfunktion der Kulturindustrie. Die eher gesellschaftskritische Haltung, die im *Beat* und in der *Beat*-Generation zum Ausdruck kommt, bezeichnet *Baacke* als eine "sprachlose Opposition"; sprachlos, weil sie sich eigener Zeichen und Symbole bedient, sich hiermit vom gesamtgesellschaftlichen Sprachsystem abgrenzt, nicht "weiß, zu wem sie sprechen soll und mit welchen Mitteln", sodaß sie "sich invers zu sich selbst" verhält. Eine eigentliche Opposition im Sinne des Versuchs einer gesellschaftlichen Veränderung sieht *Baacke* nur bei den älteren Jugendlichen, die eigentlich schon erwachsen sind. (1970, S. 29) Die *Beat*-Kultur verhält sich somit im Bezug auf die Gesamtgesellschaft ähnlich wie die "klassischen" Jugendkulturen, die einen "Reflex" darstellen auf die gesellschaftliche Entwicklung, die Widersprüche zwar aufnehmen, sich jedoch nicht verändernd auf das gesellschaftliche System zurückbeziehen. Allerdings ist die moderne Gegenkultur von ihren Vorgängerinnen wesentlich unterschieden durch die Bedeutung der medialen, kulturindustriellen Verbreitung. (*Baacke*, a.a.O., S. 38) Auch *Spengler* schätzt die Fähigkeit der Rockmusik, politische Inhalte tatsächlich zu transportieren, eher gering ein. (1985, S. 99f) Die gesellschaftskritische Wirkung von Rockmusik ergibt sich zudem weniger aus den Texten, auch nicht unbedingt aus den musikalischen Formen, sondern aus der Persönlichkeit der Musiker, ihrem nach außen sichtbaren - oft als image bewußt produziertem - Lebensstil und ihren politischen Positionen. Diese Einschätzung wird bei einer Umfrage unter Rockmusikern deutlich, die in der Mehrzahl der Aussage zustimmten, "gesellschaftskritische Wirkung ist hauptsächlich über die Popularität der Musiker möglich; ihren politischen Aussagen wird u. U. wegen ihrer Popularität mehr Gehör geschenkt." (*Dollase* u. a. 1974, S. 213) *Kraushaar* (1980a) stellt mit einigen Thesen die politische Funktion des Einsatzes der Rockmusik selbst für die explizit politisch ausgerichteten und von einer Initiative der MusikerInnen ausgehenden *Rock gegen Rechts*-Konzerte insofern in Frage, als er auf den "entsublimierenden" Charakter von Rockmusik verweist, der wenig mit bewußter politischer Artikulation gemein habe. (a.a. O., S. 14) Die Verbindung von Rockmusik und fortschrittlicher politischer Aktion ist für Kraushaar fruchtbar und problematisch zugleich: Die Rockmusik vereint die auseinanderströmenden und teilweise konkurrierenden Kräfte auf der einen Seite und verstärkt damit das politische Potential dieser Bewegung, während auf der anderen Seite eine gewisse Beliebigkeit und Unbeholfenheit im Umgang von RockmusikerInnen und politischen Veranstaltern festzustellen ist, die hinreicht bis zur gegenseitigen Instrumentalisierung, wo die Bands nur die Auftritts- und Publicitymöglichkeiten suchen unabhängig vom Inhalt einer Veranstaltung, während die politischen Veranstalter lediglich an der Mobilisierungswirkung der Rockmusik interessiert sind, unabhängig von deren Inhalten. (siehe z. B. *Kraushaar* 1980b)

Fuchs beschreibt ein Orientierungsmuster der Selbstbehauptung, das geeignet erscheint, das Bedürfnis nach einem Beschreiben und Artikulieren einer gesellschaftskrischen Position durch die kulturelle Praxis zu erläutern:

> Die soziale Welt erscheint in Selbstbehauptung als der Gesellschaftsdrachen, dem man widersprechen muß, dem man sich entziehen soll, gegen den man sich wehren muß, um ein lebendiges Leben führen zu können, sich selbst in voller Lebendigkeit behaupten zu können. (...) Ganz ausdrücklich spielt sich dieser Kampf um Selbsthauptung gegen die Gesellschaft nicht als innerer Vorbehalt, als ruhige Distanziertheit von den Regeln und Rollensystemen des Sozialen ab, sondern als alltäglicher Widerstand, als Absetzbewegung und Suche nach Lücken, als kleine Nadelstiche und ausgearbeitete Feldzüge gegen die Normalität und allumfassende Reguliertheit des sozialen Lebens. (*Fuchs* 1985, S. 155f)

Ähnlich formuliert *Luger*, die Musik habe für die Jugendlichen die Funktion, den Umgang mit den eigenen Gefühlen zu ermöglichen, sich gegen die "Verkrustungen" der Gesellschaft zu behaupten. Während diese Analyse für die Rockmusik und die MusikerInnen zutrifft, die noch in einer Verbindung stehen zum gegen- oder subkulturellen Ursprungsmilieu, so ist die Frage nach der Orientierung an einer verflachten, standardisierten und entfremdeten Musik noch zu stellen. In einer Analyse der *Disco*musik setzen Franz u. a. deren rigide Ordnungsprinzipien in Zusammenhang mit der gesellschaftlichen Ordnung: Als Unterhaltungsmusik im strengen Sinne des Wortes ist die *Disco*musik gekennzeichnet durch ein starres Festhalten an der Harmonielehre, durch ständiges Verweisen auf das Altbekannte (1980, S. 125) sowie durch rhythmische Monotonie. Orientierung in der *Disco* ist nicht das Behaupten einer eigenen, in Widerstand zu gesellschaftlichen Verhaltenserwartungen und -zumutungen befindlichen Identität, sondern vielmehr das Abwehren des "bedrückenden Teil(s) der Erfahrung in die Phantasie", das kulturindustrielle Aufgreifen der Phantasie kanalisiert sie zu "Tagträumerei, Infantilisierung und Regression", die als "legitimer gesellschaftlicher Ausweg aus der Auswegslosigkeit mangelnder Lebensperspektive" erscheinen. (a. a.O., S. 150) In der *Disco*musik wird das Nichts bombastisch inszeniert, tritt durch Lautstärke und, von Lichteffekten unterstützt, gewaltig auf, beherrscht den Raum; die *Disco*kultur ist nicht "subkultureller Ausdruck des materiellen Elends von Jugendlichen, Ausdruck ihrer gesellschaftlichen Lage und ihrer aktuellen Situation, sondern die kommerzielle Vermarktung dieses Elends". (ebd.)

Gemessen an der "Maximalanforderung" der *Adorno*schen Ästhetik sind an die Kunst die Anforderungen zu stellen, daß sie den Klassencharakter der Gesellschaft darstellt und die Änderung der gesellschaftlichen Verhältnisse einfordert. (*Adorno* 1973, S. 155) Entgegengesetzt zu dieser Erkenntnisfunktion bewirkt die Kulturindustrie unter gewissen Umständen, wie sich am Beispiel der *Disco*-Musik zeigen läßt, daß sich das Publikum auf der "Suche" nach einer Orientierung einem als falsch erkannten Schein unterwirft, in der Angst, das Leben werde den Menschen "vollends unterträglich, sobald sie sich nicht länger an Befriedigungen klammern, die gar keine sind". (*Adorno* 1967, S. 66) Die Angst vor dem Verlust an Orientierung ist so stark, daß die Menschen eher am als Schein erkannten Schein festhalten. Die "Leistung" der Kulturindustrie ist nicht die Kritik der Entfremdung, vielmehr bringt sie den Menschen das Entfremdete nahe. (*Adorno* 1972, S. 33) Allerdings, und hier muß ich auf die weiter oben gemachten Einschränkungen zurückkommen, gilt dies nicht in der von *Adorno* angenommenen Totalität: Zum einen sind die Produkte der Kulturindustrie teilweise "authentisch" und transportieren die sub- und gegenkulturelle Kritik, ermöglichen eine sub- und gegenkulturelle Praxis, die, von Begrenzungen nicht frei, so doch eine kritische Praxis ist; zum anderen ist die Unterordnung unter den falschen, als falsch erkannten Schein nicht widerspruchslos auf Dauer möglich. In diesem Zusammenhang muß noch einmal auf die besondere "Produktionsweise" von Sub-, Gegen- und, vermittelt und mit starken Einschränkungen, Jugendkultur eingegangen werden. Der Warencharakter einer jeden Musik und eines jeden Kunstwerks im Kapitalismus ist, so die These *Adornos*, problematisch und ist letztlich die Ursache dafür, daß die Kunst nicht mehr den in sie gesetzten Anforderungen genügt:

> Widersprüche wie der zwischen dem gesellschaftlichen Gehalt der Werke und dem Wirkungszusammenhang, in den sie geraten, prägen den gegenwärtigen Zustand von Musik. Sie findet sich, als Zone objektiven Geistes (Hervorhebung von mir, K.H.), in der Gesellschaft, fungiert in ihr, spielt ihre Rolle nicht nur im Leben der Menschen, sondern als Ware, auch im ökonomischen Prozeß. Zugleich ist sie gesellschaftlich in sich selbst. Gesellschaft hat sich in ihrem Sinn und dessen Kategorien sedimentiert (...)(*Adorno* 1975, S. 67f)

Die nicht unproblematische Verknüpfung von Gesellschaftskritik und Musiksoziologie, nach Meinung *Kneifs* Ursache einer "voluntaristischen Gesellschaftstheorie" (1971, S. 95f) ist zur Analyse der Rockmusik nicht geeignet:

Adornos normativ-ästhetische Orientierung ist einerseits durchaus fragwürdig. So wird jede Musik an einer vergangenen Epoche gemessen, selbst wenn diese Wertung nicht explizit ausgesprochen wird. (vgl. *Boehmer* 1975, S. 228) Die Verengung der Perspektive auf den autonomen Künstler als Produzent autonomer Kunstwerke ist insofern problematisch, als exakt die Arbeitsteilung, die zunehmende gesellschaftliche Verdinglichung und zumindest in Ansätzen der Warencharakter der Kunst Voraussetzung dieser Autonomie sind und sein müssen. (vgl. *Adorno* 1967, S. 61; kritisch dazu etwa auch *Jauß* 1988) Kulturelle Praxis der Menschen als Bestandteil ihres Alltags muß hier entweder ausgeklammert bleiben oder, was ebenso problematisch ist, implizit herabgewertet werden. Das Problem der Vermittlung autonomer Kunst ergibt sich zwangsläufig und wird unlösbar, solange sich ein Verwertungsinteresse niederschlägt in Warenproduktion überhaupt, ist also vorhanden schon vor der kapitalistischen Produktionsweise mit der einfachen Warenproduktion. So ist anderseits die Funktion des Kunst-Konsumenten ebenfalls notwendigerweise problematisch: Für *Boehmer* ist *Adornos* Begriff des bürgerlichen Musikkonsumenten rein musikalisch, nicht aber gesellschaftlich begründet und daher unzulässig abstrakt. (a.a.O., S. 229) Unter diesen Prämissen verkennt die Beurteilung etwa des Jazz durch *Adorno* grundsätzlich seine besonderen Entstehungsbedingungen als Musik der unterdrückten Klassen, die sich nicht an den herrschenden musikalischen Standards orientieren konnten, und wie ich meine, auch nicht orientieren wollten. (S. 233) Dem *Jazz* wie auch der *Rockmusik* kann m. E. nur eine Analyse gerecht werden, die diese Musik als Volkskultur begreift, wie *Kebir* es für die Ursprünge der amerikanischen Massenkultur beschreibt:

> Unfreiwillig trägt sie (die moderne amerikanische Massenkultur, K.H.) das Stigma der Nichtarbeit, das in der konkreten Sicht der "aus den Slums stammenden Künstler" jedoch als Befreiung von unangenehmer Arbeit erscheinen kann. Damit tritt zum ersten Mal eine Volkskultur auf breiter Basis in die Fußstapfen der auf Mäzenentum basierenden Hochkultur, wodurch auch leichter verständlich ist, wieso sie mit all ihren nonkonformistischen Zügen doch zur "Festungsmauer der alten Gesellschaft" (*Gramsci*) wird. Sie steht den Problemen der Arbeitswelt im Grund fremd gegenüber. (*Kebir* 1986a, S. 39; vgl. auch *Kebir* 1986b)

Es geht also nicht darum, eine "Volkskultur" zu behaupten, die die Erkenntnis gesellschaftlicher Entfremdung, deren Kritik und Aufhebung bedeuten würde. Vielmehr soll nur klargestellt werden, daß sich die "Begrenzungen" und Chancen, "Durchdringungen" der Alltagskultur und der Produkte der Kulturindustrie aus deren spezifischen Produktionsbedingungen ergeben und nicht analysierbar sind als Defizite gegenüber einer "Hochkultur", deren autonome Kunstwerke zumindest aktuell keine gesellschaftliche Relevanz aufweisen können (*Adorno* 1972, S. 339) In diesem Sinne ist auch die Nicht-Orientierung etwa der *Disco*-Kultur zu begreifen als die Orientierung an etwas Falschem, eigentlich nicht vorhandenem und künstlich aufgeblasenem, die resultiert aus der

Ausgrenzung einer gesellschaftlichen Wirklichkeit, die nicht zu bewältigen scheint, insofern "Spielkultur" (*Kebir*) bleibt durch Ausgrenzung der Arbeitswelt. Die Nicht-Orientierung an der gesellschaftlichen Wirklichkeit tritt auf als *Eskapismus* oder als *Fixierung*.

Wenn mit Eskapismus ein Prozeß der Flucht benannt sein soll, so bliebe zu klären, wohin die Flucht gehen soll, kann sie doch in den seltesten Fällen real sein, in eine andere Kultur, ein anderes Land (welches auch immer Land der Träume sein mag) gehen, ist sie angewiesen auf die Flucht in den Tagtraum oder in den Schein. Eben darin liegt die Funktion der Kulturindustrie, die Flucht scheinbar zu ermöglichen, die Wahrnehmung der Realität auszugrenzen zugunsten eines geträumten oder scheinhaft besseren Zustandes. Die Flucht in den Traum scheint nicht nur sinnlos, unproduktiv:

> Das Leben aller Menschen ist von Tagträumen durchzogen, darin ist ein Teil lediglich schale, auch entnervende Flucht, auch Beute für Betrüger, aber ein anderer Teil reizt auf, läßt mit dem schlecht vorhandenen sich nicht abfinden, läßt eben nicht entsagen. Dieser andere Teil hat das Hoffen im Kern, und er ist lehrbar. (*Bloch* 1985a, S. 1)

Insofern ist der Traum auch das "noch nicht gelungene Beisichsein in realer Antizipation" und damit notwendiger Maßstab, um Entfremdung überhaupt noch kritisierbar zu machen (*Bloch* 1963, S. 113) Die Basis für die Träume ist die Stimmung als das "Medium von Tagträumen" (*Bloch* 1985a, S. 116), als offene Grundlage für die träumerische Wahrnehmung. Die Stimmung zu beeinflussen ist eine der wesentlichen Aufgaben der kulturindustriellen Produkte, besonders der Musik. Durch die Musik bessern Jugendliche ihre Stimmung auf (*Dollase* u. a. 1974, S. 148), schaffen sich mit ihr eine bestimmte Umwelt (*Kneif* 1982, 45ff), reagieren so auf Frustration. (a.a.O., S. 41) Es ist nur scheinbar paradox zu sagen, daß die Flucht vor der gesellschaftlichen Realität in den Tagtraum auch die Basis sein kann für das Verständnis von Realität; die Eskapismusfunktion jugendlicher Kulturen kann auch als Erkenntnisfunktion aufgefaßt werden. Die Stärke und Stabilität von Sub- und Gegenkulturen ist, wie oben dargelegt, wesentlich begründet in ihrem teilweisen Rückzug aus der Gesellschaft; der Traum von Direktheit, Spontaneität, intensivem Erleben ist für die Motorradjungs nur zu entwickeln, wenn er sich auf den geschaffenen Raum um das Motorrad, die Treffpunkte, auf den eingegrenzten Zeitrahmen des "Feierabends" bezieht; die Gesellschaft der *straights* ist für die *heads* nur dann radikal zu kritisieren, wenn diese Kritik in ihrem "Reservat" von Musik, Drogen und langen Gesprächen sich entwickeln kann. Insoweit ist die "Flucht" in den Traum keine wirkliche Flucht, sondern Basis für die Entwicklung von Bedürfnissen, die im gesamtgesellschaftlichen System nur gebrochen und unvollständig existieren, sie greift Phantasien (s. o.) auf und gibt ihnen in der sub- und gegenkulturellen Praxis einen gebrochenen, fragmentarischen Begriff, läßt sie überindividuell, für die anderen deutlich werden.

Dies macht die Sache so kompliziert: Wenn der Traum als Traum erkannt ist, macht er hungrig, nicht satt, er weckt Bedürfnisse und gibt nicht vor, sie zu befriedigen. Wenn aber der Traum sättigt und sich mit sich zufrieden gibt, dann ist er nur noch "schale Flucht", befriedigt er mit bloßem Schein; das ist die zweite Seite des Eskapismus, die Vorstellung eines "Inselglücks" inmitten einer Welt, die einem gleichgültig sein muß, weil sie bedrohlich ist. Als "Insel" bietet sich die Privatheit an, sie ist angelegt in der Abtrennung von Produktion und Sozialisation in der klassischen bürgerlichen Öffentlichkeit. Ich habe dies oben ausführlicher beschrieben als die Problematik der rein privaten "Liebe im Vakuum"; Hein charakterisiert die Jugendkultur in den achtziger Jahren, besonders die Alternativkultur der Mittelschichtsjugend, scharf und in Abgrenzung zur politischen Gegenkultur der 60er und frühen 70er Jahre teilweise polemisch als Flucht auf eine Spielwiese, die sich mit sich selbst zufrieden gibt:

> So paradox es klingen mag: die politisierte Kulturszene der Großstadt, die einen großen Teil der Mittelschichtjugend anzieht, verkörpert nicht schlichtweg ein kritisches Potential; mit ihr reduziert sich gleichzeitig der politische Widerstand auf eine Dimension, die die herrschende Kultur erlaubt. Militante Unruhe kommt dagegen von solchen Jugendlichen, die über geringere Möglichkeiten kultureller Kompensation verfügen. (*Hein* 1984, S. 27)

Die kulturelle Vielfalt, die in den achtziger Jahren erlaubt scheint wie nie zuvor, bringt eine Beliebigkeit mit sich, sie läßt sich problemlos in den Habitus der Industriegesellschaft einordnen; statt des selbstentwickelten und symbolhaften Stils werden "Accessoires" zu Elementen der Mode, zum "Nicht-Stil der Kostümierung", damit ist "trotz aller Buntheit eine Tendenz zur Vereinheitlichung" gegeben. (a.a.O., S. 26) Die Protestkultur ist, aufgrund der neuen kulturellen Freizügigkeit wirkungslos, sie entspricht dem Bild von "Jugend" als irgendwie fortschrittlicher Kraft, deren gutartige Besonderheit ist, phantasievoll und kulturell hochstehend die Gesellschaft zu kritisieren; die Frustrationen Jugendlicher resultieren deshalb "wohl zu einem großen Teil daraus, daß sie mit Protest und abweichendem Verhalten - wie sie selbst im Grunde wissen - nur ein Alltagspensum erfüllen." (S. 29) Auf der Basis einer entwickelten Warenproduktion ist die "postmaterialistische" Orientierung scheinhaft: der Verdacht liegt nahe, daß die "Proklamierung 'postmaterialistischer Werte' zur Verhaltens-ästhetik jener gehört, die die materiellen potentiell besitzen" (S. 48).

Für *Bourdieu* ist die kulturelle Praxis der (kulturell vielfältigen) Gegengesellschaft, deren Mitglieder sich aus dem Kleinbürgertum rekrutieren, besonders in der Dienstleistungsbranche und in den Sozialberufen tätig sind, auch ein Versuch dieser vom permanenten sozialen wie kulturellen Abstieg bedrohten Gruppe, sich eine gesicherte soziale Position zu erhalten; sie ist ebenso wie das "klassische" Kleinbürgertum bestimmt von einem fast zwanghaften Bemühen um Distinguiertheit (1987, S. 568). Das Selbstverständnis der neuen Kleinbourgeoisie orientiert sich um die Genußfähigkeit (mit der Tendenz zum Genußzwang), die Gesundheit der Person (natürliche Lebensweise etc.) und die Psychologisierung der Menschen und ihrer Probleme. In diesen Bereichen wird gesellschaftlicher Bedarf produziert, findet das neue Kleinbürgertum (mehr oder weniger) gesicherte berufliche Positionen, die von einer "Körperschaft von Spezialisten (Psychoanalytikern, Sexologen, Eheberatern, Psychologen, Fachjournalisten usw.), die das Definitionsmonopol für legitime pädagogische oder sexuelle Kompetenz beanspruchen" (*Bourdieu* 1987, S. 580), ideologisch abgesichert werden. Die bunte, vielfältige und unverbindliche kleinbürgerliche Jugendkultur, die oben beschrieben ist, muß auch im Kontext der Bemühungen des neuen Kleinbürgertums um die Sicherung seiner sozialen Position gesehen werden:

> Geleitet von ihrer anti-institutionellen Stimmung und von dem Bemühen, allem zu entkommen, was an Konkurrenz, Hierarchien und Klassifizierungen erinnert, und vor allem an schulische Klassifizierungen, an hierarchisiertes und hierarchisierendes Wissen, an theoretische Abstraktionen oder technische Kompetenz, erfinden diese neuen Intellektuellen einen Lebensstil, der ihnen Vergütungen und Prestige einer Intellektuellenexistenz zum geringsten Preis sichert (...) Kaum nötig zu betonen, wieviel diese romatische Flucht aus der Gesellschaft, die in ihrem Schwärmen für Körper und Natur sich selbst manchmal als Rückkehr zum "Ursprünglichen" und "Natürlichen" empfindet, mit "Kultur" ja "Schule" zu tun hat: mit der legitimen hat die Gegen-Kultur gemeinsam, daß sie ihre Prinzipien unausgesprochen läßt (verständlich, handelt es sich doch um ethische Einstellungen), und sie vermag ebenfalls Distinktionsfunktionen zu erfüllen, indem sie fast allen die Distinktionsspiele, die erlesenen Posen und andere äußere Zeichen inneren Reichtums zugänglich macht, die bisher zur Domäne der Intellektuellen gehörten. (*Bourdieu* 1987, S. 582ff)

Die Flucht in den Traum oder Schein ist interpretierbar als ein notwendiger Rückzug ins "gesicherte Gebiet", als narzißtischer Versuch, eine als unterträglich gefürchtete Verunsicherung und Gefährdung der eigenen Persönlichkeit zu vermeiden. Sowohl der Traum als auch die Scheinwelt sind potentiell beherrschbar, gestatten die Omnipotenz des "grandiosen Selbst", laden in gewisser Weise zur "Selbstinszenierung" ein. Die Kulturindustrie liefert mit ihren Produkten die notwendigen "Requisiten" hierfür: eher anspruchslos-bedeutungsoffen für den Traum, aufwendig-bedeutungsschwer und jedes Detail beherrschend für die Scheinwelt. Während die Musik an sich noch offen erscheint, nur die "Stimmung" produziert (siehe weiter unten), auf Komplettierung angewiesen ist, ist die *Disco* der Versuch, die Inszenierung einer Scheinwelt bis in jedes Detail zu vollziehen: Von der Darbietung der Musik (Lautstärke und klangliche Perfektion) über die Gestaltung des Raums (Ausstattung, Licht- und Nebeleffekte) bis hin zur Ausstaffierung der BesucherInnen (Kleidung, Duft, Make-up) dient die Veranstaltung in ihrer Gesamtheit der Präsentation des per-

fekten (perfekt her- und zugerichteten) Körpers und konzentriert die gesamte Wahrnehmung auf diese Präsentation. (vgl. *Franz* u. a. 1980, S. 150)
Wenn mit dem *Eskapismus* die Flucht zu etwas hin, zu einem "Ort", in eine Scheinwelt gemeint wurde, dann zielt die *Fixierung* auf die Aufhebung von Ort und Zeit, auf das "Abschalten" von Denken durch Unterhaltung oder die Bindung von Energien im Spiel, in jedem Fall die Anbindung von Phantasie. Es geht, wie schon beim Eskapismus um die Kompensation von Frustrationen, von Inferiorität (insbesondere bei Jugendlichen), von Angst und Ungewißheit, um den Wunsch also, das zu vergessen, was einen bedrückt. Ist das Ziel die Unterhaltung im Sinne von Zeitvertreib, dann ist der Gebrauchswert der Produkte der Kultuindustrie die Zerstörung von Zeit. Das mächtigste Instrument hierzu ist die audiovisuelle "Berieselung" durch das Fernsehen, mit Einschränkung in Kombination mit dem Video-Recorder. Ich folge hier im wesentlichen der Position *Prokops*, der den "modernen" Massenmedien weniger die Funktion und Potenz der Manipulation als die der "Fixierung der Aufmerksamkeit" (1979, S. 1) zuschreibt, die Fähigkeit, einen schnellen Bruch mit der Alltagswelt zu ermöglichen. (a.a.O., S. 3) Die Haltung des Publikums ist geprägt durch die Ambivalenz von Langeweile und Faszination, es gibt kein "spezifisches Interesse an einem Produkt", die Verschmelzung mit dem betrachteten Objekt wird nicht gewünscht. (S. 5f) In der für den Film typischen "taktischen Rezeption" identifiziert sich der Zuschauer weniger mit den Hauptfiguren, als daß er der "distanziert-sportliche Beobachter" (S. 99) ist.

> Der Film drängt den Kultwert nicht nur dadurch zurück, daß er das Publikum in eine begutachtende Haltung bringt, sondern auch dadurch, daß die begutachtende Haltung im Kino Aufmerksamkeit nicht einschließt. Das Publikum ist ein Examinator, doch ein zerstreuter. (*Benjamin* 1963, S. 48)

Wenn auch dem Fernsehen keine direkt manipulative Wirkung unterstellt werden kann, so bewirkt doch die Faszination dieses Mediums für nicht wenige ZuschauerInnen, daß sie nicht mehr vom Bildschirm loskommen, daß sie "fernsehbedürftig" werden. (*Prokop* 1979, S. 100) *Luger* beschreibt dies ausführlich bei einem 18jährigen Gymnasiasten als Beispiel des "Vielsehers", der seinen hohen Fernsehkonsum zwar einerseits kritisch reflektiert ("Es ist ja Fernsehen in vielen Fällen auch eine verlorene Zeit, aber es wird vielleicht nicht so unmittelbar bewußt."), der jedoch immer wieder aufs Fernsehen verfällt, weil ihm Alternativen fehlen. (*Luger* 1985, S. 91) Die Steigerung der Fernsehen-Wirkung erreichen die Vielseher noch dadurch, daß sie permanent mehrere Programme gleichzeitig verfolgen durch laufendes Umschalten; hierdurch wird die zerstreuende Wirkung noch intensiviert, gleichzeitig entsteht ein Gefühl der Beherrschung des Apparats, der Umwelt. Gerade das Fernsehen liefert eine Strukturierung der Zeit als wesentliches Produkt, mit der Ritualisierung des Fernsehverhaltens ist so die Ritualisierung des Alltags erreicht, der "Familienhalbkreis" erhält ein Zeitraster. (a.a.O., S. 243) Wenn auch hier nicht die These vertreten wird, der TV-Konsum manipuliere die Menschen, so ist doch festzustellen, daß er eine aktive Aneignung der Umwelt schon alleine dadurch einschränkt, als er Zeit "verbraucht"; dies scheint mir besonders problematisch bei Kindern und jüngeren Jugendlichen zu sein, wobei ich auf diesen Zusammenhang in dieser Arbeit nicht ausführlich eingehen kann. Gerade bei Kindern unter 15 Jahren ist der "habituelle" und "eskapistische" Fernsehkonsum besonders bedeutsam. (*Bonfadelli* 1981, S. 196) Insbesondere der Einfluß des Werbefernsehens auf Kinder ist bedenklich und prägt die Konsumentenhaltung der späteren Erwachsenen nachhaltig (*Böckelmann* u. a. 1979, S. 60) und erzeugt durch die Wiederholung der immer gleichen Handlungsklischees dauernde Rollenmuster. (a.a.O., S. 69) Das wesentliche Charakteristikum der kulturindustriellen Produkte mit einer eindeutigen Fixierungsfunktion als Unterhaltungsleistung liegt darin, daß sie lästige Phantasien, Unruhepotentiale binden, das Denken suspendieren:

> In der Nullstellung liegt also nicht die Schwäche, sondern die Stärke des Fernsehens. Sie macht seinen Gebrauchswert aus. Man schaltet das Gerät ein, um abzuschalten. (...) Dagegen ereignet sich so etwas wie eine Bildstörung, sobald im Sendefluß ein Inhalt auftaucht, eine echte Nachricht oder gar ein Argument, das an die Außenwelt erinnert. Man stutzt, reibt sich die Augen, ist verstimmt und greift zur Fernbedienung. (*Enzensberger* 1988, S. 244)

Nicht Manipulation der Menschen, sondern Entpolitisierung der Bedürfnisse (*Prokop* 1974, S. 45) ist das Resultat kulturindustrieller Produktion einer Tauschweise, in der die Unterhaltung das "Geld" als verallgemeinertes Tauschäquivalent ist. (a.a.O., S. 73f) In der Produktion von Unterhaltung liegt die eigentliche Stärke der Kulturindustrie: sie läßt sich annähernd industriell produzieren (siehe etwa die ewig-langen Fernsehserien, die kaum noch auf einen Autor, auf Schauspieler angewiesen sind), sie besteht wesentlich aus Standards, sie ist global einsetzbar und stößt kaum auf nationale Verwertungsgrenzen. Die TV-vermittelte Unterhaltung ist allerdings eher eine Form der Zeitzerschlagung, die für die Eltern- und Großelterngeneration herausragende Bedeutung hat; Jugendlichen scheint sie nicht zu genügen. Ihr Prinzip läßt sich auch auf andere Medien nicht ohne weiteres übertragen: der Besuch eines Kinos erfordert wesentlich mehr Energieeinsatz, auch verursacht er wesentlich mehr Kosten, sodaß schon aus diesem Grunde nicht ohne weiteres die reine Zerstreuung ausreicht, um die Menschen ins Kino zu locken; gleiches gilt für die Ausleihe von Videocassetten. Die Fixierung von Energien ist neben der Form der Unterhaltung verbreitet in der Form des Spiels, hier vor allem des Sports. Er verkörpert den "Genuß am Spiel der körperlichen und geistigen Kräfte", sein Hauptaspekt liegt für die Aktiven bei der "Verausgabung von Körperkraft". (*Bischoff/Maldaner* 1980, S. 214) Er ist damit nicht als Fortsetzung der Belastungen aus der Produktionssphäre während der arbeitsfreien Zeit zu interpretieren (a.a.O., S. 215f), sondern stellt vielmehr die Entfaltung der Bedürfnisse nach körperlicher, selbstbestimmter und auf selbstbestimmte Leistung gerichteter Energiebindung dar, zumindest in seinen Entstehungsbedingungen als nicht-kommerzielle Freizeitbeschäftigung. Fixierung von Energien meint dann hier nicht, wie dies bei der Unterhaltung der Fall ist, ein Versuch, sie an das "Nichts" zu binden und somit zu neutralisieren, sondern sie auszuleben, Kraft zu messen, sie an eine Aktivität anzubinden. Dies ist, wesentlich mehr als die Unterhaltung, eine Form der Fixierung, die Jugendliche praktizieren, da sie zugleich in verschiedenen Dimensionen funktional ist: Sie ermöglicht neben der Energiebindung die Erprobung und Steigerung der eigenen (körperlichen und geistigen) Kraft sowie der Leistungsfähigkeit, letztere auch im Vergleich zu anderen, als Teil von Wettbewerb und Konkurrenz, hat insofern eine Orientierungsfunktion, nicht über die gesellschaftliche Position, außer bei denjenigen, die professionelle Spieler und Sportler werden, so doch über die Stellung in der peer-Hierarchie.

Ich fasse unter der Sozialisationsfunktion *Partizipation* der Kulturindustrie die Bedeutung der Teilhabe am Warenverkehr für Jugendliche. Gemeint ist zugleich die Bedeutung des Konsums als Element der Teilhabe Jugendlicher an der Gesellschaft als auch die Einverleibung von Jugend als Idol der Warenästhetik. Für *Baacke* liegt die Funktion des *Beat* gleichzeitig in einer Kritik an der Gesellschaft und einer Integration in sie. Die Integration ergibt sich durch die Verbreitung der Musik als Ware, hierdurch ist *Beat* Teil der Vergnügungsindustrie und somit "dessen, was ist"; durch den Bezug auf die Gegenkultur ist er auch Teil "dessen, was sein könnte". (*Baacke* 1970, S. 112) Indem die Jugendlichen Teile der Waren, Teile der Produkte der Kulturindustrie sich aktiv aneignen, sie zu ihrem Spaß nutzen, beweisen sie "ein realistisches Bewußtsein", nutzen das Material zu einer "kritischen Beobachtung der Gesamtgesellschaft". (a. a.O., S. 122); durch die aktive Aneignung des Alltäglichen, Gebrauchten werden die Gegenstände umdefiniert, die "toten" Waren mit einem neuen "Leben" durchzogen. (a.a.O., S. 227, vgl. auch *Clarke* 1979, S. 136ff) Der Bezug auf die Warenwelt ist ein Bezug auf die Gesellschaft, ist tatsächlich auch ein Stück Teilhabe, zumal für die Jugendlichen, die aus dem Produktionsprozeß weitgehend (noch) ausgegrenzt sind. Es stellt sich hier das Problem der gesellschaftlichen Synthese: Da in der kapitalistischen Produktionsweise Produktion wie Reproduktion scheinhaft privat sind, die bürgerliche Öffentlichkeit diese Bereiche ausgrenzt, ist der Warenverkehr (und, mit tendenziell schrumpfender Bedeutung die klassische bürgerliche Öffentlichkeit) das scheinbare Medium gesellschaftlicher Synthese; Gesellschaft erscheint als ein Markt, auf dem die Menschen sich zueinander definieren durch ihren wechselseitigen Bezug auf die Waren. Existenz ist Teilhabe am Warenverkehr. Verständlich wird die Bedeutung dieser Teilhabe jedoch erst, wenn die Besetzung der Waren mit Phantasiewerten, die "Warenästhetik" (*Haug*) mit in die Analyse einbezogen wird. Mit "Warenästhetik" wird der "Komplex sinnlicher Erscheinungen und davon bedingter sinnlicher Subjekt-Objekt-Beziehungen" (*Haug* 1971, S. 10) bezeichnet, wobei die "Schönheit, wie sie im Dienste der Tauschwertrealisierung entwickelt und den Waren aufgeprägt worden ist, um beim Betrachter den Besitzwunsch zu erregen" zu einer "Modellierung der Sinnlichkeit" führt (ebd.), neben dem Gebrauchswert der Waren wird die Erscheinung des Gebrauchswerts separat produziert (S. 16), wesentlich dadurch, daß die "Waren ihre ästhetische Sprache beim Liebeswerben der Menschen" entlehnen. (S. 20) Modellierung der Sinnlichkeit ist dann konsequent abgeschlossen, wenn die Menschen wiederum ihren ästhetischen Ausdruck bei den Waren entlehnen. (ebd.) Die notwendige Innovation der Warenästhetik, notwendig für die Regeneration der Nachfrage, "wird so zu einer Instanz von geradezu anthropologischer Macht und Auswirkung, d. h. sie verändert fast fortwährend das Gattungswesen Mensch in seiner sinnlichen Organisation" (S. 54), die Entwicklung der Sinne ist ein Produkt der Menschheitsgeschichte (vgl. dazu Annäherung I) und für die entfaltete kapitalistische Warenproduktion somit wesentlich Produkt der Warenästhetik. Doch bleibt der Widerspruch zwischen dem Gebrauchswertversprechen der Bedürfnisbefriedigung und dem Tauschwertinterersse am Wecken neuer Bedürfnisse bestehen, sodaß die Vermittlung durch die Warenästhetik scheinhaft bleiben muß. (S. 56ff) Mit der Herrschaft des Scheins, den die Warenästhetik produziert, ist die Herrschaft des Kapitals über das Bewußtsein gleichermaßen verfestigt und gebrochen: Zwar "werden die Bedienten unterworfen", es entwickelt sich jedoch eine eigene Dynamik durch die Indienstnahme des Scheins, die Haug in der zunehmenden Sexualisierung der Waren beispielhaft ausmacht. (S. 67) Die "allgemeine Sexualisierung der Waren" korrespondiert mit der Annahme der Warenform durch das Sexualobjekt (S. 68f); der durch sexuelle Repression behinderte Zugang der Menschen zur Sexualität wird mit der Sexualisierung der Waren scheinhaft erleichtert, scheinhafte Befriedigung wird gewährt mit dem Resultat einer Verallgemeinerung der Sexualität und einer Entfaltung der Wünsche, Bedürfnisse, Ansprüche:

> Sie (die allgemeine Sexualisierung der Waren, K. H.) stellte ihnen (den Menschen, K. H.) Ausdrucksmittel für bisher unterdrückte sexuelle Regungen zur Verfügung. Vor allem die Heranwachsenden ergriffen diese Möglichkeit, ihre Nachfrage zog neues Angebot nach sich. Mit Hilfe neuer Textilmoden wurde es möglich, sich als allgemein sexuelles Wesen zu inserieren. (...) Wie einmal die Waren ihre Reizsprache bei den Menschen entlehnten, so geben sie ihnen jetzt eine Kleidersprache der sexuellen Regungen zurück. (...) Solange die ökonomische Funktionsbestimmung der Warenästhetik besteht, gerade also solange das Profitinteresse sie antreibt, behält sie ihre zweideutige Tendenz: indem sie sich den Menschen an-

dient, um sich ihrer zu vergewissern, holt sie Wunsch um Wunsch ans Licht. Sie befriedigt nur mit Schein, macht eher hungrig als satt. Als falsche Lösung des Widerspruchs reproduziert sie den Widerspruch in anderer Form und vielleicht desto weiter reichend. (*Haug* 1971, S. 69)

Die Entfaltung der Warenästhetik, und damit einhergehend die Modellierung der Sinnlichkeit wird allerdings, um hier einem Mißverständnis vorzubeugen, bei Haug nicht als eine "historische Berechtigung" des Kapitals im Sinne der *Marx*schen Grundrisse aufgefaßt, sondern als eine Verschärfung der "sekundären Ausbeutung" der Arbeiterklasse in der Reproduktionssphäre (S. 132ff), die in der Konsequenz das "kapitalistische Zerrbild einer klassenlosen Kultur" (S. 136) verstärkt. Die sub- oder gegenkulturelle Stilbildung als Umchiffrierung der durch die Warenästhetik bestimmten Phantasiewerte ist vor diesem Hintergrund als eine "aufklärerische" und den Schein zersetzende Aktion zu werten: die scheinbare Naturhaftigkeit der Modellierung der Sinnlichkeit, die der Warenästhetik anhaftet (S. 128) wird ersetzt durch den ausgewiesen kulturellen, also sozialen und teilweise klassenspezifischen Aneignungs- und Besetzungsprozeß der Stilbildung. Die so entstandene Besetzung der Waren, die von ihrem Entstehungsprozeß gegenläufig ist zur Modellierung der Sinnlichkeit, wird allerdings sofort instrumentalisiert und angeeignet, verallgemeinert und sinnentleert:

Jeder Ausdruck, der bei den Massen Vertrauen - im System gesprochen: Kredit hat, wird herangezogen und von den konkreten Bestrebungen, deren Ausdruck er war, abgezogen. Es findet also notwendig eine bloße Ausdrucksabstraktion statt, und nichts anderes ist die Ästhetisierung. (*Haug* 1971, S. 172f)

Die besondere Bedeutung der Modellierung der Sinnlichkeit für Jugendliche ergibt sich aus der Tatsache, daß Jugendlichkeit, also die Setzung von Jung-Sein als Wert für sich, ein zentraler Inhalt der Warenästhetik ist. Die Jugend bietet sich als Ziel und Ausbeutungspotential der Warenästhetik besonders an, weil sie schnell auf neue Entwicklungen reagiert und durch die eigene Stilentwicklung einen "subkulturellen" Fundus bereithält. (*Haug* 1971, S. 116) Jugendlichkeit ist das Raster für den geschäftlich und somit gesellschaftlich Erfolgreichen, für den geschlechtlich Anziehenden, also für den glücklich erscheinenden Menschen. (a.a.O., s. 117) Jugendlichkeit wird somit zur doppelten Norm: Waren werden zum Attribut der Jugendlichkeit definiert, die Menschen müssen jugendlich erscheinen, Kosmetik und Kleidung, Gestus der Menschen haben dieser Norm zu entsprechen.

Die Jugendlichkeit wird mittels Signifikanten bezeichnet, die etwas anderes bezeichneten. Sie wird zum Synonym für Freude, Lebensfülle, Erfüllung, weil sie den Konsum von Zeichen für diese Situationen genehmigt. Die Jugend bestätigt die Freude, jung zu sein, in der und durch die Jugend zu sein, die gesellschaftlich kraft der Jugendlichkeit existiert. (*Lefebvre* 1972, S. 234)

Diese Inbesitznahme der Jugend durch das Ideal der Jugendlichkeit ist, dies sei hier am Rande bemerkt, zunächst ausgesprochen problematisch für die nicht mehr jungen Menschen; sie produziert "Angst davor, nicht mehr jung zu erscheinen" und ist somit Bestandteil des "Terrors" gesellschaftlicher Verhaltenszumutungen (*Lefebvre*, a.a.O., S. 233), führt zu einer Entwertung des Alters. Dies kann, so meine Vermutung, weitreichende Konsequenzen haben: etwa die "Unbotmäßigkeit" von Sexualität im Alter und somit eine Entmündigung alter Menschen (hierauf wäre die Praxis in den Institutionen der Alten"pflege" etwa zu untersuchen) bis hin zum Haß des Alters und vermittelt der Alten, zumindest bis zur gesellschaftlichen Definition des Alters als eines "Problemfalls". Denkbar erscheint mir auch, daß Jugendfeindlichkeit unterschwellig verstärkt wird durch die Verbreitung des Wertes der Jugendlichkeit: Müssen die Jugendlichen nicht als Konkurrenten im Wettkampf um jugendliches Erscheinen empfunden werden, die aufgrund ihres Alters einen "unfairen" Wettbewerbsvorteil besitzen? Diese Überlegungen seien hier nur als Randnotiz angedeutet.

Durch die Teilnahme am Warenverkehr, der die gesellschaftliche Synthese ausmacht, sowie durch die Definitionen der Warenästhetik partizipieren Jugendliche an der Gesellschaft und beziehen aus dieser Partizipation eine, zumeist scheinhafte, Orientierung über ihre gesellschaftliche Position und ihre Identität; die Konsequenz dieser Wechselwirkung ist dann unter anderem darin zu sehen, daß die Beschreibung von Jungsein durch Jugendliche stark an die Ideale der Jugendlichkeit, wie sie von der Werbung verbreitet wird, erinnern; "Jugend" wird somit offensichtlich zu einem partiell fremdbestimmten Begriff, wobei hier berücksichtigt bleiben muß, daß die Werbung nicht nur die Selbstauffassung Jugendlicher prägt, sondern bestehende und somit partiell selbstentwickelte Selbstbildnisse bewußt absorbiert.

> Einige der Bilder vom Jungsein, die hier vorgestellt werden, erinnern an werbepsychologische Begriffe oder gleichen ihnen. Werbung versieht bestimmte Produkte mit dem Attribut "jung" und legt damit die Assoziation nahe, mit denen Jugendliche "Jungsein" beschreiben: Lebensfreude, Originalität, Tatendrang, Freiheit (...) Jungsein und -bleiben wird als erstrebenswertes Lebensideal für alle angepriesen. Dies trifft sich mit dem gegenwärtigen Lebensgefühl und dem Lebensentwurf vieler Jugendlicher. (*Müller-Lundt* 1985, S. 253)

Zusammenfassend lassen sich die verschiedenen Funktionen der Kulturindustrie für die Sozialisation Jugendlicher, deren Trennung und Differenzierung hier hauptsächlich darstellungstechnischen und analytischen Gründen geschuldet ist, am Beispiel einer zentralen Sozialisationsaufgabe, der Entwicklung einer sexuellen Identität und reifen sexuellen Praxis, beschreiben. Für Spengler etwa stellt die Rockmusik eine Orientierungshilfe in Sachen Sexualität dar, die allerdings der männlichen Sichtweise verhaftet bleibt. (*Spengler* 1985, S. 90ff). Hierbei ist die partielle Auflösung des Ich, die Konzentration auf den Körper durch die Rockmusik zunächst eine Verstärkung sexueller Energien, auch deren Befreiung von Einschränkungen und Repressionen insbesondere für die Persönlichkeiten, die die Sexualität (noch) nicht in ihre Ich-Struktur eingebaut haben. Der in gewisser Weise noch ungebundenen Sexualität kommt besonders die *Disco* mit ihrer Atmosphäre, die von einer diffusen Sexualisierung geprägt ist, entgegen; sie entspricht der nicht objektgebundenen, diffusen Energiebindung des sekundär narzißtisch "organisierten" Jugendlichen stärker als die auf das genitale Primat bezogene Rockmusik, auch durch die diffusen homosexuellen Elemente und die Selbstbezogenheit des typischen *Disco*-tanzes. (vgl. *Baacke* 1970, S. 80) Die grundsätzliche "Bejahung" des Körpers und der Sexualität in der Freizeit und mit Unterstützung der Kulturindustrie stellt insofern eine wesentliche Hilfe bei der Findung einer sexuellen Identität dar, als die Gesellschaft, insbesondere auch die Ursprungsfamilie grundsätzlich, und dies gilt m. E. heute - zwar abgeschächt - weiter, eher sexualfeindlich eingestellt ist, Angst vor der eigenen Sexualität mithin nach wie vor ein Element der Jugendphase in der bürgerlichen Gesellschaft geblieben ist. Die "Körperbejahung" ist, wie beschrieben, durchaus nicht nur ein Element der Rockmusik, sondern auch der Kleidung und vieler modischer Accessoires. Diese Körperbezogenheit, soweit sie die Kulturindustrie aufgreift und verallgemeinert, bekommt nun gleichzeitig die Tendenz, eine eskapistische Orientierung zu unterstützen und etwa mit der perfekt "durchgestylten" *Disco*-Welt eine Scheinwelt aus purer Sexualität zu konstruieren, eine Insel mithin, die nur aus dem *Saturday-Night-Fever* (so der Titel eines Films mit John *Travolta*) besteht. Für die Ausstaffierung dieser Scheinwelt soll der Text des Beilagezettels für ein derzeit beliebtes, teures Parfum der Marke *Joop* stehen, der hier ausführlich zitiert werden soll:

> JOOP! Ein Name, ein *Symbol*. Ein Mann. Und eine Botschaft aus seiner Welt an die Frauen unserer Welt. Eine Botschaft in der geheimnisvollen Sprache der Düfte, der *Sinnlichkeit*, des *Unfaßbaren*. Eingefangen im kristallenen Körper von außergewöhnlicher Schönheit. Parfum JOOP! Die erste *Offenbarung*: Lebendige Frische und eigenwilliger Charme. Bergamotte und Neroli. Dann breitet sich florale Wärme aus. Die Süße des Rosenduftes und würzige Nuancen der Fleur d'oranges finden sich und versinken im honig-fruchtigen Jasmin. Es öffnen sich die Tore zum *balsamisch-edlen* Fond: *samtig-warm* und *exotisch-geheimnisvoll* erscheint der Orient aus Sandelholz, Tonka und Vanille. Unverwechselbar die erdige Kraft von Patchouly. Lange danach ein *traumhafter Ausklang mit einem Hauch Erotik* und der *sinnlichen Süße* der Ambra. Die Silhouette der Begegnung mit dem außergewöhnlichen Duft JOOP! (Hervorhebungen von mir)

Schwülstig-aufgeladen und prall-suggestiv geht die Sprache hier einher, werden Sinnverknüpfungen mit dem Bindestrich hergestellt, sodaß eine ganze Welt in einem Duft enthalten scheint, um ihren traumhaft Ausklang - von der Exotik zur Erotik - zu finden. Sollte zwischendurch noch Aerobik eingeschaltet werden, empfiehlt sich die Verwendung von Gel Douche und Deodorant der gleichen Marke, sei noch hinzugefügt. Mit der Aufladung der Warenwelt durch

Sexualität, mit der Inszenierung einer Scheinwelt bietet sich den Individuen eine Scheinrealität als Fluchtpunkt, die angeblich Totalität enthält: Nicht umsonst findet sich die biblische Bezeichnung "Offenbarung" in diesem Text. Joop bietet Sinn und Ziel, und *Joop* bietet auch den Weg: Die Teilnahme an der *Joop*-Welt ist käuflich zu erwerben - partizipieren kann jede(r).

Ich habe die Vermutung, daß dieser oben dargestellte Prozeß in Zukunft und ansatzweise schon aktuell an einen "Endpunkt" gekommen ist und sich sowohl die Problematik der Entwicklung von Sexualität als auch in der Konsequenz die sub- und gegenkulturelle Einstellung gegenüber der Sexualität gewandelt hat bzw. wandeln wird, wobei ich zugeben muß, daß dies nur eine Vermutung ist, die jedoch trotzdem kurz genannt sein soll. Die Ästhetisierung der Warenwelt und des Körpers ist gleichzeitig ein Prozeß der "Enteignung" des Körpers: Haut wird zur Verpackung und somit fremd, Körpergeruch wird zum ekeleregenden Problem stilisiert (*Haug* 1971, S. 95ff). Die Sexualisierung der Warenwelt kommt einer "EntKörperlichung" der Sexualität gleich, entwertet diese. Dies scheint mir ein Prozeß zu sein, der langfristig ein quasi neues Problem besonders für die Jugendlichen darstellen wird und einhergeht mit der sexuellen "Liberalisierung" der Gesellschaft und der zunehmend oralhedonistischen statt analsparsamen Orientierung in der spätkapitalistischen Gesellschaft. Der *Punk* stellt in gewisser Hinsicht hierauf eine Antwort dar, indem er mit seinem Bezug auf "Häßlichkeit" sich der Ästhetisierung des Körpers widersetzt und der permissiven als auch romantischen Darstellung der Sexualität des *Rock* widerspricht bis hin zur Leugnung jeder Bedeutung von Sexualität. (*Frith* 1981, S. 280f) Der neue "Kultfilm *Dirty Dancing* (von Ted *Mather*), dessen spektakulärer Erfolg 1988 vielen Kritikern Kopfzerbrechen bereitet, ist ein weiterer Hinweis auf eine veränderte Orientierung der Sexualität: Einerseits ist er historisch angesiedelt in den frühen 60er Jahren und bezieht einen wesentlichen Teil seiner Atmosphäre aus dem Reiz eines "unmoralischen" und sexuell stimulierenden Tanzes der Subkultur, der in eindeutiger Opposition zur sexualfeindlichen und verlogenen herrschenden Kultur steht. Andererseits wird mit dem Mambo, einem Tanz, der derzeit den Tanzschulen riesigen Zuwachs einträgt, ein Tanz vorgeführt, in dem Sexualität hochgradig sublimiert enthalten ist, zudem mit einem geschlechtsspezifischen Rollenklischee, daß einem und besonders einer angst und bange werden kann ob des Zuspruchs, den dieser Film erhält. Weiterhin kann über die Langzeitwirkung der Immunschwächekrankheit AIDS spekuliert werden, die eine "neue" Treue opportun erscheinen läßt und den Protagonisten von sexueller Treue ein Argument zur Hand gibt, das nicht von vornherein unsinnig repressiv zu sein scheint. In jedem Fall dürfte meiner Meinung nach eine gründliche Diskussion über eine fortschrittliche Sexualerziehung wieder nötig sein, auch vor dem Hintergrund der feministischen Kritik an der koedukativen Erziehung.

In Bezug auf die Sexualität lassen sich die Funktionen der kulturindustriell erzeugten Produkte demnach beispielhaft erfassen: Sie erleichtern die Entwicklung eines sexuellen Selbstverständnisses der Jugendlichen und dessen Artikulation, dienen somit der Orientierung; sie werten die Sexualität auf und bieten somit die Möglichkeit einer Zuflucht in einem lustvoll erlebten, sinnhaft angereicherten Erlebniskontext (Eskapismus); zugleich besteht damit die Möglichkeit und Gefahr einer Fetischisierung der Sexualität, der Etablierung einer Scheinwelt mit Bindung sämtlicher Energien (Fixierung); schließlich stellt die Ausstaffierung dieser Scheinwelt durch "maßlosen" Konsum gleichzeitig eine Enteignung der Sexualität dar, indem sie nur noch vermittelt über die Warenästhetik (Ästhetisierung der Waren durch Sexualität und in der Konsequenz Ästhetisierung der Sexualität durch Waren) möglich wird (Partizipation durch Konsum). Die "sexuelle Liberalisierung" ist somit, auch durch die Produkte der Kulturindustrie, im Alltag angekommen (*Neubauer* 1985, S. 77), ohne daß sie verwirklicht wäre, der Prozeß bleibt unabgeschlossen und offen:

> Ich glaube eher, daß die Menschen auch selbst erkennen, daß sie zu ihren Lebzeiten sich nicht zu einem omnipotent-befreiten sexuellen Gott entwickeln können. Den gibt es wohl nur in den Köpfen der sexuellen Glaubensgemeinschaft. (Neubauer 1985, S. 78)

4.5. Exkurs: Zeit, Arbeitszeit, Freizeit

Die kulturelle Praxis der Menschen läßt sich selbst bei einem eingeschränkten Kulturbegriff - etwa als das Zusätzliche, für die Reproduktion nicht unbedingt erforderliche - nicht trennen von der Produktionssphäre. Dies ist im bisherigen Verlauf der Untersuchung klar geworden. In diesem letzten Exkurs soll das Verhältnis zwischen Produktion, kultureller Praxis und subjektiver Verarbeitung gesellschaftlicher Realität unter besonderer Berücksichtigung der Zeit dargestellt werden. Die Trennung von Arbeits- und Freizeit, gleichzeitig Schein und Realität, spezifische Ausgrenzungen implizierend (privat - öffentlich) sowie "Versprechungen" enthaltend, ist typisch für die kapitalistische Produktionsweise; das "Zeitempfinden" der Menschen kann als zentraler Bestandteil der Selbst- und Fremdwahrnehmumg betrachtet werden, es ist Resultat und Bestandteil der Produktionsverhältnisse. Einfach ist es nicht, mit der Zeit umzugehen: Läßt sich für die Ökonomie noch bestimmen, daß sie immer im Sinne von Sparsamkeit darauf zielt, die aufgewandte Zeit zu reduzieren, so taucht irgendwann in der Entwicklung der Produktivkräfte die Frage auf, wozu die Zeit gespart werden soll. Negativ ist Zeit bestimmt als zu sparende, und dies ist die Weisheit, die der Kapitalismus gestaltet, auf die Spitze treibt bis zu dem Punkt, an dem sich das Problem immer dringlicher stellt, ob Zeit auch positiv bestimmbar ist, worin sich Zeit, als gesparte und gewonnene, denn erfüllt. Hier muß, so die These, die dieser Exkurs diskutieren will, der Kapitalismus versagen: er zerstört Zeit, indem er sie spart; literarisch ist dieses Problem in dem sehr populären Buch "Momo" von Michael *Ende* dargestellt worden. Irgendwann stellt sich die Frage, wozu wir immer mehr Zeit sparen, so wurde gesagt - ich vermute, daß hier konkretisiert werden kann: Heute stellt sie sich drängend. Zeiterfahrung und Zeitbewußtsein sind wesentlich geprägt von Stand der Produktivkraftentwicklung und den herrschenden Produktionsverhältnissen. In Abgrenzung zur kapitalistischen Produktionsweise läßt sich die Arbeitsweise in Landwirtschaft und Handwerk des Mittelalters beschreiben als "an den natürlichen Arbeits- und Lebensrhythmen" orientiert; die Arbeitsteilung war "aufgabenorientiert". Der Naturrhythmus prägte die landwirtschaftliche Produktion, die Dauer der Arbeit hatte "ihre Grenze im Bedarf der bäuerlichen Produzenten selbst." (*Scharf* 1988, S. 143) Auch das Handwerk war primär auf Selbstversorgung ausgerichtet und orientierte sich am Gebrauchswert der Produkte und weniger am Tauschwert, da sie nicht als Waren für den "anonymen" Markt, sondern auf Bestellung produziert wurden. Die Arbeitszeit richtete sich nach den Zyklen der natürlichen Jahreszeiten bzw. dem mittelalterlichen Wirtschaftsjahr; die mittelalterliche Zeit war *zyklische Zeit*.

Veränderung kam in diesen relativ undynamischen Kreislauf in der Zeit des Handelskapitalismus durch die zunehmende Tauschwertorientierung. Die Umschlagszeit von Waren wurde wesentlich für die Profite; mit der Zunahme des Warentauschs wuchs die Bedeutung des Geldes als abstraktem Wertäquivalent; der Abstraktion von konkret-nützlicher Arbeit unter Tauschwertgesichtspunkten entsprach die "Durchsetzung einer Zeit, an der Gleichförmigkeit und Quantität (Dauer) interessieren und mit der rechenhaft umgegangen werden kann." (a.a.O., S. 147) Die durchschnittliche Arbeitszeit der Handwerker stieg, auch im Verlagssystem entwickelte sich aus der Entlohnungsform eine Arbeitszeitverlängerung.

Zum Durchbruch kam die *abstrakte Zeit* mit dem Industriekapitalismus, wo sie nach der Zirkulations- nun auch die Produktionssphäre beherrscht. Mit dem oben beschriebenen Prinzip des Verkaufs von Arbeitskraft entsteht ein "historischer Prozeß der Trennung von eigener und fremdbestimmter, enteigneter Zeit". (S. 149) Zur Steigerung des absoluten Mehrwerts wurde die Arbeitszeit verlängert, ebenso wurden die Menschen brutal ihrer Existenzmöglichkeiten auf dem Lande beraubt, um sie zum Verkauf ihrer Arbeitskraft, zunächst teilweise unter ihrem Preis, zu zwingen. Zur Steigerung des relativen Mehrwerts wurde die Arbeit intensiviert, wesentlich durch systematische Arbeitsteilung; es kam zu einer Ökonomisierung des komplexen Arbeitsvorganges, indem dieser in Handlungsbruchteile zergliedert, diese wiederum gemessen, beurteilt und nach Möglichkeit beschleunigt wurden. (S. 151ff) Der bekannte Ausspruch "Zeit ist Geld" spiegelt den Mechanismus der abstrakten Zeit: Zeit wird abstrakt wie das Geld, es wird zum bloßen Mittel und gleichzeitig wird derartig um Zeit wie Geld gerungen, daß beide als eigentlicher Zweck da stehen, bei Licht betrachtet jedoch "nackt" und nur Zeichen (Äquivalent) sind, bei dem fraglich ist, ob die Menschen, die hinter Geld wie Zeit herjagen, noch wissen: Zeichen wofür? Es entsteht ein universelles "Bedürfnis einer immer zahlreicheren Menschengruppe nach beschleunigter Lebensführung" (Werner *Sombart*, zit. nach *Scharf*, a.a.O., S. 156), das auch für die arbeitsfreie Zeit gilt.

> Freizeit unterliegt somit ebenso einem dem Prinzip der Beschleunigung folgenden Verwendungsdruck wie die Organisierung der Arbeitszeit im kapitalistischen Produktionsprozeß. Diese Wertung von Zeit ist Ansatzpunkt für die industrielle Organisierung von Reproduktionsfunktionen und Freizeitaktivitäten. Die Geltung der abstrakten Zeit und die Ökonomisierung der Zeit bleiben nicht auf die Kernstruktur des Kapitalismus beschränkt. Ihre Totalisierung führt zu strukturellen Affinitäten von Arbeit und Freizeit. (*Scharf*, a.a.O., S. 157)

Der für die ehemals moderne große Industrie beschriebene Prozeß der Etablierung einer abstrakten Zeit scheint eine Verschärfung noch insofern zu erfahren, als mit der Flexibilisierung der Arbeitszeit, der Individualisierung weiter Arbeitsbereiche durch elektronische Heimarbeit die Raum- und Zeitgleichheit der Arbeit in Frage gestellt ist. (*Beck* 1986, S. 226ff) Gleiches gilt für die Wochenend- und Nachtarbeit: Der in Ansätzen auch in den entwickelten kapitalistischen Ländern noch spürbare arbeitsfreie Sonntag soll bald der Geschichte angehören, die Wochenstruktur wird damit in letzter Konsequenz hinfällig, von Tag zu Tag ist Zeit gleich, nutzbar zu Produktion oder Reproduktion der Arbeitskraft, die "neuen" Medien versorgen die Konsumenten tageszeit- und wochentagsunbhängig mit Unterhaltung; Probleme bietet noch das Weihnachtsfest und der Sylvesterabend, die jedoch zukünftig mit "gleitender Feiertagszeit" organisierbar sein müßten, sollte man meinen: Weihnachten findet zwischen Sommer- und Winterschlußverkauf statt, erkennbar an den beleuchteten Innenstädten.

Nicht nur die in den Produktionsprozeß eingespannten Individuen erfahren ihr "Leben als Aufeinanderfolge verwertbarer Zeitstücke und eines nur schwer verwertbaren Restes" (*Negt/Kluge* 1972, S. 345), sondern für die Gesellschaft gilt ebenso, daß mit der Herrschaft der abstrakten Zeit die konkrete Zeit ausgelöscht wird; Gesellschaft verliert tendenziell ihre Geschichtlichkeit und damit ihre Geschichte. Dies sollte mit obiger Weihnachts-Polemik angedeutet werden, exakter beschreibt *Adorno*, daß sich Traditionen in der intergenerativen Weitergabe begründen und in ihr leben. Sie sind im Grunde feudal und in der bürgerlichen Gesellschaft dem Prinzip des Äquivalententausches untergeordnet. Die bürgerliche Gesellschaft ist tendenziell eine geschichtslose Gesellschaft. (*Adorno* 1967, S. 29f) Das abendländische Zeitbewußtsein verdinglicht Zeit "zum ereignisunabhängigen und inhaltsneutralen Ordnungsgefüge". (Zoll 1988, S. 73)

Es wurde weiter oben bereits behauptet, daß die abstrakte oder lineare Zeit nicht nur für die Arbeits-, sondern ebenso für die Freizeit gelte. Freizeit ist abstrakt bestimmt als Zeit, in der die Arbeitskraft den Individuen selbst gehört; auch sie ist wertvoll, muß optimal genutzt werden, nur daß die Kontrolle über Effektivität nicht durch die Kapitalisten direkt erfolgt; indirekt ist sie jedoch tendenziell gegeben, vgl. etwa die "sekundäre Ausbeutung" der Konsumenten, auch die "zweite Unmündigkeit" (*Metz*), wie noch zu entwickeln ist. Neben dem Zeit-Aspekt erfolgt die Prägung der Freizeit durch die Produktionssphäre wesentlich als Konsequenz von Entfremdung und Verdinglichung: Weil sich der Arbeiter erst außerhalb der Arbeitszeit zu Hause fühlt (*Marx*), weil die verdinglichten Verhältnisse der "Mega-Maschine" die Menschen einspannen, sind sie darauf angewiesen, in der Freizeit sich auszudrücken, zu vergegenständlichen; Sinn-Produktion muß nach Feierabend erfolgen. Dies ist, wie in der Annäherung I aufgezeigt wurde, nur eine Seite der Erfahrungen im Produktionsbereich. Forderungen nach besserer Entlohnung und verbesserten Arbeitsbedingungen, Erfahrungen der Arbeit als lebendige Produktionskraft etc. existieren ebenfalls, allerdings gebrochen. Gerade diese gebrochenen Erfahrungen,

die die Wahrnehmung der Welt als total verdinglicht verhindern, verstärken jedoch m. E. die Anforderungen, die die Menschen an die Freizeit stellen. In der total verdinglichten Welt gäbe es keine Subjekte mit Bedürfnissen und Schwierigkeiten, könnte ein Legitimationsdefizit nicht entstehen, da im wörtlichen Sinne "kein Mensch" nach Legitimation, nach Sinn fragen würde.
Zeit, insbesondere auch Freizeit, kann im Kapitalismus aufgrund der gesteigerten Anforderungen an sie zum Problem werden. Dies gilt auch für Kinder und Jugendliche, die noch nicht gezwungen sind, ihre Arbeitskraft zu verkaufen, sondern sie für den Verkauf qualifizieren. Zoll weist darauf hin, daß die Schule bereits im Mittelalter für die "Herausbildung der neuen Zeitstrukturen bei den gesellschaftlichen Eliten" eine wesentliche Rolle spielte. Dies gilt verallgemeinert für die Schule - tendenziell würde ich dies auch bereits für den Kindergarten behaupten - in der bürgerlichen Gesellschaft: "Hier muß eine Lern- und das heißt auch Zeitdisziplin angeeignet werden, die die Arbeitsdisziplin in der Fabrik vorwegnimmt." (*Zoll* 1988, S. 184) Freizeit ist im Kapitalismus aus verschiedenen Gründen problematisch: Zunächst ist sie, dies allerdings den Menschen durchaus nicht immer bewußt, die Fortsetzung der Arbeit mit anderen Mitteln, es geschieht das "Doppelte, daß der Arbeitstag, der Geschäftstag verlassen wird und zugleich seine Formen sich 'erleichtert' fortsetzen." (*Bloch* 1985b, S. 1062) Es finden sich die Elemente von Konkurrenz und Wettbewerb, etwa im Sport, auch in traditionellen Formen der Geselligkeit. Hinzu kommt der Versuch, die Belastungen aus der Arbeitssphäre auszugleichen, zu entfliehen, wobei der Natur ein "ganz besonderer Zufluchtscharakter", der "Friedenscharakter" verliehen wird. (ebd., S. 1076) Allerdings scheint die Naturerfahrung einer Aufwertung zu bedürfen, sie muß meßbar sein: Die zurückgelegte Wegstrecke der Jogger, die sichtbare Sonnenbräune scheinen mir nur zu oft Anzeichen einer gewünschten Quantität von Naturerlebnis zu sein; die abstrakte Zeit erfordert ein Produkt, die Rechtfertigung für ihre Verausgabung. Hinzu kommt ein weiteres Problem: Die Freizeit dient auch der Präsentation der eigenen Leistungsfähigkeit, muß die sinnliche Wahrnehmung sozialer Hierarchien ermöglichen. Als Symbol der Leistungsfähigkeit (siehe Annäherung I) ist die Menge an Geld anzusehen, die mir zur Verfügung steht. In der Freizeit ist dieses Geld durch einen am Tauschwert der von mir (sichtbar) besessenen Waren (bzw. genutzten Dienstleistungen) orientierten Konsum auszudrücken; der Belastung aus der Produktionssphäre stellt sich der Streß im Konsumtionsbereich zur Seite; es gilt auch hier eine tauschwertorientierte Ökonomie, mit der (i. d. R. herrschenden) Knappheit an materiellen Ressourcen möglicht viel zu erlangen, d. h. möglichst viel darzustellen, einen entsprechenden Schein zu produzieren, dies nicht nur dem als Konkurrenten empfundenen anderen, sondern auch mir selbst gegenüber. Präsentation der sozialen Stellung

und Abgrenzung von den anderen ist nicht nur wesentliches Element der "profanen" Konsumsphäre in Warenhäusern und Reisebüros, sondern auch bestimmendes Moment im "gehobenen" Kulturkonsum des Bildungsbürgertums und der sogenannten kulturellen Eliten, wie *Bourdieu* behauptet. Der Besuch von Theatervorstellungen, Musikaufführungen und Museen, das Lesen bestimmter Bücher und Zeitschriften dient wesentlich auch der Distinktion, dem Kenntlichmachen sozialer Unterschiede. Der "gehobene Geschmack" etwa des um Abgrenzung besonders bemühten, weil von sozialem Abstieg permanent bedrohten Kleinbürgertums definiert sich am proletarischen Lebensstil, der "eine Art Negativfolie für jedweden Versuch distinktiver Absetzung und Abhebung" ist (*Bourdieu* 1987, S. 292), der Geschmack ist die "Grundlage alles dessen, was man hat - Personen und Sachen -, wie dessen, was man für den anderen ist, dessen, womit man sich selbst einordnet und von den anderen eingeordnet wird." (ebd., S. 104)

In der Freizeit wird der Sinn aller Anstrengungen der Arbeit gesucht, nur in ihr kann er sich manifestieren. Freiheit scheint meßbar in Mengen der zu verbrauchenden Güter, der verbrauchten Tauschwerte. Dem ökonomischen Prinzip der Zeitersparnis im Produktionssektor entspricht das Gegenteil auf der Konsumseite: maßlos an den Tauschwerten orientierter Konsum stellt die Vergeudung, die Zerstörung der in den Produkten enthaltenen Zeit dar. Die Herrschaft abstrakter Zeit bringt notwendig gleichzeitig die Ersparnis und Zerstörung von Zeit mit sich. Das Paradoxon ist historisch verständlich, erscheint als historisch "notwendiges" Übergangsstadium: Die Arbeiterklasse sperrte sich zunächst gegen die Etablierung der abstrakten Zeit und versuchte die Zeitdisziplin der kapitalistischen Produktionsweise zu unterlaufen ("*Blauer Montag*" etc.):

> Die Akzeptanz der kapitalistischen Zeitstrukturen erfolgte erst in einem Prozeß, in dem sich die Lohnarbeiter materielle und ideelle Entschädigungen für die Zumutungen im kapitalistischen Produktionsprozeß erkämpften bzw. Modifikationen der Zeitökonomie des Kapitals entsprechend ihren Interessen erreichten. (*Scharf* 1988b, S. 513)

Ziel gewerkschaftlicher Politik wurde zunehmend, bei grundsätzlicher Akzeptanz der kapitalistischen Zeitdisziplin das "Mensch-Sein" außerhalb der Arbeitszeit zu ermöglichen: Wesentlich durch die Verkürzung der Arbeitszeit und durch die Steigerung der materiellen Möglichkeiten für die Freizeitgestaltung sollte dieses Ziel erreicht werden, wobei die lohnarbeitsfreie Zeit nicht mehr nur auf die Reproduktion der Arbeitskraft, sondern ebenso auf "Tätigkeiten, die nicht durch das Prinzip der Zweckrationalität motiviert und strukturiert sein sollten" (a.a.O., S. 518), zielte. Das Reich der Freiheit wurde angestrebt im Bereich der arbeitsfreien Zeit; dieser Bereich mußte zeitlich ausgedehnt und materiell hinreichend ausgestattet werden.

Annäherung III

Das aktuelle Problem in der spätkapitalistischen Gesellschaft scheint mir nun darin zu bestehen, daß die skizzierte Entwicklung an einem Punkt angekommen ist, der ein qualitativ anderes Verhältnis von Arbeits- und Freizeit, damit ein veränderte Zeitempfinden möglich und zugleich nötig erscheinen läßt, wie dies bereits in der Annäherung I formuliert wurde: Eine weitere Verkürzung der täglichen Arbeitszeit scheint geeignet, die Prägung der Freizeit durch die Arbeitszeit aufzuheben: Lebenszeit stände neben Arbeitszeit; die Aufhebung der Geschlechtsrollenstereotypen, die mit einer Verkürzung der täglichen Arbeitszeit möglich wäre, brächte den Männern die Erfahrung einer zyklischen Zeit, etwa bei der Kleinkindererziehung, wieder näher, und ermöglichte den Frauen, die gesellschaftliche Randposition, die sich aus der ausschließlichen Arbeit im privaten Reproduktionsbereich ergibt, zu verlassen. (vgl. *Garczyk* 1988, S. 599f; *Sichtermann* 1988) Mit den historisch neuen Möglichkeiten besteht zugleich die historisch neue Notwendigkeit: Anwachsende ökologische Risiken sowie die ökonomische Problematik, daß der Produktivitätszuwachs nicht durch Produktionssteigerung ausgeglichen werden kann, lassen eine soziale Kontrolle des Produktionssektors, der nicht mehr dem kapitalistischen Regelmechanismus der Kapitalakkumulation überlassen bleiben kann, notwendig erscheinen. Hiermit stellt sich grundsätzlich die Frage, wie "Wirtschaften und Zeit jenseits des Tunnels ökonomischer Notwendigkeit" zu organisieren ist. (vgl. hierzu *Seifert* 1988, der die ökonomischutopischen Aspekte bei *Keynes* und *Marx* untersucht) Der Zeit-Begriff gerät ins Schwimmen, die Regulation ist im Kapitalismus - auf die Problematik der sozialistischen Länder kann ich hier nicht eingehen - nicht möglich, es sei denn durch die massenhafte, kriegerische Zerstörung von Kapital zwecks Ermöglichung erneuter Akkumulation, die aber das Risiko einer endgültigen Zerstörung der Erde in sich trägt.

Ausgehend von der These, daß das bestimmende Verhältnis von Arbeits- und Freizeit aufgrund der möglichen (und zum Abbau der Massenarbeitslosigkeit) notwendigen Reduzierung der Arbeitszeit qualitativ umschlägt, was letztlich bedeuten würde, daß die Arbeitserfahrungen und -erfordernisse auch für die Arbeiterklasse den Lebensinhalt nicht mehr bestimmen würden, ergibt sich die Frage einer Neudefinition von Lebenszielen. Kulturelle Praxis würde nicht mehr im wesentlichen Reaktion auf die materiellen Produktions- und Reproduktionsbedingungen sein, nicht mehr primär der Kompensation oder Verdrängung des Arbeitstages, der Reproduktion von Arbeitskraft dienen. Nach der Zerstörung von Lebenszeit durch Kapitalisierung aller Lebensbereiche, durch die Herrschaft der abstrakten Zeit wäre die Rekonstruktion der Lebenszeit notwendig.

Die Reduzierung der Arbeitszeit wird nicht, auch wenn sie gesellschaftlich notwendig und sinnvoll ist, "automatisch" erfolgen, sondern kann nur das Ergebnis eines Kampfes der Arbeiterklasse sein; der Widerstand gegen die Arbeitszeitverkürzung ist um so stärker, als mit der quantitativen und schließlich qualitativen "Entwertung" der Arbeitszeit die Basis der kapitalistischen Gesellschaft als einer durch Arbeit bestimmten Gesellschaft in Frage gestellt wird. Es wird eine der vorrangigen Aufgaben der Gewerkschaften sein, im Kampf um mehr freie Zeit diese positiv zu bestimmen; Freizeit als solidarisch erkämpfte Zeit kann die Basis sein für die Rekonstruktion von Zeit, für die Entwicklung einer Zeitstrukur jenseits der Erfordernisse der materiellen Produktion von Lebensgrundlagen.

Die Frage nach der Beschaffenheit der rekonstruierten Lebenszeit kann hier nicht plausibel im Sinne einer Beschreibung beantwortet werden; hier wäre die (literarische) Spekulation gefragt, die sich im Rahmen dieser Arbeit jedoch verbietet. Die wissenschaftliche Analyse muß stehenbleiben bei der Analyse der Voraussetzungen für die Rekonstruktion von Lebenszeit. Sie bleibt bei der Feststellung stehen, daß das Fehlen von Rationalität in der kapitalistischen Organisation der Produktion immer offensichtlicher wird, daß die bürgerliche Gesellschaft mit neuen Legitimationsdefiziten konfrontiert wird, sodaß, so *Habermas* (1988) eine neue Intimität von Politik und Kultur enstehe.

Entsprechend läßt sich vermuten, daß am "Ende des Tunnels ökonomischer Notwendigkeiten" die Planung des gesellschaftlichen Zusammenlebens der Menschen nur gemäß einem Mechanismus erfolgen kann, der aus der Entfaltung der Menschen in der freien Zeit, der Lebenszeit entwickelt wird. Diese zu entwickeln, zu rekonstruieren, scheint heute möglich, da die materiellen Voraussetzungen für das "Reich der Freiheit" jenseits der Notwendigkeit zur Produktion entwickelt sind. Eine "skeptische, aber nichtdefätistische Aufklärung" kann sich heute ermutigt fühlen durch die Tatsache, daß sich die "kulturellen Orientierungen der breiten Bevölkerung neu formieren", sich ein "Mentalitätswandel vollzieht, der die politischen Selbstverständlichkeiten von gestern wie Ruinen hinter sich läßt." (*Habermas* 1988, S. 67)

Die heute vielen fraglich erscheinende Zukunft der Aufklärung bestünde dann darin, sich weiterhin des Verstandes zu bedienen, nicht mehr um den Mangel zu überwinden, sondern um "die Entwicklung des Rechtums menschlicher Natur" (*Marx*) zu erreichen:

> Das Einschlagen der rechten Richtung führt in die Terra incognita Muße als in eine Terra utopica. Es wird dieses Einschlagen aber dasselbe wie ein Elnschlag, nämlich in das ausstehende Bedenken dessen, was die Menschen überhaupt wollen und wie die Welt als Antwort sich dazu verhält. Dahin läuft, nach dem Ablauf ihrer bisherigen Vorgeschichte, das Interesse der tätigen Muße und ihrer beginnenden Hauptgeschichte, als der vermenschlichten Geschichte selbst. Wirkliche Muße lebt einzig vom jederzeit gegenwärtigen, zu guter Zeit vergegenwärtigten Selberseins- oder Freiheits-Inhalt in einer gleichfalls unentfremdeten Welt; erst darin kommt Land. (*Bloch* 1985b, S. 1086)

5. Zusammenfassung: Auswirkungen der Kulturindustrie auf das Bewußtsein Jugendlicher

> In sich selbst als hoffende Hoffnung durchaus entschieden, muß doch der Ausgang selber erst noch entschieden werden, in offener Geschichte, als dem Feld objektivrealer Entscheidung. Das ist die Kategorie der Gefahr oder der objektiven Ungarantiertheit auch der vermittelten, der docta spes; es gibt noch keine unschwankende Situationslosigkeit eines fixen Resultats. Es gibt noch keine im finsteren Sinn, dergestalt, daß Entscheidbarkeit, Novum, objektive Möglichkeit erloschen wäre und nicht jede verlorene Schlacht noch einmal besser ausgefochten werden könnte. Aber es gibt auch noch keine Situationslosigkeit in jenem hellen, ja allerhellsten Sinn, der Dasein ohne Entfremdung, eindeutig gereiften, naturalisierten Wert bezeichnet. Optimismus ist daher nur als militanter gerechtfertigt, niemals als ausgemachter; in letzter Form wirkt er, dem Elend der Welt gegenüber, nicht bloß ruchlos, sondern schwachsinnig.
>
> Ernst *Bloch*

Nach einem langen Weg, der notwendige Umwege enthielt, soll nunmehr die Bestimmung des Einflusses der Kulturindustrie auf das Bewußtsein Jugendlicher versucht werden. Hierbei werden die Ergebnisse der drei Annäherungen zusammengefaßt, ohne sie nochmals im einzelnen aufzuführen. Das Ergebnis der Untersuchung ist nicht spektakulär; doch wenn mit der vorliegenden Arbeit der falschen Aufstellung spekulativer Behauptungen widersprochen werden kann, hat sich die Mühe gelohnt.

Das Bewußtsein Jugendlicher wird von der Kulturindustrie nicht einseitig geprägt. Vielmehr greift die Kulturindustrie Momente des Alltagsverstandes der Menschen auf und verstärkt diese. Gilt dies für alle Menschen in der bürgerlichen Gesellschaft allgemein, so läßt sich für Jugendliche spezifizieren, daß die Kulturindustrie die besonderen kulturellen Praxen Jugendlicher aufgreift und mit ihren Produkten zur - teilweise scheinbaren - Bewältigung der besonderen Probleme Jugendlicher beiträgt. Hierbei enthalten die - kulturindustriell aufgegriffenen, verstärkten und manipulierten -kulturellen Praxen eine Reaktion auf und in Ansätzen Lösungen von Krisen, die im grundlegenden Produktionsbereich der Gesellschaft entstehen.

Die bisherigen Aussagen bleiben allgemein und lassen sich inhaltlich nur füllen durch die Analyse der gesellschaftlichen Verhältnisse, die sowohl Bewußtsein, die Existenz und Ausprägung einer Jugendphase als auch schließlich die Kulturindustrie und deren Produkte bestimmen. Die bürgerliche Gesellschaft ist bestimmt durch den Widerspruch zwischen gesellschaftlicher und privat angeeigneter, konkretgebrauchswertorientierter und abstrakttauschwertorientierter Arbeit, durch die kapitalistische Produktionsweise. In der Annäherung I wurde aufgezeigt, daß das Bewußtsein der Individuen im Kapitalismus notwendig widersprüchlich ist, es enthält gesellschaftliche Erkenntnis ebenso wie Fetischisierungen. Die Widersprüchlichkeit des kapitalistischen Systems läßt gleichzeitig die Möglichkeit eines von den Zwängen der lebenserhaltenden Arbeit weitgehend unbestimmten "Reichs der Freiheit" aufscheinen und bedroht die Individuen mit Arbeitslosigkeit; die ständige Gefährdung des Lebens durch unbeherrschte Naturgewalten ist größtenteils gebannt, während gleichzeitig die natürlichen Lebensvoraussetzungen durch die große Industrie zerstört werden; Gesellschaft und Natur sind durchschaubar geworden, während gleichzeitig die Welt verdinglicht, von einer unbeherrschbaren Mega-Maschine gelenkt zu werden scheint. Diese Widersprüchlichkeit bewirkt einen zunehmenden psychischen Druck auf die Individuen. Der Zerstörung traditioneller ideologischer Systeme steht ein gesteigertes Bedürfnis der Individuen nach Legitimation, "Aufgehobenheit" und Sinn gegenüber.

Die aufgezeigten Widersprüche der gesellschaftlichen Produktion bestimmen das widersprüchliche Bewußtsein der Individuen im Spätkapitalismus und stellen ebenso die Basis dar, auf der sich das Selbst- und Weltverständnis Jugendlicher entwickelt. Hierbei wird für Jugendliche die Widersprüchlichkeit verstärkt, da sie ihnen in ihrer spezifischen Lebensphase "radikaler" gegenübertritt als den Erwachsenen. Die insgesamt ungewisse Perspektive der ökonomischen Entwicklung, der Zukunft lebendiger Arbeit als auch der ökologischen Probleme macht die Entwicklung einer Zukunftsperspektive für Jugendliche problematisch; die veränderte Ich-Struktur mit geringerer Bereitschaft zum Aufschieben von Bedürfnisbefriedigung, mit gestiegenem Bedürfnis nach narzißtischer Besetzung des Selbst läßt eine zusätzliche Distanz zu gesellschaftlicher "Unüberschaubarkeit", zu den abstrakten Verhaltenszumutungen der spätkapitalistischen Gesellschaft entstehen und ermöglichst gleichermaßen den Rückzug in die "sichere" Privatheit von Kleingruppenbeziehung und einer durch den Warenkonsum ermöglichten Selbstinszenierung in der Freizeit als auch eine grundlegende Opposition gegenüber einem Wirtschafts- und Gesellschaftssystem, das offenbar immer weniger in der Lage ist, den Individuen wie der Gattung ein gesichertes Leben sowie die Entfaltung einer reichen Persönlichkeit zu garantieren, obwohl die materiellen Voraussetzungen hierzu erzeugt werden können.

Die Aneignung der gesellschaftlichen Wirklichkeit und das Erarbeiten eines Selbst- und Weltbildes wird von den Jugendlichen vorrangig geleistet durch die vielfältigen kulturellen Praxen, die sich in klassenspezifisch weitgehend getrennten Gruppen der Altersgleichen entwickeln. Allerdings sind diese Gruppen nicht eindeutig bestimmt durch den Generationszusammenhang oder gar einen angeblichen Generationskonflikt, sondern enthalten Reaktionen auf die dominante oder auf subordinierte Kulturen. Als Sub- oder Gegenkulturen manifestieren sie Opposition im abgegrenzten Lebens-Raum, eignen sich Zeit und Raum an und ermöglichen den Jugendlichen, selbst gesetzten Ideen entsprechend zeitweise zu leben; sie verkennen gesellschaftliche Totalität und sind auf eine Altersphase und auf den Freizeitsektor beschränkt, doch ermöglicht gerade diese Beschränktheit, der herrschenden gesellschaftlichen Totalität zumindest zeitweise zu widerstehen. Die Ausstrahlung von Sub- und Gegenkulturen sollte nicht unterschätzt werden, sie haben Bedeutung auch für die Mehrzahl der Jugendlichen, die ihnen nicht angehören.

Die Funktion der Kulturindustrie läßt sich nur bestimmen, wenn sie im Kontext der kapitalistischen Gesellschaft betrachtet wird und neben den Bedingungen ihrer Existenz und Produktion auch die konkreten Lebensbedingungen ihrer Konsumenten analysiert werden. Die Kulturindustrie ist - hierin von anderen Branchen der kapitalistischen Wirtschaft keinesfalls zu unterscheiden - interessiert an der Produktion und Realisation von Mehrwert. Hieraus resultiert ihre Interesselosigkeit gegenüber dem Gebrauchswert ihrer Produkte, ihr Interesse an der Senkung des Wertes der einzelnen Ware (Rationalisierung der Produktion, Standardisierung der Produkte) sowie der Zwang des akkumulierten und konzentrierten Kapitals, die Summe der produzierten Werte und den Absatz der Waren ständig zu steigern. Sie unterscheidet sich auch insofern nicht von anderen Branchen, als ihre Produkte ein Minimum an Gebrauchswert besitzen müssen. Problematisch ist es, den Gebrauchswert dieser spezifischen Waren zu erkennen; diese Schwierigkeit teilen sich die Kulturindustrie mit deren Kritikern. In den kulturellen Praxen und Bedürfnissen versuchen die Menschen, Phantasien, Ängste, Sehnsüchte und Erfahrungen zu bearbeiten, die in der kapitalistischen Produktionssphäre und der zerfallenden "klassisch-bürgerlichen" Öffentlichkeit nicht aufgegriffen und befriedigt werden.

Für die Jugendlichen konnte aufgezeigt werden, daß sie mit ihren sub- und gegenkulturellen Praxen aus dem Warenangebot der kapitalistischen Gesellschaft Produkte auswählen, ihnen eine eigene Bedeutung, somit ihren Sinn geben. Ebenso konnte exemplarisch für die Rockmusik nachgewiesen werden, daß ihre Entstehung und Verbreitung zunächst in den Sub- und Gegenkulturen ihren Ursprung hatte; die Kulturindustrie greift Momente der kulturellen Praxis Jugendlicher auf, verstärkt sie, standardisiert und entwertet sie schließlich, indem sie für ihre Verbreitung sorgt. Die unterschiedliche Aktivität und Attraktivität von Sub- und Gegenkulturen bedingt einen geschichtlich unterschiedlichen Einfluß, den diese auf die jeweils aktuelle Jugendgeneration haben. Die "Ausstrahlungskraft" von Sub- und Gegenkulturen bestimmt deren Einfluß auf die Produkte der Kulturindustrie und auf die - nivellierte und weniger profilierte - "Jugendkultur" einer bestimmten Generation.

Es kann an dieser Stelle keine *eindeutige* Einschätzung des Einflusses der Kulturindustrie auf das Bewußtsein Jugendlicher vorgenommen werden, da dieser Einfluß *ambivalent* ist und somit weder eine - moralisch geprochen - "Verteufelung" der Kulturindustrie noch deren "Freisprechung" rechtfertigt. Die Kulturindustrie leistet nicht die Eliminierung von Widersprüchen im Spätkapitalismus; einer fatalistische Position im Gefolge der Kulturkritik der *Frankfurter Schule* kann insofern nicht zugestimmt werden, als auch die Kulturindustrie die Menschen nicht mit einer schlechten Realität *widerspruchsfrei* versöhnt. Zwar ist es eine Funktion der Kulturindustrie, die Menschen psychisch zu entlasten, indem ihnen die Entfremdung als natürliche nahegebracht wird (*Adorno*); *andererseits* weist der Gebrauch der kulturindustriell erzeugten Waren bzw. der subkulturelle Ursprung vieler Produkte der Kulturindustrie gerade für die Zielgruppe Jugendliche hin auf die Eigenaktivität Jugendlicher in ihren informellen Zusammenschlüssen, in denen die Produkte der Kulturindustrie benutzt werden beim Bemühen um "kulturelle" Lebensbewältigung, um Raum- und Zeitaneignung. Die *Formulierung und Artikulation* eines Selbst- und Weltverständnisses schaffen Jugendliche mithilfe auch der Kulturindustrie, ohne von dieser "ferngesteuert" zu werden. Die Flucht in Tagträume und Luftschlösser (*Eskapismus*) wird mit den Produkten der Kulturindustrie vollzogen, ohne daß damit ein aktiver Rückbezug auf die Realität auf Dauer unmöglich würde. Mit der *Fixierung* von Energien wird Entlastung und Erholung erreicht, es wird auch die Aufmerksamkeit von der angsterzeugenden gesellschaftlichen Wirklichkeit abgezogen. Diese "Leistung" - im Sinne von "Unterhaltung" werden industriell Spiele und Spannung produziert -, gegen die Langeweile die "Faszination des Altbekannten" (*Prokop*) zu setzen, bekommt zunehmende Bedeutung, als mehr freie Zeit zu einem Problem wird. Ob die dauerhafte "Ruhigstellung" der Massen durch das "Null-Medium" (*Enzensberger*) Fernsehen tatsächlich gelingt, scheint mir noch nicht ausgemacht; die massenhafte Fixierung der Energien ist jedoch nicht primär bei Jugendlichen, sondern eher bei Erwachsenen anzutreffen. Schließlich wird durch die Teilnahme am Konsum eine *Partizipation* Jugendlicher am gesellschaftlichen Prozeß geschaffen, wobei Jugendliche nicht nur als Zielgruppe einbezogen werden, sondern Jugendlichkeit als Ideal der Warenästhetik verbreitet wird.

Die Kulturindustrie "produziert" - um zusammenzufassen - demnach kein Bewußtsein bei Jugendlichen, sie stellt Material zur Verfügung, das aufgegriffen, aktiv angeeignet wird. Die Tendenzen zur Flucht in die Privatheit und in Scheinwelten, zu Konzeptionen eines übersteigerten "Individualismus" in einer aus Konkurrenten bestehenden atomisierten Gesellschaft werden teilweise durch kulturindustriell erzeugte Produkte verstärkt, sie sind jedoch nicht in der Kulturindustrie begründet, sondern gehören zur normativen "Ausstattung" kapitalistischer Gesellschaften; ihnen stehen Tendenzen von Kollektivität, Bedürfnisse nach Gemeinschaft und Erfahrungen von Solidarität gegenüber, die ebenfalls der gesellschaftlichen Organisation der Arbeit im Kapitalismus entspringen und die von der Kulturindustrie aufgegriffen werden müssen. Die Kulturindustrie verbaut damit nicht die "Offenheit" der gesellschaftlichen Entwicklung, deren Prozeßhaftigkeit bleibt erhalten.

Die aufgezeigte Krise im Spätkapitalismus, die eine Krise der Arbeitsgesellschaft ist und nicht mehr mit kapitalistisch-systemimmanenten Mitteln zu lösen ist, verstärkt die Unsicherheit gerade bei Jugendlichen, die auf diese aktuelle Krise aufgrund ihres generationsspezifischen Zugangs zur gesellschaftlichen Wirklichkeit wesentlich sensibler reagieren; eine krisenhafte gesellschaftliche Perspektive verstärkt Fluchttendenzen (*Tanz auf dem Vulkan*), provoziert jedoch auch Innovationen gerade auf kulturellem Sektor, schließlich gilt zu Beginn des dritten Jahrtausends u. Z. die Aufgabe, einen gesellschaftlichen Zusammenhang, ein Wert- und Normensystem zu etablieren, das sich nicht mehr vorrangig auf die Arbeitstätigkeit im Sinne der materiellen Sicherung der Reproduktion gründen kann, wenn die These vom notwendigen Ende der Arbeitsgesellschaft denn richtig ist. Die Möglichkeit dieser Utopie mag aufscheinen, ihre Ausgestaltung anzudeuten ist sicherlich eine Aufgabe der kulturellen Praxen auch der Jugendlichen, die Durchsetzung einer rationalen, gesellschaftlich kontrollierten Produktion bei drastischer Reduzierung der Arbeitszeit und Etablierung von ökologisch vertretbaren Produktionsmethoden jedoch ist eine Angelegenheit der gesellschaftlichen und politischen Auseinandersetzung. Offenheit der gesellschaftlichen Entwicklung meint, daß dieser Kampf noch geführt und gewonnen werden muß. Hierbei beeinflußt die Kulturindustrie das Bewußtsein Jugendlicher, sie stellt mit ihren Produkten die "Umwelt" dar in der spätkapitalistischen Gesellschaft, und diese Umwelt wird angeeignet von Kindern und Jugendlichen. Jugendliche sind damit nicht hilflose Opfer der Kulturindustrie, ihr Verhalten und ihre Einstellungen sind nicht mit einer nur kulturkritischen Position zu verstehen und nach eher ästhetischen Gesichtspunkten zu kritisieren. Den kulturellen Praxen Jugendlicher wird eine Jugendforschung m. E. nur gerecht, wenn sie a) die Kritik der ihnen zugrundeliegenden materiellen Lebensbedingungen leistet und gesellschaftlich mögliche Alternativen herausarbeitet, b) die kulturellen Praxen daraufhin untersucht, inwiefern sie Lösungen gesellschaftlicher Pobleme symbolisieren, eine Veränderung der gesellschaftlichen Bedingungen somit teilweise antizipieren und c) schließlich deutlich macht, daß eine Verbesserung der gesellschaftlichen Bedingungen nicht "kulturell", sondern in einer aktiven politischen Auseinandersetzung errungen werden muß, daß Optimismus nur als Optimismus der Tat (*Bloch*) gerechtfertigt ist.

Anmerkungen

Annäherung I

<1> *Seve* weist darauf hin, wie problematisch der Gebrauch des Singulars von Mensch in einem abstrakt-philosophischen Sinne ist, weil er die Mystifikation enthält (oder zumindest zu ihr verführen kann), das menschliche Wesen sei im "abstrakten, einzelnen Individuum" unmittelbar zu finden. (1973, S. 141) Der Begriff sei nur in zwei Fällen in der Singularform sinnvoll zu verwenden: zur Bezeichnung der gesamten gesellschaftlichen Merkmale, die alle Menschen in allen Geschichtsepochen - mehr oder minder - haben, und synonym zu "Individuum". (ebd.)

<2> *Habermas* (1979, S. 47) weist darauf hin, welche Bedeutung das Abstraktum "Natur an sich" für das erkenntnistheoretische Denken von *Marx* hat. Vergleichbar mit dem *Kant*schen "Ding an sich" bietet es den Anknüpfungspunkt, den Ansatzpunkt für den arbeitenden Menschen, also auch für dessen Bewußtsein. Das Abstraktum "Natur an sich" verhindert so "den idealistischen Versuch der Auflösung (der Natur insgesamt, K.H.) in das bloße Außersichsein des Geistes". (ebd.)

<3> Daß hiermit nicht die Trennung des Arbeiters vom Produkt seiner Arbeit unter kapitalistischen Produktionsbedingungen gemeint werden darf, macht *Engelhardt* (1979, S. 61) klar. Während die bewußte Trennung von Motiv und Ziel hier als Grundbedingung gesellschaftlicher Arbeit überhaupt, in Abgrenzung zu tierischer Reproduktion, als Grundlage der Produktivkraftentwicklung aufgefaßt wird, ist die Trennung des Arbeiters vom Produkt seiner Arbeit, etwa unter den Bedingungen der Lohnarbeit, zurückzuführen auf ganz bestimmte Produktionsverhältnisse.

<4> Um hier einem möglichen Mißverständnis vorzubeugen: Selbstverständlich lassen sich nicht alle konkreten Bedürfnisse aus der konkreten Arbeit ableiten, vielmehr wird weiter unten noch dargestellt, daß der aus der Warenproduktion resultierende Fetischismus durchaus auch Anteil hat an Bedürfnissen der Menschen im Kapitalismus, an der Vergötterung des Geldes etwa. Vom Ursprung her ist allerdings die Entwicklung der menschlichen Bedürfnisse eine Funktion der konkreten Arbeit, wobei Herrschafts- und Besitzverhältnisse nicht nur die Entwicklung der Produktivität beschleunigten, sondern auch Einfluß auf die Bedürfnisse nahmen.

<5> Selbstverständlich ist hier nur aus darstellungstechnischen Gründen noch nicht aufgeführt, daß die Handlungen und damit Wahrnehmungen der Arbeiter auch von den spezifischen Produktionsverhältnissen bestimmt werden. In der Realität ist die Produktivkraftentwicklung im Kapitalismus nicht getrennt von den kapitalistischen Produktionsverhältnissen und ihren Verhaltenserfordernissen.

<6> Die Begriffswahl "reaktiv" ist insofern problematisch, als sich zwar *grundsäztlich* an dem privaten Tauschakt Lohn gegen Arbeitskraft und damit am Verhältnis Kapitalbesitzer versus "Nur-Arbeitskraftbesitzer" nichts ändert, formal jedoch durch die Kapitalakkumulation und -konzentration der Privatbesitz an den Produktionsmitteln sich historisch wandelt. Dies hat durchaus Konsequenzen auf die Wahrnehmung, wie weiter unten bei der Diskussion des Geld- und Kapitalfetischismus deutlich wird. Insofern ist der Privatbesitz an Produktionsmitteln durchaus dynamisch.

<7> Allerdings wird an die Möglichkeit des Aufstiegs durchaus nicht von der Mehrheit der Arbeiter geglaubt; vielmehr herrschen insbesondere bei älteren Arbeitern realistische Einschätzungen vor, wohingegen Berufsanfänger eher eine Verbesserung ihrer Position für möglich halten. (vgl. hierzu z. B. *Kudera* u. a. 1979, S. 54ff)

<8> Die Begrifflichkeit halte ich jedoch für problematisch, da mit "Religion" der Glaube an einen Gott oder mehrere Götter, an eine transzendente Singebung verbunden ist, sodaß mir der summarische Begriff "Weltanschauung" hier sinnvoller erscheint.

Annäherung II

<1> Allerdings wird, in einem etwas anderen Zusammenhang, der Gedanke *Eisenstadt*s in dieser Arbeit wieder aufgenommen, wenn über *Krovoza*s Unterscheidung zwischen "kumulativen" Prozessen in arbeitsteiligen Gesellschaften und "nicht-kumulativen" in der familialen Sozialisation gesprochen wird. Was jedoch die theoretischen Überlegungen *Krovoza*s von denen *Eisenstadt*s unterscheidet und sie brauchbarer macht, ist der analytisch sinnvolle materialistische Gesellschaftsbegriff in Unterscheidung zu dem eher aussagearmen Konzept "universalistische Gesellschaft".

<2> Ohne hier tiefer in die Technik der Fragebogenerhebung einzugehen, scheint mir zumindest fraglich, ob "gesellschaftliche Autoritäten" sich bei den Jugendlichen dadurch bestimmen, daß sie von Erwachsenen vertreten werden, oder ob nicht soziale Ausgrenzungserfahrungen hiermit angesprochen sein könnten. Beispielsweise wird die Zustimmung zu dem vorgegebenen Statement "Jugendliche sollten sich bei der Arbeit oder in der Schule nichts gefallen lassen und kräftig auf den Putz hauen, wenn's nötig ist" als jugendzentriert eingestuft; daß gerade in Schule und Betrieb nicht vorrangig Alters-, sondern soziale Klassenkonflikte vorherrschen, fällt hier schlichtweg unter den Tisch.

<3> An den Überschriften der einzelnen Teilbereiche wird m. E. der oben angedeutete Mangel wiederum deutlich. So ergibt sich nicht unbedingt ein inhaltlicher Zusammenhang zwischen dem Aktzeptieren eines Erfahrungsvorsprungs und dem Akzeptieren von Vorrechten Erwachsener (Teilbereich 2), denn Vorrechte ergeben sich in kapitalistischen Gesellschaften nicht (nur) aus Erfahrungen, insbesondere in Schule und Betrieb. Ebenso lassen sich auch "Fremdheitsgefühle" und "Unabhängigkeitsforderungen" gegenüber Erwachsenen nicht einfach inhaltlich gleichstellen (Teilbereich 4): Abhängigkeit auch von bekannten, akzeptierten Autoritäten kann als solche abgelehnt werden; sie muß es in bestimmten Entwicklungsphasen von Jugendlichen sogar.

<4> Die Autoritarismus-Skala der Shell-Studie ist nicht identisch mit der Skala, die von der *Frankfurter Schule* zur Erforschung der "autoritären Persönlichkeit" entworfen wurde. Sie ist vielmehr ein Sample von rechtsgerichteten und nationalen Srpüchen, wobei Jugendliche Zustimmung zu diesen Sprüchen in einem vierstufigen Bewertungsmaßstab von "Den Spruch halte ich für sehr gut" bis "halte ich für überhaupt nicht gut" einordnen sollen. (siehe *Jugend* '81, Bd. 1, S. 509)

<5> Hierbei übernehme ich das Kapitel *Subkultur, Stammkultur und Klasse* aus meiner Diplomarbeit und überarbeite es in einigen Punkten.

<6> Sowohl im Betrieb als auch in der Schule herrscht eine Art von Defensivtaktik vor. Die Interessen von Arbeitern sind gegenüber denen der Kapitalisten "in zwei Richtungen defensiv orientiert: 1) Sie verteidigen materielle Bedingungen ihrer Körper und ihres Lebenszusammenhangs, an die sie gebunden sind, 2) sie verteidigen die Verknüpfung ihrer Arbeitsqualifikation mit den Arbeitsmitteln, die ihnen nicht gehören. Es geht also nicht um Aneignungsprozesse auf fremdem Gelände, sondern um Verteidigung auf dem eigenen: eines Restes an ursprünglichem Eigentum." (*Negt/Kluge* 1981, S. 1266)

Anmerkungen 191

<7> Vergleiche auch die Überlegungen in der Annäherung I: Erkenntnis wird blockiert durch Fetische, durch verdinglichte gesellschaftliche Verhältnisse, denen mystische Fähigkeiten zugeschrieben werden (Geld- und Kapitalfetisch, Warenfetisch). Die Erkenntnisentfaltung des Bewußtseins als Folge einer Produktivkraftbezogenheit der gesellschaftlichen Arbeit wird notwendigerweise blockiert durch die verschleiernden Erfahrungen in kapitalistischen Produktionsverhältnissen. Durchdringungen wären, in dem Modell von *ter Horst* und *Schurian*, dem produktiven, Begrenzungen dem strukturellen Normensystem zuzuordnen. Auch *Ottomeyer*s Analyse der Doppeldeutigkeit der kapitalistischen Produktion weist auf die gleichen, bei kapitalistischer Produktion notwendigen Widersprüche in der Wahrnehmung hin. (1973, S. 129 ff)

<8> *Dahmer* 1973, *Schneider* 1973, *Seve* 1973, *Becker* und *Nedelmann* 1983, *Habermas* 1979, *Brückner, Leithäuser* und *Kiesel* 1968, *Bernfeld* 1967, *Reich* 1980, *Reiche* 1971, *Ottomeier* 1973 und 1977, *Kofler* 1985

<9> Siehe etwa die in dieser Arbeit bereits herangezogenen Arbeiten von *ter Horst* (1980) und *Schurian/ter Horst* (1976),die Schule der "kritischen Psychologie", vor allem *Holzkamp* 1973, zu Sprache etwa *Neuland* 1975. Die Diskussion wird übrigens dadurch erschwert, daß sich verschiedene "Schulen", jede marxistisch orientiert, geflissentlich gegenseitig übersehen, sodaß ein Austausch kaum stattzufinden scheint. *Holzkamp* & Co. ignoriert *Brückner* & Co., ebenso wie umgekehrt.

<10> Es seien an dieser Stelle nur die Bände 1 und 2 der *Kulturindustrie und Ideologie (Bischoff/Maldaner* 1980, 1982)genannt; zwar werden interessante Fakten und Interpretationen geliefert, doch werden beispielsweise Bedeutung und Wirkungsweise der Medien auch nicht annähernd herausgearbeitet (Band 2, S. 256 ff); ohne falsch zu sein, erscheint so eine Analyse als nicht richtig, zumindest als nichtssagend. Ebenso dürfte der Ansatz von *Schurian/ter Horst* (1976) zur Sozialisationstheorie des Jugendalters zu ausgesprochen dürftigen, abstrakt schematischen Analysen etwa von jugendspezifischer Kultur führen, wenn er nicht erweitert würde.

Annäherung III

<1> Dies ist bei jeder Reisebusfahrt mit Jugendlichen festzustellen, wenn es darum geht, welche Cassette eingelegt werden soll.

<2> Auch die bundesdeutschen Medien setzen sich für die Wahrung von Anstand und Sitte ein; sie sorgten beispielsweise dafür, daß der Top-Hit *Bruttosozialprodukt* gesäubert wurde. Hieß es im Original und bei Live-Auftritten von *Geier Sturzflug*, "der Gabentisch wird immer bunter" und nach Weihnachten hole der Müllmann "sich einen runter", so gilt in der Single-Version und bei Fernsehauftritten, die Müllabfuhr hole "den ganzen Plunder"; der Reim ist nicht mehr rein, dafür sind es die Sendeanstalten um so mehr.

<3> Siehe etwa als jüngstes Beipiel aus der bundesdeutschen Szene die geplante Fusion der Konzertveranstalter *Lippmann + Rau* und *Mama Concerts*, vgl. *Spiegel* 36/88, S. 219.

<4> Ein etwas anderes Beispiel gibt die Dortmunder Polit-Folk-Rockgruppe *Cochise*, die bis 1987 fast zehn Jahre als professionelle Gruppe fast ohne Medienpromotion und vor allem durch zahlreiche Auftritte vor einer relativ stabilen Fan- Gemeinde überleben konnte.

Literatur:

Adorno, Theodor W. 1967: Ohne Leitbild. Parva Aesthetica. Ffm: Suhrkamp
derselbe 1972: Ästhetische Theorie. (= Gesammelte Schriften Bd. 7) Ffm: Suhrkamp
derselbe 1973: Zur gesellschaftlichen Lage der Musik. in: Prokop 1973, S. 152 - 200
derselbe 1975: Ideen zur Musiksoziologie. in: Kneif 1975, S. 67 - 77
Aggression und Anpassung in der Industriegesellschaft 1968. M. Beitr. v. H. Marcuse, A. Rapaoport, K. Horn, A. Mit scherlich, D. Senghaas u. M. Markovic. Ffm: Suhrkamp
Allerbeck, Klaus und Wendy Hoag 1958: Jugend ohne Zukunft? Einstellungen, Umwelt, Lebensperspektiven. München, Zürich: Piper
Aufmuth, Ulrich 1979: Die deutsche Wandervogelbewegung unter soziologischem Aspekt. Göttingen: Vandenhoeck & Ruprecht
Aufschwung. Hg. Bundesvorstand der SJD-Die Falken. Bonn o. J.
Baacke, Dieter 1970: Beat - die sprachlose Opposition. München: Juventa
Baacke, D. u. a. (Hg.) 1985: Am Ende - postmodern? Next Wave in der Pädagogik. Weinmheim/München: Juventa
Baacke, Dieter und Wilhelm Heitmeyer (Hg) 1985: Neue Widersprüche. Jugendliche in den 80er Jahren. Weinheim/München: Juventa
Beck, Ulrich 1986: Risikogesellschaft. Auf dem Weg i. e. andere Moderne. Ffm: Suhrkamp
Becker, Helmut und Carl Nedelmann: Psychoanalyse und Politik. Ffm: Suhrkamp 1983
Benjamin, Walter 1963: Das Kunstwerk im Zeitalter seiner technischen Reproduzierbarkeit. Drei Studien z. Kunstsoziologie. Ffm: Suhrkamp
Bernfeld, Siegfried 1967: Sysiphos oder die Grenzen der Erziehung. Ffm: Suhrkamp
Bischoff, Joachim und Karlheinz Maldaner 1980: Kulturindustrie und Ideologie. Teil 1. Hamburg: VSA
dieselben 1982: Kulturindustrie und Ideologie. Band 2. Hamburg: VSA
Bismarck, Klaus von u. a. 1985: Industrialisierung des Bewußtseins. E. kritische Auseinandersetzung mit den "neuen" Medien. München, Zürich: Piper
Bloch, Ernst 1963: Tübinger Einleitung in die Philosophie. Bd. I. Ffm: Suhrkamp
derselbe 1985a: Das Prinzip Hoffnung. Kapitel 1 - 32. Ffm: Suhrkamp
derselbe 1985b: Das Prinzip Hoffnung. Kapitel 33 - 42. Ffm: Suhrkamp
derselbe 1985c: Das Prinzip Hoffnung. Kapitel 43 - 55. Ffm: Suhrkamp

Böckelmann, F. u. a. 1979: Werbefernsehkinder. Fernsehwerbung vor und mit Kindern i. d. Bundesrepublik Deutschland. Berlin: Spiess

Boehmer, Konrad 1975: Adorno, Musik, Gesellschaft. in: Kneif 1975, S. 227 - 239

Böhnisch, Lothar und Richard Münchmeier 1987: Wozu Jugendarbeit? Orientierungen f. Ausbildung, Fortbildung und Praxis. Weinheim/München: Juventa

Böhnisch, Lothar und Werner Schefold 1985: Lebensbewältigung. Soziale und pädagogische Verständigungen an den Grenzen der Wohlfahrtsgesellschaft.

Bonfadelli, Heinz 1981: Die Sozialisationsperspektive in der Massenkommunikationsforschung. Neue Ansätze, Methoden und Resultate zur Stellung d. Massenmedien i. Leben d. Kinder u. Jugendlichen. Berlin: Spiess

Bopp, Jörg 1983: Jugend. Stuttgart/Berlin: Kreuz Verlg.

Bourdieu, Pierre 1987: Die feinen Unterschiede. Kritik d. gesellsch. Urteilskraft. Ffm: Suhrkamp

Brake, Michael 1981: Soziologie der jugendlichen Subkulturen. E. Einf., hg. v. R. Lindner. Ffm, New York: Campus

Brückner, Peter 1981: Zur Sozialpsychologie des Kapitalismus. Reinbek: Rowohlt TB

derselbe 1983: Provokation und soziale Bewegungen. Berlin: Wagenbach

Brückner, Peter u. a. 1968: Psychoanalyse. Z. 60. Geburtstag v. A. Mitscherlich. Ffm: EVA

Bruder-Bezzel, Almut und Klaus J. Bruder 1984: Jugend. Psychologie e. Kultur. München/Wien/Baltimore: Urban & Schwarzenberg

Busch, Thomas 1979: Dialektik der Erkenntnis. Eine Auseinandersetzung mit K. Holzkamps Psychotypologie des menschlichen Denkens. in: Busch u. a. 1979, a.a.O., S. 73 - 104

Busch, Thomas u. a. 1979: Zur Kritik der Kritischen Psychologie. Psychologie, Erkenntnistheorie und Marxismus. Berlin: Oberbaum

Chapple, Steve und Reebee Garofalo 1980: Wem gehört die Rock-Musik? Geschichte und Politik der Musikindustrie. Reinbek: Rowohlt TB

Clarke, John 1979: Stil. in: Clarke u. a. 1979, S. 133 - 158

Clarke, John u. a. 1979: Jugendkultur als Widerstand. Milieus, Rituale, Provokationen. Hg. v. A. Honneth, R. Lindner u. R. Paris. Ffm: Syndikat

Dahmer, Helmut 1973: Libido und Gesellschaft. Studien über Freud und die Freudsche Linke. Ffm: Suhrkamp

derselbe 1973b: Politische Orientierungen. Aufsätze üb. Marxismus u. Stalinismus, pol. Pädagogik, außerparlamentarische Opposition, Psychoanalyse u. Gesellschaft. Ffm: Fischer TB

Dollase, Rainer u. a. 1974: Rock People oder Die befragte Szene. Ffm: Fischer TB

Dörre, Klaus und Paul Schäfer 1982: In den Straßen steigt das Fieber. Jugend in der Bundesrepublik. Köln: Pahl-Rugenstein

Dubiel, Helmut: Politik und Aufklärung. in: Rüsen u. a. 1988, S. 21 - 28

Eisenstadt, S. N. 1966: Von Generation zu Generation. Altersgruppen und Sozialstruktur. München: Juventa

Engelhardt, Werner 1979: Die dialektisch-materialistische Methode des Marxismus und ihre Revision durch K. Holzkamp. in: Busch u. a. 1979, a.a.O., S. 29 - 72

Enzensberger, Hans Magnus 1962: Einzelheiten I. Bewußtseins-Industrie I. Ffm: Suhrkamp

derselbe 1988: Die vollkommene Leere. Das Nullmedium oder Warum alle Klagen über das Fernsehen gegenstandslos sind. in: Der Spiegel 20/1988, S. 234 - 244

Erckenbrecht, Ulrich 1976: Das Geheimnis des Fetischismus. Grundmotive der Marxschen Erkenntniskritik. Ffm/Köln: EVA

Erdheim, Mario 1984: Die gesellschaftliche Produktion von Unbewußtheit. E. Einf. i. d. ethnopsychoanalytischen Prozeß Ffm: Suhrkamp

Erikson, Erik H. 1957: Kindheit und Gesellschaft. Zürich/Stuttgart: Pan

derselbe 1970: Jugend und Krise. Die Psychodynamik im sozialen Wandel. Stuttgart: Klett

Feidel-Mertz, H. 1972: Zur Ideologie der Arbeiterbildung. Ffm: EVA

Frackmann, Margit 1985: Mittendrin und voll daneben. Jugend heute. Hamburg: VSA

Frackmann, Margit u. a. 1981: Null Bock oder Mut zur Zukunft? Jugendliche in der Bundesrepublik. Hamburg: VSA

Franz, H. u. a. 1980: "Wie hinterm Preßlufthammer, nur unheimlich schöner!" Discokultur in Jugendhäusern. Bensheim: päd. extra. buchverlg.

Freizeit in der Kritik. Alternative Konzepte zur Freizeit und Kulturpolitik. Hg.: Herausgebergruppe "Freizeit" (Volker Buddrus u. a.), Köln: Pahl-Rugenstein 1980

Frith, Simon 1981: Jugendkultur und Rockmusik. Soziologie der englischen Musikszene.

Fromm, Erich 1966: Die Furcht vor der Freiheit. Ffm: EVA

derselbe 1979: Haben oder Sein. Die seelischen Grundlagen e. neuen Gesellschaft. München: dtv

Fuchs, Werner 1985: Soziale Orientierungsmuster: Bilder i. d. sozialen Welt. in: Jugendliche u. Erwachsene 1985a, S. 133 - 194

Garczyk, Eckhard 1988: Kürzere Arbeitszeit, längere Freizeit - Und was dann? in: Zoll 1988, S. 580 - 600

Godelier, Maurice 1972: Warenökonomie, Fetischismus, Magie und Wissenschaft. in: Objekte des Fetischismus, a.a.O., S. 293 - 314

Gorz, Andre 1983: Wege ins Paradies. Thesen zur Krise, Automation und Zukunft der Arbeit. Berlin: Rotbuch

derselbe 1988: Jenseits von Arbeitsutopie und Arbeitsmoral. in: Zoll 1988, S. 172 - 192

Gramsci, Antonio 1967: Philosophie der Praxis. Eine Auswahl, hg. v. Christian Riechers, m. e. Vorwort v. W. Abendroth. Ffm: Fischer TB

derselbe 1980: Zur Politik, Geschichte und Kultur. Ausgewählte Schriften, hg. v. Guido Zamis. Ffm:: Röderberg

derselbe 1983: Marxismus und Literatur. Ideologie, Alltag, Literatur. Hg. und übersetzt von Sabine Kebir. Hamburg: VSA

Grunberger, Bela 1982: Vom Narzißmus zum Objekt. Ffm: Suhrkamp

Habermas, Jürgen 1975: Legitimationsprobleme im Spätkapitalismus. Ffm: Suhrkamp

derselbe 1979: Erkenntnis und Interesse. M. e. neuen Nachwort. Ffm: Suhrkamp

derselbe (Hg) 1979b: Stichworte zur 'geistigen Situation der Zeit'. 1. Band: Nation u. Republik. Ffm: Suhrkamp

derselbe (Hg) 1979c: Stichworte zur 'Geistigen Situation der Zeit'. 2. Band: Politik und Kultur. Ffm: Suhrkamp

derselbe 1988: Die neue Intimität zwischen Politik und Kultur. in: Rüsen u. a. 1988, S. 59 - 68

Hartwig, Helmut 1980: Jugendkultur. Ästhetische Praxis i. d. Pubertät. Reinbek: Rowohlt TB

Häsing, Helga u. a. (Hg) 1979: Narziß. Ein neuer Sozialisationstyp? Bensheim: päd. extra buchverlg.

Haug, Wolfgang F. 1971: Kritik der Warenästhetik. Ffm: Suhrkamp

Hein, Peter Ulrich 1984: Protestkultur und Jugend. Ästhetische Opposition in der Bundesrepublik Deutschland. U. Mitarb. v. Marie E. Jahn. Münster: Lit Verlg.

Heinz, Walter R. 1985: Jugend und Arbeit - Kontinuität und Diskontinuität. in: Baacke/Heitmeyer 1985, a. a. O., S. 131 - 153

Heinzen, Geord und Uwe Koch 1985: Von der Nutzlosigkeit, erwachsen zu werden. Reinbek: Rowohlt

Herkommer, Sebastian 1985: Einführung Ideologie. Hamburg: VSA

Hermansen, Klaus 1982: Zum Verhältnis von Arbeiterjugend und "neuer Jugendbewegung" u. Berücksichtigung d. emanzipatorischen Möglichkeiten dieser Bewegung f. Arbeiterjugendliche. (Dipl.-Arbeit, Uni Münster)

Herrmann, Horst 1978: Die sieben Todsünden der Kirche. M. e. Nachwort v. H. Böll. Reinbek: Rowohlt TB

Hollstein, Walter 1981: Die Gegengesellschaft. Alternative Lebensformen. Reinbek: Rowohlt TB

Holzer, Horst 1973: Kommunikationssoziologie. Reinbek: Rowohlt TB

derselbe 1980: Medien in der BRD. Entwicklungen 1970 - 1980 Köln: Pahl-Rugenstein

Holzkamp, Klaus 1976: Sinnliche Erkenntnis. Historischer Ursprung und gesellschaftliche Funktion der Wahrnehmung. 3. rev. Aufl, Ffm: Athenäum

Horkheimer, Max und Theodor
Philosophische Fragmente. Ffm: Fischer TB

Horn, Klaus 1968: Über den Zusammenhang zwischen Angst und politischer Apathie. in: Aggression und Anpassung in der Industriegesellschaft. a.a.O., S. 59 - 80

derselbe (Hg) 1972: Gruppendynamik und der "subjektive Faktor". Repressive Entsublimierung od. politisierende Praxis. Ffm: Suhrkamp

Jauß, Hans Robert: Das kritische Potential ästhetischer Bildung. in: Rüsen u. a. 1988, S. 221 - 232

Joschgies, Rainer B. 1985: Die Anti-Rebellion-Rebellion. Der Konsumismus ist neue Jugendreligion geworden. in: Baacke u. a. 1985, S. 147 - 159

Jugend '81. Lebensentwürfe, Alltagskulturen, Zukunftsbilder. Studie i. Auftr. d. Jugendwerkes d. Dtsch. Shell. Bd. 1, Hamburg

Jugend im Revier 1986 (= Jugend in Gesellschaft & Pädagogik. Schriftenreihe d. Inst. f. Jugendforschg. u. päd. Praxis) Essen: Klartext-Verlg.

Jugendbericht: Fünfter Jugendbericht 1980, hg. v. d. Bundesregierung. Bonn

Jugendliche und Erwachsene 1985a: Generationen im Vergleich. Bd. 1. Biographien, Orientierungsmuster, Perspektiven. (im Auftrag der Dtsch. Shell). Opladen: Leske + Burdrich

Jugendliche und Erwachsene 1985b: Band 2: Freizeit u. Jugendkultur. a.a.O.

Jugendliche und Erwachsene 1985c: Bd. 4: Jugend in Selbstbildern. a.a.O.

Jungmann, Fritz 1936: Autorität und Sexualmoral in der freien bürgerlichen Jugendbewegung. in: Fromm, Erich u. a.: Autorität und Familie. Paris 1936, S. 669 - 705

Kaminski, Winfried 1982: Jugendliteratur und Revolte. Jugendprotest und seine Spiegelung in der Literatur für junge Leser. Ffm: dipa

Kebir, Sabine 1986a: Amerikanisierung der Massenkultur? in: Sozialismus 3/86, S. 37 - 41

dieselbe 1986b: Punk oder Die herrschende Arbeitslosenkultur. Gramscis Beitrag zur modernen Kulturtheorie - Die Integration v. Bündnis u. Proletkult, Hochkultur u. Alltag. in: Düsseldorfer Debatte 2/86

Kirchner, Rolf 1985: Von der Geige zur Gitarre. Zur Musizierpraxis von Jugendlichen. in: Jugendliche u. Erwachsene 1985b, S. 127 - 142

Kluge, Alexander 1985: Die Macht der Bewußtseinsindustrie und das Schicksal unserer Öffentlichkeit. Zum Unterschied von machbar und gewalttätig. in: Bismarck u. a. 1985, S. 51 - 124

Kneif, Tibor 1971: Musiksoziologie. Köln: Musikverlg. Hans Gerig

derselbe (Hg) 1975: Texte zur Musiksoziologie. M. e. Vorwort v. Carl Dallhaus. Köln: Arno Volk Verlg.

derselbe 1982: Rockmusik. Ein Handbuch z. kritischen Verständnis. Reinbek: Rowohlt TB

Kofler, Leo 1973: Geschichte und Dialektik. Zur Methodologie der dialektischen Geschichtsbetrachtung. Darmstadt/Neuwied

derselbe 1975: Soziologie des Ideologischen. Stuttgart/Berlin/Köln/Mainz: Kohlhammer

derselbe 1985: Eros, Ästhetik, Politik. Thesen zum Menschenbild bei Marx. Hamburg: VSA

derselbe 1987: Avantgardismus als Entfremdung. Ästhetik und Ideologiekritik. Herausg. u. Nachwort v. Stefan Dornuf. Ffm: Sendler

Kohut, Heinz 1976: Narzißmus. E. Theorie d. psychoanalytischen Behandlung narzißtischer Persönlichkeitsstörungen. Ffm: Suhrkamp

derselbe 1977: Introspektion, Empathie und Psychoanalyse. Aufs. z. psychoanalytischen Pädagogik u. Forschg. u. z. Psychologie d. Kunst. Ffm: Suhrkamp

Korsch, Karl 1967: Karl Marx. Ffm: EVA

Kosik, Karel 1967: Die Dialektik des Konkreten. Eine Studie zur Problematik des Menschen und der Welt. Frankfurt/M.

Kraushaar, Wolfgang 1980a: Rock gegen Rechts - Ein Widerspruch in sich? Stichworte z. e. Pamphlet. in: Leukert 1980, S. 10 - 18

derselbe 1980b: Rockmusik als politischer Deckmantel? in: Leukert 1980, S. 69 - 86

Kreutz, Hendrik 1976: Soziologie der Jugend. München: Juventa

Krovoza, Alfred 1976: Produktion und Sozialisation. M. e. Nachwort v. Peter Brückner (= Veröffentl. d. psychologischen Inst. d. TU Hannover) Köln, Ffm: EVA

Kudera, Werner u. a. 1979: Gesellschaftliches und politisches Bewußtsein von Arbeitern. E. empirische Untersuchung. Ffm: EVA

Kulturpolitisches Wörterbuch 1978, hg. v. Manfred Berger u. a. Berlin(DDR): Dietz

Lefebvre, Henri 1972: Das Alltagsleben in der modernen Welt. Ffm: Suhrkamp derselbe 1974: Kritik des Alltagslebens. Bd. 1, m. e. Vorwort z. dtsch. Ausg., hg. v. Dieter Prokop. München: Hanser

Leontjew, Alexej N. 1973: Probleme der Entwicklung des Psychischen. M. e. Einführung v. K. Holzkamp und V. Schurig. Ffm: Fischer TB

Lessing, Hellmut u. a. (Hg) 1986: Lebenszeichen der Jugend. Kultur, Beziehung und Lebensbewältigung i. Jugendalter. Weinheim/München: Juventa

Lessing, Hellmut und Manfred Liebel 1974: Jugend in der Klassengesellschaft. Marxist. Jugendforschg. u. antikapitalist. Jugendarbeit. München: Juventa

dieselben 1981: Wilde Cliquen. Szenen e. anderen Arbeiterjugendbewegung. Bensheim: päd extra buchverlg.

Leukert, Bernd (Hg) 1980: Thema: Rock gegen Rechts. Musik als politisches Instrument. Ffm: Fischer TB

Liebel, Manfred 1976: Produktivkraft Jugend. M. Liebel üb. aktuelle u. hist. Aspekte der Arbeiterjugendfrage i. Kapitalismus. Ffm: Verlg. Jugend u. Politik

Linse, Ulrich 1976: Die Jugendkulturbewegung. in: Vondung, Klaus (Hg): Das wilhelminische Bildungsbürgertum. Göttingen: Vandenhoeck & Ruprecht, S. 119 - 137

Lorenzer, Alfred 1970: Sprachzerstörung und Rekonstruktion. Vorarbeiten z. e. Metatheorie d. Psychoanalyse. Ffm: Suhrkamp

derselbe 1972: Zur Begründung einer materialistischen Sozialisationstheorie. Ffm: Suhrkamp

Luger, Kurt 1985: Medien im Jugendalltag. Wie gehen die Jugendlichen mit Medien um - was machen die Medien mit den Jugendlichen? Graz, Wien: Böhlau

Mannheim, Karl 1964: Das Problem der Generationen. in: derselbe: Wissenssoziologie. Berlin/Neuwied, S. 509 ff

Marcuse, Herbert 1967: Der eindimensionale Mensch. Studien z. Ideologie d. fortgeschrittenen Industriegesellschaft. Neuwied/Berlin: Luchterhand

derselbe 1968a: Aggressivität in der gegenwärtigen Industriegesellschaft. in: Aggression und Anpassung in der Industriegesellschaft. a.a.O., S. 7 - 29

derselbe 1968b: Psychoanalyse und Politik. Köln/Ffm: EVA

derselbe 1973: Über den affirmativen Charakter der Kultur. in: Prokop 1973, a.a.O., S. 227 - 269

Marx, Karl 1953: Grundrisse der Kritik der Politischen Ökonomie. (Rohentwurf) Berlin: Dietz

derselbe 1962: Das Kapital, Bd. 1 (MEW Bd. 23). Berlin: Dietz

derselbe 1963: Das Kapital, Bd. II (MEW 24) Berlin: Dietz

derselbe 1964: Das Kapital, Bd. III (MEW 25)

derselbe 1965: Theorien über den Mehrwert, Teil I, MEW 26.1) Berlin: Dietz
Marx, Karl und Friedrich Engels 1958: Die deutsche Ideologie. (MEW 3)
Müller-Lundt, Evelin 1985: Jungsein ist ... in: Jugendliche + Erwachsene 1985c, S. 251 - 272
Murdock, Graham und Robin Mc Cron 1979: Klassenbewußtsein und Generationsbewußtsein. in: Clarke u. a. 19679, a.a. O., S. 15 - 38
Nahrstedt, Wolfgang 1980: Über die "Freizeitgesellschaft" zu einer "Freien Gesellschaft"? Grundlagen f. e. neue Gesellschaftstheorie, in: Freizeit in der Kritik, a.a.O., S. 21 - 55
Nave-Herz, Rosemarie und Bernhard Nauck 1978: Familie und Freizeit. Eine empirische Studie. (= dji-Analysen Bd. 13) München: Juventa
Negt, Oskar 1973: Einleitung zu/in: Prokop 1973, S. 7 - 27
derselbe 1974: "Öffentlichkeit", in: Wörterbuch der Erziehung, hg. v. Christoph Wulf. S. 438 - 443. München, Zürich: Piper
derselbe 1975: Soziologische Phantasie und exemplarisches Lernen. Z. Theorie der Arbeiterbildung. Überarb. Neuauflage. Ffm, Köln: EVA
derselbe 1988: Der Kampf um die Arbeitszeit ist ein Kampf um die Lebenszeit. in: Zoll 1988, S. 531 - 544
Negt, Oskar und Alexander Kluge 1972: Öffentlichkeit und Erfahrung. Zur Organisationsanalyse von bürgerlicher und proletarischer Öffentlichkeit. Ffm: Suhrkamp
dieselben 1981: Geschichte und Eigensinn. Ffm: Zweitausendeins
Neidhardt, Friedhelm 1970: Bezugspunkte einer soziologischen Theorie des Jugendalters. in: Ders. u. a. 1970, S. 11 - 48
derselbe 1973: Beiträge zur Kritik der Jugendsoziologie. in: deutsche jugend, 4/1973, S. 161ff
Neidhardt, Friedhelm u. a. (Hg) 1970: Jugend im Spektrum der Wissenschaften. Betr. z. e. Theorie d. Jugendalters. München: Juventa
Neubauer, Georg 1985: Sexopoli(s) - Über die Macht und die Spielarten des Sexuellen. in: Baacke u. a. 1985, S. 71 - 83
Neuland, Eva 1975: Sprachbarrieren oder Klassensprache? Untersuchungen z. Sprachverhalten im Vorschulalter. Ffm: Fischer TB
Objekte des Fetischismus. Herausgegeben von J.-B. Pontalis. Ffm: Suhrkamp 1972
Onna, Ben van 1976: Jugend und Gesellschaft. Eine Auseinandersetzung m. d. Jugendsoziologie. Ffm: aspekte
Orban, Peter 1973: Sozialisation. Grundlinien e. Theorie emanzipatorischer Sozialisation. Ffm: Athenäum

Ottomeyer, Klaus 1973: Soziales Verhalten und Ökonomie im Kapitalismus. Vorüberlegungen z. systematischen Vermittlung von Interaktionstheorie und Kritik der Pol. Ökonomie. Bremen (Schwarzdruck)

derselbe 1977: Ökonomische Zwänge und menschliche Beziehungen. Soziales Verhalten im Kapitalismus. Reinbek: Rowohlt TB

Paul, Gerhard 1979: Zur Sozialpsychologie des jugendlichen Rechtsextremismus heute. in: Paul, G. und B. Schoßig (Hg): Jugend und Neofaschismus. Provokation oder Identifikation. Ffm 1979: EVA

Paul, Gerd 1986: Vorstellung des Projektes "Heranwachsende und Computer. in: Pluskwa 1986, S. 221 - 227

Pluskwa, Manfreg (Hg) 1986: "Der Computer kann alles, aber sonst nichts". Jugendarbeit und Computerkultur. (= Loccumer Protokolle 18/86) Loccum: Evgl. Akademie

Prieger, Almut 1982: Das Werk Enid Blytons. E. Analyse ihrer Erfolgsserien in westdeutschen Verlagen. Ffm: dipa

Prokop, Dieter (Hg) 1973: Kritische Kommunikationsforschung. Aus der Zeitschrift f. Sozialforschung. M. e. Einleitg. v. O. Negt. München: Hanser

derselbe 1974: Massenkultur und Spontaneität. Zur veränderten Warenform der Massenkommunikation im Spätkapitalismus. Aufsätze. Ffm: Suhrkamp

derselbe 1979: Faszination und Langeweile. Die populären Medien. Stuttgart: Enke

Reich, Wilhelm 1980: Massenpsychologie des Faschismus. Zur Sexualökonomie der politischen Reaktion und zur proletarischen Sexualpolitik. Amsterdam: de Munter

Reiche, Raimut 1971: Sexualität und Klassenkampf. Zur Abwehr repressiver Entsublimierung. V. Autor durchg. Aufl. Ffm: Fischer TB

Reichert, Carl-Ludwig (Hg) 1981: Fans, Gangs, Bands. Ein Lesebuch der Rockjahre. Reinbek: Rowohlt TB

derselbe 1982: Eine weitere Art, Rockgeschichte zu schreiben. in: Kneif 1982, S. 227 - 266

Reichwein, Roland 1984: Sozialisation im Jugendalter. E. kritische Einführung in soziologisch relevante Theorien. Hagen

Richter, Horst E. 1969: Eltern, Kind und Neurose. Psychoanalyse der kindlichen Rolle. Reinbek: Rowohlt TB

Rosenmayr, Leopold 1970: Jugend als Faktor sozialen Wandels. Vers. e. theoret. Exploration d. Jugendrevolten. in: Neidhardt u. a. 1970, S. 203 - 229

derselbe 1971: Zur theoretischen Neuorientierung der Jugendsoziologie. in: Allerbeck/Rosenmayr: Aufstand der Jugend. München, S. 229ff

Rosewitz, Bernd u. a. 1985: Die biographische Bedeutung der Schullaufbahn im Jugendalter. in: Baacke/Heitmeyer 1985, a. a. O., S. 86 - 107

Rüsen, Jörn u. a. (Hg.) 1988: Die Zukunft der Aufklärung. Ffm: Suhrkamp
Scharf, Günter 1988: Zeit und Kapitalismus. in: Zoll 1988, S. 143 - 159
derselbe 1988b: Wiederaneignung von Arbeitszeit als Lebenszeit. in: Zoll 1988, S. 509 - 530
Schilling, Johannes 1975: Aktivitäten und Gesellungsformen Jugendlicher im Freizeitbereich und ihre Relevanz für Jugendarbeit. (Diss) Universität Konstanz
Schlegel, Werner 1986: Jugendarbeitslosigkeit und Ausbildungsplatzmangel - viele Maßnahmen, keine Lösung? in: Jugend im Revier, a.a.O., S. 11 - 26
Schmutzler-Braun, Brigitte und Adelheit Schreiner-Berg 1983: "Ab und an mal 'nen Buch - warum nicht". Lebensumstände und Lektüre berufstätiger Jugendlicher. E. emp. Untersuchg. Ffm: dipa
Schneider, Michael 1973: Neurose und Klassenkampf. Materialistische Kritik und Versuch einer emanzipativen Neubegründung der Psychoanalyse. Reinbek: Rowohlt
Schurian, Walter und Karl W. ter Horst 1976: Autorität und Jugend. Z. e. Sozialisationstheorie des Jugendalters. München/Basel: E. Reinhardt
Schurig, Volker 1976: Die Entstehung des Bewußtseins. Texte zur Kritischen Psychologie, Bd. 5. Ffm/New York
Seve, Lucien 1973: Marxismus und Theorie der Persönlichkeit. Ffm: Verl. Marxistische Blätter
Sichtermann, Barbara 1988: "Wechselfälle". in: Zoll 1988, S. 641 - 655
Siepmann, Eckhard 1983: Bikini. Die fünfziger Jahre. Kalter Krieg und Capri-Sonne. Reinbek: Rowohlt TB
Sigusch, Volkmar 1980a: Das gemeine Lied der Liebe. in: Sexualität Konkret 1, S. 11 21. Ffm 1980: Zweitausendeins
derselbe 1980b: Thesen über Natur und Sexualität. in: Sexualität konkret 1, S. 118 - 125. Ffm 1980: Zweitausendeins
derselbe 1984: Über den Versuch, das Sexuelle zu definieren. in: Sexualität konkret, Sammelband 2, S. 563ff. Ffm 1984: Zweitausendeins
Simmel, Georg 1975: Psychologische und ethnologische Studien über Musik. in: Kneif 1975, S. 110 - 174
Sölle, Dorothee 1979: 'Du sollst keine anderen Jeans haben neben mir. in: Habermas 1979c, a. a. O., S. 541 - 551
SOST (= Sozialistische Studiengruppe) 1988: Die Macht der Töne. in: Sozialismus 7/8 1988, S. 37 - 49
Spengler, Peter 1985: Rockmusik und Jugend. Bedeutung und Funktion e. Musikkultur für die Identitätssuche im Jugendalter. Ffm: extrabuch
Subkulturen, Kulturen und Klasse. Von John Clarke u. a., in: Clarke u. a. 1979, S. 39 - 132

Tennstedt, Florian 1979: Rockmusik und Gruppenprozesse. Aufstieg und Abstieg der Petards. M. musikal. Analysen v. Günter Kleinen. München: W. Fink Verlg.

ter Horst, Karl W. 1980: Die Spaltung des Bewußtseins. Z. e. Theorie sozialer Handlungsnormen. Ffm/New York: Campus

Thien, Hans-Günter und Roland Reichwein 1985: Jugend in der Gesellschaftsstruktur der BRD. in: Buer, F. u. a.: Zur Gesellschaftsstruktur der BRD. 2., überarb. Aufl. 1985, Münster: Westfälisches Dampfboot

Tippelt, Rudolf u. a. 1986: Jugend und Umwelt. Soziale Orientierungen und soziale Basisprozesse im regionalen Vergleich. Weinheim, Basel: Beltz

Trescher, Hans G. 1979: Anpassung an den autoritären Charakter? in: Häsing u. a. 1979, a.a.O., S. 87 - 99

Willis, Paul 1981: "Profane Culture". Rocker, Hippies: Sub versive Stile der Jugendkultur. Ffm: Syndikat

derselbe 1982: Spaß am Widerstand. Gegenkultur i. d. Arbeiterschule. Ffm: Syndikat

Wörterbuch der Soziologie. Hg. von Wilhelm Bernsdorf. 2., neubearb. Ausgabe Stuttgart: Enke 1969

Wygotski, Lew Semjonowitsch 1977: Denken und Sprechen. M. e. Einleitg. v. Th. Luckmann, hg. v. J. Helm. Ffm: Fischer TB

Zahl, Peter-Paul (1981): Body & Soul. in: Reichert 1981, a.a.O., S. 140 - 144

Ziehe, Thomas 1975: Pubertät und Narzißmus. Sind Jugendliche entpolitisiert? M. e. Vorwort v. Regina Becker-Schmidt. Ffm, Köln: EVA

derselbe 1979a: Ich werde jetzt gleich unheimlich aggressiv. Probleme mit d. Narzißmus. in: Häsing u. a. 1979, a.a.O., S. 36 - 40

derselbe 1979b: Gegen eine soziologische Verkürzung der Diskussion um d. neuen Sozialisationstyp. Nachgetragene Gesichtspunkte z. Narzißmus-Problematik. in: Häsing u. a. 1979, a.a.O., S. 119 - 136

derselbe 1985: Vorwärts in die 50er Jahre? Lebensentwürfe Jugendlicher i. Spannungsfeld v. Postmoderne u. Neokonservativismus. in: Baacke/Heitmeyer 1985, a. a. O., S. 199 - 216

Ziehe, Thomas und Herbert Stubenrauch 1982: Plädoyer für ein ungewöhnliches Lernen. Ideen zur Jugendsituation. Reinbek: Rowohlt TB

Zinnecker, Jürgen 1985: Literarische und ästhetische Praxen in Jugendkultur und Jugendbiografie. in: Jugendliche u. Erwachsene 1985b, S. 143 - 348

derselbe 1985b: Jugend in der Gegenwart - Beginn oder Ende einer historischen Epoche? in: Baacke/Heitmeyer 1985, a. a. O., S. 24 - 45

Zoll, Rainer 1988 (Hg.): Zerstörung und Wiederaneignung von Zeit. Ffm: Suhrkamp

Soziologische Studien

Georg Wedemeyer
Kneipe und politische Kultur
Band 1, 1990, 144 Seiten, Broschur,
ISBN 3-89085-420-6, 19,80 DM

Das bürgerliche Caféhaus des 18. Jahrhunderts, die proletarische Arbeiterkneipe des 19. Jahrhunderts, der Bauernstammtisch im Dorfwirtshaus - dies sind geläufige Beispiele der Verbindung von Wirtshaus und Politik. Aber hier macht das Buch nicht halt. In einer Zeit, in der In-Die-Kneipe-Gehen längst zur Freizeitbeschäftigung für alle Bevölkerungskreise geworden ist, untersucht die vorliegende Arbeit, was Wirtshaus und Politik in der heutigen Großstadt miteinander zu tun haben.
Dazu wurde u.a. Befragungs- und Beobachtungsmaterial von über 370 Münchner Wirtinnen und Wirten, über 360 freiwilligen Vereinigungen und Hunderten von Kneipengästen ausgewertet. Präzise und mit aktuellem soziologischen Bezug werden politische Kultur und politisches Handeln neu bestimmt. Ergebnis: Trotz aller Kommerzialisierung ist die Kneipe auch heute noch ein eminent politischer Ort - und wird es wohl auch bleiben.

Der Autor: **Dr. Georg Wedemeyer**, hauptberuflich Journalist, studierte in den 70er Jahren Soziologie. Nach seiner Ausbildung zum Redakteur führte er zusammen mit anderen in München fast 7 Jahre lang nebenberuflich ein Café. Seit Ende 1989 lebt und arbeitet er in Hamburg.

Centaurus Verlagsgesellschaft Pfaffenweiler